U0636004

全本全注全译丛书

中华
经典
名著

陈　曦◎译注

孙子兵法

中华书局

图书在版编目(CIP)数据

孙子兵法/陈曦译注. —2 版. —北京:中华书局,2022. 3
(2025. 9 重印)
(中华经典名著全本全注全译丛书)
ISBN 978-7-101-15651-5

Ⅰ. 孙… Ⅱ. 陈… Ⅲ. ①兵法-中国-春秋时代②《孙子兵
法》-译文③《孙子兵法》-注释 Ⅳ. E892. 25

中国版本图书馆 CIP 数据核字(2022)第 033972 号

书 名	孙子兵法
译 注 者	陈 曦
丛 书 名	中华经典名著全本全注全译丛书
责任编辑	周 旻
装帧设计	毛 淳
责任印制	管 斌
出版发行	中华书局
	(北京市丰台区太平桥西里 38 号 100073)
	http://www. zhbc. com. cn
	E-mail:zhbc@ zhbc. com. cn
印 刷	北京盛通印刷股份有限公司
版 次	2011 年 10 月第 1 版
	2022 年 3 月第 2 版
	2025 年 9 月第 35 次印刷
规 格	开本/880×1230 毫米 1/32
	印张 8⅜ 字数 170 千字
印 数	821001-851000 册
国际书号	ISBN 978-7-101-15651-5
定 价	26. 00 元

目录

前言

　　在中国古代军事思想史上，现存最古老也最重要的兵学著作非《孙子兵法》莫属，它不仅是春秋晚期以前兵学思想的集大成者，更以其极具价值的思想创造，为后人的兵学思考开辟了无数法门。曾为《孙子兵法》作注的杜牧声称："后之人，有读（孙）武书予解者，因而学之，犹盘中走丸。丸之走盘，横斜圆直，计于临时，不可尽知；其必可知者，是知丸不能出于盘也。"（《注孙子序》）此论虽有自夸其注释的嫌疑，但毕竟显示了《孙子兵法》思想之博大精深，足以使历代用兵者无以出其范围。茅元仪倾心赞颂道："先秦之言兵者六家，前孙子者，孙子不遗；后孙子者，不能遗孙子，谓五家为《孙子》注疏可也。"（《武备志·孙子兵诀评》）而在笔者看来，即使将上述"先秦之言兵者六家"替换为"中国古代言兵者"亦不为过。在传统兵学领域，《孙子兵法》可谓前无古人，后无来者，地位崇高，无一匹敌。

　　然而就是这样一部兵学名著，其作者孙武的事迹，却不见于先秦时期包括《左传》在内的任何一部历史文献，仅在诸子著作如《荀子》、《韩非子》当中，有寥寥几笔提及。西汉武帝时期，史学家司马迁撰有《史记·孙子吴起列传》，此篇堪称孙武第一篇传记，太史公则堪称孙子学研究第一人，故特录其文字如下：

　　　　孙子武者，齐人也。以兵法见于吴王阖庐。阖庐曰："子之十三篇,吾尽观之矣,可以小试勒兵乎?"对曰:"可。"阖庐曰:"可试以妇人乎?"曰:"可。"于是许之,出宫中美女,得百八十人。

孙子分为二队,以王之宠姬二人各为队长,皆令持戟。令之曰:"汝知而心与左右手背乎?"妇人曰:"知之。"孙子曰:"前,则视心;左,视左手;右,视右手;后,即视背。"妇人曰:"诺。"约束既布,乃设铁钺,即三令五申之。于是鼓之右,妇人大笑。孙子曰:"约束不明,申令不熟,将之罪也。"复三令五申而鼓之左,妇人复大笑。孙子曰:"约束不明,申令不熟,将之罪也;既已明而不如法者,吏士之罪也。"乃欲斩左右队长。吴王从台上观,见且斩爱姬,大骇。趣使使下令曰:"寡人已知将军能用兵矣。寡人非此二姬,食不甘味,愿勿斩也。"孙子曰:"臣既已受命为将,将在军,君命有所不受。"遂斩队长二人以徇。用其次为队长,于是复鼓之。妇人左右前后跪起皆中规矩绳墨,无敢出声。于是孙子使使报王曰:"兵既整齐,王可试下观之,唯王所欲用之,虽赴水火犹可也。"吴王曰:"将军罢休就舍,寡人不愿下观。"孙子曰:"王徒好其言,不能用其实。"于是阖庐知孙子能用兵,卒以为将。西破强楚,入郢,北威齐晋,显名诸侯,孙子与有力焉。

……

太史公曰:世俗所称师旅,皆道《孙子》十三篇、吴起《兵法》,世多有,故弗论,论其行事所施设者。

上引记述是目前我们了解孙武生平的基本史料。依据司马迁的描述,可知孙武本是齐国人,以对兵法的精到见识,远赴吴国拜谒阖闾,期望得到重用。吴王阖闾阅读了孙武所撰兵法十三篇,了解了他的军事思想之后,又进而想通过"小试勒兵",以了解其用兵才能,于是便有了司马迁笔下"吴宫教战"的精彩一幕。孙武训练吴王宫女,严申军令法规,一旦违逆,即使贵为宠姬,即使吴王求情,也难逃斩杀处罚。严肃军纪才能保有部队的战斗力,孙武深谙此道,毅然实施,显示了他刚强果决的将帅素质。阖闾虽因失去两位宠姬而心有不快，但他毕竟看出了孙武兼具思想谋略与实战指挥的双重才华，是一位难得的帅才，遂任以为将。孙武没有辜负吴王的期望，在其后吴国数次对外战争中，均不遗余力地贡献了自己的才智。

孙武参与指挥的战争，有吴、楚柏举之战与吴、齐艾陵之战等，均为春秋史上的经典战例。柏举之战中的吴军，对《孙子兵法》"攻其无备，出其不意"、"以迂为直"、"避实击虚"等战术原则，予以切实有效的贯彻。吴军实施战略大迂回，对楚军展开远距离的战略奇袭，迫使敌人仓促迎战，节节失利，最终不得不逃离郢都。阖闾君臣的顺利入郢，标志着吴国的强力崛起，改写了春秋晚期列强争霸的基本格局。艾陵之战的获胜方也是吴国，此次大战显示了吴王夫差中原称霸意图的初步实现。司马迁在《孙子吴起列传》指出："西破强楚，入郢，北威齐晋，显名诸侯，孙子与有力焉。"在《伍子胥列传》中，他再次强调"当是时，吴以伍子胥、孙武之谋，西破强楚，北威齐晋，南服越人"，均揭示了孙武为吴国霸业所作的突出贡献。

孙武何时拜谒的阖闾？司马迁虽然没有明确记述，但依据《伍子胥列传》的如下文字，大致推断还是可以作出的：

> 阖庐立三年，乃兴师与伍胥、伯嚭伐楚，拔舒，遂禽故吴反二将军。因欲至郢，将军孙武曰："民劳，未可，且待之。"乃归。

可知在阖闾三年（前512），孙武已经得到阖闾重用，成为吴国军事决策机构的重要人物之一。因此，孙武与阖闾会晤的时间，应该发生于该年吴国伐楚之前。从阖闾会晤之前业已阅读《孙子兵法》十三篇，可推知《孙子兵法》的成书时间不应晚于公元前512年。

关于《孙子兵法》的篇幅，据《汉书·艺文志》载录："《吴孙子兵法》八十二篇。"而据司马迁所述则是十三篇。当然，持十三篇之说的汉人并非只有司马迁一家。《吕氏春秋·离俗览·上德》："阖庐之教，孙、吴之兵，不能当矣。"东汉高诱《注》云："孙吴，孙子、吴起也。吴王阖庐之将也。《兵法》五千言是也。"汉末曹操云:"孙子者,齐人。事于吴王阖间,为吴将,作《兵法》十三篇。"(《史记正义》引)故而,从春秋至汉末,《孙子兵法》皆为十三篇。《汉书·艺文志》所谓八十二篇,可能会聚了孙子其他著述以及孙子后学的兵书。

显然,司马迁的记述,为人们研究孙武生平提供了宝贵史料。但毋庸讳言的是,过于简略的文字,不仅为后人留下了众多至今仍难以考索的疑团(如孙武的籍贯、世系、结局等),也为某些学者的颠覆性学说提供了便利。宋代以降,质疑孙子是否确有其人的论调,便此起彼伏,绵延至现代。叶适断言《孙子兵法》是"春秋末战国初山林处士所为,其言得用于吴者,其徒夸大之说也"(《习学记言》卷四十六),钱穆则认为"《孙子》十三篇,洵非春秋时书。其人则自齐之孙膑而误"(《先秦诸子系年·孙武辨》)。这种颇有影响的质疑声浪,停息于1972年银雀山汉墓竹简《孙子兵法》与《孙膑兵法》的出土,辨伪学人的上述观点至此不攻自破。孙武与孙膑,《孙子兵法》与《孙膑兵法》,两人与两书绝不可合二为一,混为一谈;司马迁对孙子其人其书的记载,也由汉简《孙子兵法》的重见天日而得到印证。捍卫孙武存在及其著作权的学者为此欢欣鼓舞,但若进而论定现存《孙子》十三篇为"孙武亲著",在李零看来"也并不恰当,实际上是倒退回辨伪学以前"(参读李零《关于〈孙子兵法〉研究整理的新认识》)。应该说,现存《孙子兵法》十三篇的主要思想当来自于孙武的天才创造,但在该书的流传以至定型化的过程中,则难免掺杂了后人的删削、增益与修改。

围绕《孙子兵法》丰富深刻的理论体系,古往今来的学者已作了各种各样条分缕析的研究。对这部常读常新的兵学名著,笔者认为值得着重介绍的思想有以下四点:

第一,统摄全局的大战略观。军事战略不仅包括狭义的指导与筹划战争的方略,还包括广义的指导和筹划国家安全与发展的方略。战争理论不能单单研究战术谋略,还必须将战争与政治挂钩,站在统摄全局的国家政治的高度,理性地审视战争问题。《孙子兵法》便拥有这种大战略观。本书第一篇《计篇》的开篇便有醒人耳目的表述:"兵者,国之大事,死生之地,存亡之道,不可不察也。"强调了军事学研究对于国家存亡、百姓生死的重大意义。而战争的胜负,在孙子看来,通过庙算是可以预知的。孙子将战前庙算的主要内容概括为"五事"、"七计"。敌我双方在社会政治、天时地利、将领素质、士卒能力、组织编制等诸多方面的优劣情况,孙子认为必须一一考察,缜密分析,才能准确推断未来战场的胜负形势。在《作战篇》中,孙武还将《计篇》中的"五事"、"七计"未予涉及的战争与经济的关系纳入研究视野,强调了战争胜负在很大程度上取决于一个国家的经济实力。《谋攻篇》的"伐交"说,则强调了外交领域的纵横捭阖对于军事斗争的重要意义。在战略学研究领域,尽管距离《孙子兵法》的问世已有两千多年,但这种将政治、经济、外交、法规、自然等纳入战略研究的做法,至今仍未超越,可谓价值永恒。

　　第二,"不战而屈人之兵"的"全胜"思想。孙武清醒地意识到战争的残酷性。战争对鲜活生命的无情吞噬,对国家经济的巨大损耗,对可能造成的亡国丧家的巨大风险,均在《孙子兵法》当中得到明晰表述。《用间篇》说:"凡兴师十万,出征千里,百姓之费,公家之奉,日费千金;内外骚动,怠于道路,不得操事者七十万家。"《火攻篇》说:"非利不动,非得不用,非危不战。主不可以怒而兴师,将不可以愠而致战;合于利而动,不合于利而止。怒可以复喜,愠可以复悦,亡国不可以复存,死者不可以复生。故明君慎之,良将警之,此安国全军之道也。"具有这种见识的孙武,不可能是一个狂热的好战分子。他旗帜鲜明地主张"慎战",清醒地意识到动用暴力手段并不是解决国家冲突的最好途径,在《谋攻篇》中提出了"不战而屈人之兵"的"全胜"思想:"凡用兵之法:全国为上,破国次之;全军为上,破军次之;全旅为上,破旅次之;全卒为上,破卒次之;全伍为上,破伍次之。是故百战百胜,非善之善者也;不战而屈人之兵,善之善者也。"在孙武看来,战争的最高目标是"全胜",是迫使敌人全部降服。攻城克隘,血流漂杵,把敌军杀得片甲不留,这种胜利不是孙子最推崇的;不通过直接的军事对抗手段,却能使敌人不战自降,顺心降服,这才是孙子心向往之、并希望各国决策者极力追求的方向。"不战而屈人之兵"作为《孙子兵法》广为传诵的名言之一,几千年来在海内外产生了极大影响。英国学者利德尔·哈特在《孙子兵法》英译本序言中说:"在导致人类自相残杀、灭绝人性的核武器研制成功后,就更需要重新而且更加完整地翻译《孙子》这本书了。"他还在其《战略论》一书中提出了著名的"间接路线战略",认为"最完美的战略,也就是那种不必经过严重战斗而能达到目的的战略——所谓'不战而屈人之兵,善之善者也'",可知孙子的这一理论对利德尔·哈特战略思想的深深启迪。

第三,行之有效的"战胜"思想。主张使用非暴力手段取得"全胜"思想的孙武,并没有像某些天真善良的人士那样一味主张偃武修文。相反,他认为只有加强战备,增强军事实力,辅之以政治、经济、外交等手段,对敌国形成强大的威慑,使其闻风丧胆,不得不降,才能真正实现"屈人之兵而非战也,拔人之城而非攻也,毁人之国而非久也,必以全争于天下"(《谋攻篇》)的理想境界。因此,如何采用合理科学的方法手段战胜敌人,自然成为《孙子兵法》全书的主攻方向。孙武毅然挣脱西周以来"军礼"的束缚,明确喊出"兵者,诡道也"、"兵以诈立"的口号,并提出了一整套克敌制胜的战术谋略。在《计篇》中,孙武提出了"诡道十二法",即"能而示之不能,用而示之不用,近而示之远,远而示之近。利而诱之,乱而取之,实而备之,强而避之,怒而挠之,卑而骄之,佚而劳之,亲而离之";在《谋攻篇》中提出依据兵力多寡,相应调整对敌战术的方法,即:"故用兵之法,十则围之,五则攻之,倍则分之,敌则能战之,少则能逃之,不若则能避之。"在《形篇》中,他提出了壮大实力、强大自我的"不可胜"主张,即"昔之善战者,先为不可胜,以待敌之可胜。不可胜在己,可胜在敌。故善战者,能为不可胜,不能使敌之可胜",并进而研究了进攻与防御的辩证关系，所谓："不可胜者，守也；可胜者，攻也。守则不足，攻则有余。"在《势篇》中，他拈出了"奇正"范畴，指出："凡战者，以正合，以奇胜。故善出奇者，无穷如天地，不竭如江河。""战势不过奇正，奇正之变，不可胜穷也。奇正相生，如循环之无端，孰能穷之！"在《虚实篇》中，孙子分析了兵力的集中（专）与分散（分）而造成的强弱虚实问题，认为："故形人而我无形，则我专而敌分。我专为一，敌分为十，是以十攻其一也，则我众而敌寡；能以众击寡者，则吾之所与战者，约矣。"并进而提出了"兵之形，避实而击虚"的命题。在《军争篇》中，他探究了军队如何利用行军争夺先机，"以迂为直，以患为利"，顺利到达预定战场。在《九变篇》中，他要求兵家在熟知各种地形的前提下，机动灵活地变换战法以战胜敌人，做到"圮地无舍，衢地交合，绝地无留，围地则谋，死地则战，途有所不由，军有所不击，城有所不攻，地有所不争"。在《地形篇》中，他强调了地形作为"兵之助"的重要价值，提醒用兵者研究地形："夫地形者，兵之助也。料敌制胜，计险厄远近，上将之道也。知此而用战者必胜，不知此而用战者必败。"在《九地篇》中，他提出了扰乱敌人战术安排的措施，即"使敌人前后不相及，众寡不相恃，贵贱不相救，上下不相收，卒离而不集，兵合而不齐"。在《用间篇》中，他阐述了间谍对于谋划军事行动、决定斗争胜利起着至关重要的作用，认为："故三军之事，莫亲于间，赏莫厚于间，事莫密于间，非圣智不能用间，非仁义不能使间，非微妙不能得间之实。微哉微哉，无所不用间也！""故惟明君贤将，能以上智为间者，必成大功。此兵之要，三军之所恃而动也。"等等。这些论述，均体现了"致人而不致于人"、"知彼知己，百战不殆"思想原则，千百年来被奉为行之有效的用兵法宝。

　　第四，重视将帅素质、主张文武兼施的治军理念。将帅作为军队的统领者，是决定战争胜负的关键要素之一。孙武非常重视将帅的素质问题，《计篇》把此与"道"、"天"、"地"、"法"并列为"五事"，并将"智、信、仁、勇、严"视为将帅所必备。在《地形篇》中，他要求将帅应具有忠君爱民、不求功名的品质，所谓"进不求名，退不避罪，唯人是保，而利合于主，国之宝也"。在为将帅设置了各项素质指标的同时，他在《九变篇》中还指出了将帅容易产生的五种致命缺陷，也即"五危"："必死，可杀也；必生，可虏也；忿速，可侮也；廉洁，可辱也；爱民，可烦也。……覆军杀将，必以五危，不可不察也。"用兵者自当时刻戒惧"五危"，以避免"覆军杀将"的可悲命运。

　　如何对待士卒，也是检验将帅素质的重要指标。孙武主张文武兼施的治兵原则。《行军篇》说："卒未亲附而罚之，则不服，不服，则难用也；卒已亲附而罚不行，则不可用也。故令之以文，齐之以武，是谓必取。令素行以教其民，则民服；令不素行以教其民，则民不服。令素行者，与众相得也。"既要有严肃的军纪法规，士卒一旦违逆便应惩罚；同时又要用怀柔策略使士卒亲附，以教育手段提高士卒能力。孙武提醒用兵者在士卒未亲附前，不宜进行惩罚，要做到恩威并施，把握合适时机。在《地形篇》中，他还提出了"爱兵"但不可"惯兵"的主张，即"视卒如婴儿，故可与之赴深谿；视卒如爱子，故可与之俱死。厚而不能使，爱而不能令，乱而不能治，譬若骄子，不可用也"。将领既要关心爱护士卒，"视卒如婴儿""视卒如爱子"，但又不能过分宽松，不能骄纵放任，以免陷入"厚而不能使，爱而不能令"的窘境。

　　《孙子兵法》的思想精华当然不止以上四个方面，但仅此已足以显示其内涵的博大精深。此外还需说明的是，孙武具备令人叹服的缜密高妙的思维能力。书中的许多表述早已超越了兵家领域，而进入极具概括、抽象、辩证的哲学天地。特别是他对"形""势""虚实""奇正""专分""多寡"等众多范畴的阐释，使这部书的哲理成分大放光芒。这大概正是《孙子兵法》被兵家以外的众多人士所崇奉的原因所在吧。

　　《孙子兵法》的版本主要有《武经七书》系统和"十家注—十一家注"系统，其中后者保留了大量重要的古代注释，经清代孙星衍整理，最终取代了《武经》成为《孙子兵法》的主要版本系统。所谓"十一家注"包括最早的传世《孙子兵法》注释本——东汉末年曹操的《孙子略解》（即传世的《魏武帝注孙子》），以及南朝梁孟氏，唐李筌、杜牧、陈皞、贾林，宋梅尧臣、王晳、何延锡、张预等人的注释，加上唐杜佑《通典》之《孙子》引文注。虽然这些注本还存在不少缺点，但由于它们的时代较早，为我们保存了许多古文异本、校说和古代训诂，具有不可替补的价值。现存重要的版本为南宋宁宗时所刻《十一家注孙子》、明《道藏》本、清孙星衍校注的《孙子十家注》。其中孙据《道藏》本，主要依据《通典》《太平御览》，对十一家注在编排时代上的错乱现象作了订正，对十三篇经文原文也作了许多校改考辨，成了近世流传最广，影响最大的读本。但由于孙星衍并未见过宋本，所以不免有些疏漏，1961年，中华书局据上海图书馆藏宋本影印了《十一家注孙子》，并总结吸收了孙校的成果，成为当前最重要的《孙子兵法》通行读本。1999年，杨丙安又在上述两书的基础上作了《十一家注孙子校理》，对《孙子兵法》的原文和各家注文进行校理，改正讹误共约七百余处，可以说是当前最为完善的《孙子兵法》校本。

　　本书对《孙子兵法》的注译、整理，采用的底本为杨丙安校理的《十一家注孙子校理》，条目分合因体例要求略有变化，个别文字与银雀山汉简本等有所不同而影响到文本内容把握的（如《行军篇》"令之以文，齐之以武"，"令"，汉简本作"合"），均在注释中加以说明。在注释的过程中，除了展示笔者对《孙子兵法》的浅见之外，也尽量充分地吸纳古往今来、尤其是今人的研究成果。本书主要引用的书籍有：银雀山汉墓竹简整理小组编的《银雀山汉墓竹简孙子兵法》（文物出版社，1976年版）；赵本学的《孙子书校解引类》（《孙子集成》第5册，齐鲁书社，1993年版）；苏桂亮主编的《新编十一家注辑本》（孙子兵学大典第四册，北京大学出版社，2004年版）；郭化若的《孙子译注》（上海古籍出版社，1984年版）；陶汉章的《孙子兵法概论》（解放军出版社，2009年版）；杨丙安的《〈孙子〉会笺》（中州古籍出版社，1986年版）；吴九龙主编的《孙子校释》(军事科学出版社,1991年版);朱军的《孙子兵法释义》(海潮出版社,1990年版);杨善群的《孙子评传》(南京大学出版社,1992年版);方克的《中国军事辩证法史(先秦)》(中华书局,1992年版);吴如嵩的《孙子兵法新论》(解放军出版社,1989年版);《孙子兵法新说》(解放军出版社,2008年版);钮先钟的《孙子三论》(广西师范大学出版社,2003年版);李零的《〈孙子〉十三篇综合研究》(中华书局,2006年版)、《兵以诈立——我读〈孙子〉》(中华书局,2006年版)、《唯一的规则——〈孙子〉的斗争哲学》(三联书店,2010年版);黄朴民的《〈孙子兵法〉选评》(上海古籍出版社,2004年版)、《〈孙子兵法〉解读》(中国人民大学出版社,2008年版);任力主编的《孙子兵法军官读本》(解放军出版社,2005年版);于泽民的《两千年军事思想的沟通——中国古典战略今用》(解放军出版社,2006年版);刘庆的《名家讲解孙子兵法》(长春出版社,2009年版);严晓星选编的《孙子二十讲》(华夏出版社,2008年版)等等,在此致以深深的敬意与谢意。本书的"题解"部分,经过军事科学院战略部刘庆先生的审阅,感激之情,必当久久留存。

陈曦

2011年7月写于军艺南楼翕然斋

计　篇

【题解】

作为《孙子兵法》十三篇中的第一篇,《计篇》提出了统摄全书的重要理论,堪称全书的总纲。曹操解释"计"的内涵道:"计者,选将、量敌、度地、料卒、远近、险易,计于庙堂也。"可知此处的"计",实即庙算,是指君臣在庙堂上的军事战略筹划。

本篇一开头便有摄人心魄的警句:"兵者,国之大事,死生之地,存亡之道,不可不察也。"强调了军事学研究对于国家存亡、百姓生死的重大意义。而战争的胜负,在孙子看来,通过庙算是可以预知的。孙子将战前庙算的主要内容概括为"五事"、"七计"。敌我双方在社会政治、天时地利、将领素质、士卒能力、组织编制等诸多方面的优劣情况,孙子认为必须一一考察,缜密分析,才能准确推断未来战场的胜负形势。庙算是中国兵学理论史上最重要的战略学概念,将其运用于军事斗争,便成为战争决策者首先需要慎重落实的一环。"多算胜,少算不胜",这个环节将关乎战争的最终结果,庙算的重要性因此被前所未有地凸显出来。

在"五事"的排序中,"道"位居首位,孙子将其界定为:"道者,令民与上同意也。"俞樾《诸子平议补录》认为孙子先言"道",后言"天"、"地",与《老子》"道大、天大、地大"、"人法地、地法天、天法道"的哲理思路吻合,因此符合前人"兵家源于道德"之说。实际上,《老子》的"道"与《孙子兵法》相比,其内涵要丰富复杂得多。据研究,《老子》的"道"包含了形而上之宇宙本原、本体和万物的运动变化所遵循的规律、人类生活的准则、最高知识和智慧、个人修养的最高境界、社会理想状态等诸多含义;而《孙子》此处的"道",其内涵则仅限于社会政治领域。"地"、"天"、"道"在《老子》那里是不断递进的范畴,"地"、"天"均要遵循"道"的规律,而在《孙子兵法》当中,"道"与"地"、"天"是平行并列的,均为"五事"之一,"道"并不具有统领后两者的地位。两书所论之"道"各有不同指向,因而《孙子兵法》源于《老子》的说法即使不虚,但仅仅依据孙子此篇所论,是无法说清《孙》、《老》必然具有渊源关系的。战争与政治的关系,西方人到了十九世纪才由克劳塞维茨在《战争论》中明确揭示,所谓"战争无非是政治通过另一种手段的延续",而《孙子兵法》此篇的"道论"却在两千多年前就将军事斗争纳入政治领域加以研究,充分显示了孙子的远见卓识。

孙子兵法除了"庙算"理论的构建外,孙子在本篇中还提出了一个重要的命题:"兵者,诡道也。"这是他对以往战争注重旧"军礼"的一种变革与超越。春秋后期以降,兼并战争愈演愈烈,旧"军礼"渐成虚设,诈术则大行其道。"兵者,诡道也"的命题,在为诈术"正名"的同时,也从军事斗争原则的高度,强调了实施诈术的必要。孙子进而提出的"诡道十二法",可谓战胜敌人、争取主动的十二条妙计,受到后世兵家的高度重视。

　　孙子曰:兵者,国之大事①,死生之地,存亡之道,不可不察也②。

【注释】

①兵者,国之大事:《左传·成公十三年》曰:"国之大事,在祀与戎。"《管子·霸言》曰:"明王……所重者,政与军。"兵,本指兵

器,此处指军事、军事学。李零说:"我统计过,《孙子》有71个'兵'字,'兵'当'兵器'讲,一条没有,绝大多数都应翻成'军队'或'兵力',只有少数几句,比如下文的'兵者,诡道也',还有后面的'兵闻拙速'、'兵以诈立','兵'字应指'军事'或'军事学'。"

②死生之地,存亡之道,不可不察也:意谓国家的存亡、百姓的死活,皆系于军事学领域。《左传·襄公二十七年》曰:"圣人以兴,乱人以废。废、兴、存、亡……皆兵之由也。"杜牧曰:"国之存亡,人之死生,皆由于兵。"赵本学曰:"宗庙社稷所系,故为大事。此首篇以计为始,孙子开卷辄致丁宁者,盖欲其为君与将者不可不臧其谋也。"地,地区,地域,此处指思想领域。或将"死生之地"解释为死地与生地,或将"地"解释为"处所"、"空间"等。道,主张,思想,此处与"地"互文见义,亦指思想领域。或解释为"途径"、"政治"等。察,细看,考察,研究。

【译文】

　　孙子说:军事学研究是国家的大事,它是关乎百姓死活、国家存亡的一个思想领域,不能不深入考察。

　　故经之以五事,校之以计,而索其情①:一曰道②,二曰天③,三曰地④,四曰将⑤,五曰法⑥。道者,令民与上同意也⑦,故可以与之死,可以与之生,而不畏危⑧;天者,阴阳、寒暑、时制也⑨;地者,远近、险易、广狭、死生也⑩;将者,智、信、仁、勇、严也⑪;法者,曲制、官道、主用也⑫。凡此五者,将莫不闻,知之者胜,不知者不胜⑬。故校之以计,而索其情,曰:主孰有道⑭? 将孰有能⑮? 天地孰得⑯? 法令孰行⑰? 兵众孰强⑱? 士卒孰练⑲? 赏罚孰明⑳? 吾以此知胜负矣。将听吾计,用之必胜,留之;将不听吾计,用之必败,去之㉑。

【注释】

①故经之以五事,校(jiào)之以计,而索其情:曹操曰:"谓下五事、七计,求彼我之情也。"杜牧曰:"此言先须经度五事之优劣,次复校量计算之得失,然后始可搜索彼我胜负之情状。"故,连词,用在句首,表示转入下一层论题,不译。经,度量,衡量,研究。五事,指下文提到的"道"、"天"、"地"、"将"、"法"等五大要素。校,比较。汉简本作"效",效验核对。计,计算。一说指下面提到的"主孰有道"等"七计"。索,求索。

②一曰道:指军事战略的政治基础。郭化若说:"《孙子》所说的'道'的实际内容和含义是属于我们今天所说的政治范畴的。也可以说'道'就是政治。这与和他同时代的老子的'道'、孔子的'道'有所不同。它又指出:'修道而保法,故能为胜败之政。'修明政治,确保法制,就能掌握胜败的决定权。这又表明《孙子》的'道'是体现新兴地主阶级意志的政治。把政治作为决定战争胜败的首要因素,虽不明确,但已初步提出战争和政治的关系,这是《孙子》的重要贡献。当然,《孙子》的'道',其目的是要'民'——农奴、奴隶和平民,服从新兴地主阶级的利益,去为扩大地主阶级势力拼死作战而不敢违抗。"吴九龙说:"孙子与老子各言其'道',含义似不尽相同。从下文看,此处孙子所言'道'与《商君书·战法》'战法必本于政胜'意近。"钮先钟说:"这个'道'字曾经引起很多的争议,甚至于有人认为孙子在思想上曾受道家的影响。事实上,'道'字在此处的意义,孙子已作明确的界定。'道'就是'令民与上同意',也正是孔子论政时所说的'民信之矣'。政府(上)能令其人民对其政策或行动表示同意就是有道,否则就是无道。用现代术语来说,'道'就是战略的国内基础(domestic foundation),意即为其政治基础。"

③二曰天:张预曰:"上顺天时。"天,天时。

④三曰地：张预曰："下知地利。"地，地利。

⑤四曰将：张预曰："委任贤能。"将，将领。

⑥五曰法：杜牧曰："此之谓五事也。"张预曰："节制严明。夫将与法在五事之末者，凡举兵伐罪，庙堂之上，先察恩信之厚薄，后度天时之逆顺，次审地形之险易，三者已熟，然后命将征之。兵既出境，则法令一从于将，此其次序也。"法，指军法。

⑦道者，令民与上同意也：张预曰："以恩信道义抚众，则三军一心，乐为其用。《易》曰：'悦以犯难，民忘其死。'"赵本学曰："言使其民体君之意，从君之命，与之同患至死而不逃去者，则为有道之君也。或曰圣贤用兵之所恃，亦不外此，孙子之言盖与之吻合。愚谓道有王、霸之异，其曰：节用而爱人，使民以时；其曰：民之所好，好之，民之所恶，恶之；其曰：省刑罚，薄税敛，谨庠序之教，申之以孝弟之义，此王道也。王道之民，同心同德，尊君亲上，如子弟之卫父兄，手足之捍头目，与之生死，何畏之有？其曰：仁言以入民心，私惠以悦民意，厚战士之家，急有功之赏，哀死而问伤，同甘而分苦，此霸道也。霸者之民，欢虞喜悦，趋事敌忾。以进死为荣，退生为辱，亦与之同生死而不畏危也。孙子诡谲之学，其所谓道，盖兼王、霸而已矣。"上，指国君。意，意愿，意志。

⑧而不畏危：汉简本作"民弗诡也"，意谓百姓不违反君主的旨意。畏，当为衍文。危，通"诡"，意即违反，曹操训为"危疑"。俞樾《诸子平议补录》卷三曰："曹公注曰：'危者，危疑也。'不释'畏'字，其所据本无'畏'字也。……后人但知有危亡之义，妄加'畏'字于'危'字之上，失之矣。"

⑨天者，阴阳、寒暑、时制也：方克说："孙子也讲到'天'的作用。但是他所说的'天'，是指天时，'阴阳、寒暑、时制'（《计篇》），也就是昼夜、阴晴、寒暑和季节的变化，是讲的自然的'天'，而不是人格神的'天'。孙子也讲'神'，但指的是人们依据客观形势高度

发挥主观能动性所起的神妙作用，'神乎神乎，至于无声'，'能因敌变化而取胜者，谓之神'（《虚实篇》）。根本不是讲的鬼神迷信。"李泽厚说："我以为要真正了解中国古代辩证法，要了解为什么中国古代的辩证观念具有自己特定的形态，应该追溯到先秦兵家。兵家把原始社会的模糊、简单而神秘的对立项观念如昼夜、日月、男女即后世的阴阳观念多样化和世俗化了。它既摆脱了巫术宗教的神秘衣装，又不成为对自然、人事的纯客观记录，而形成一种在主客体'谁吃掉谁'迅速变化着的行动中简化了的思维方式。它所具有的把握整体而具体实用，能动活动而冷静理智的根本特征，正是中国辩证思维的独特灵魂，使它不同于希腊的辩证法论辩术，而构成中国实用理性的一个重要方面。"李泽厚所论先秦兵家，其主要代表即《孙子兵法》。阴阳，指昼夜、阴晴等不断更迭的自然现象。古代兵家有"兵阴阳"一派，《汉书·艺文志·兵书略》概括其特征道："顺时而发，推刑德，随斗击，因五胜，假鬼神而为助者也。"然而《孙子兵法》秉持实用理性态度，反对迷信鬼神，故而有别于"兵阴阳"理论。寒暑，指气温冷暖变化。时制，指春夏秋冬四时更替的自然现象。

⑩地者，远近、险易、广狭、死生也：汉简本作"地者，高下、广狭、远近、险易、死生也"，多"高下"二字。曹操曰："言以九地形势不同，因时制利也。论在《九地篇》中。"张预曰："凡用兵，贵先知地形。知远近，则能为迂直之计；知险易，则能审步骑之利；知广狭，则能度众寡之用；知死生，则能识战散之势也。"远近，指战场位置的远与近。险易，指战场地形的险阻与平坦。广狭，指战场地形的开阔与狭窄。死生，指地形上的死地与活地，活地指有利于攻守进退的地形，死地则与之相反。本书《九地篇》对"死地"明确界定为"疾战则存，不疾战则亡，为死地"，"无所往者，死地也"。

⑪将者，智、信、仁、勇、严也：指将领应具备的五方面的素质，即：智慧、威信、仁德、勇敢和严格。杜牧曰："先王之道，以仁为首；兵家者流，用智为先。盖智者，能机权、识变通也；信者，使人不惑于刑赏也；仁者，爱人悯物，知勤劳也；勇者，决胜乘势，不逡巡也；严者，以威刑肃三军也。楚申包胥使于越，越王勾践将伐吴，问战焉，曰：‘夫战，智为始，仁次之，勇次之。不智，则不能知民之极，无以诠度天下之众寡；不仁，则不能与三军共饥劳之殃；不勇，则不能断疑以发大计也。’"贾林曰："专任智则贼，偏施仁则懦，固守信则愚，恃勇力则暴，令过严则残。五者兼备，各适其用，则可为将帅。"钱基博曰："将以智为本，以勇辅之。而勇之为验有二：一曰临大危而不挫其气，一曰当大任而不避其艰。一言以蔽之曰：不畏艰险而已。夫不畏艰险，或起于轻生之习性，或激于爱国之热情。生轻则气锐，情热则多力，而意气陵厉，自无畏难苟安之心矣。……孙子论将有五才，若与克氏（克劳塞维茨）五者（智、勇、果敢、热情、识力）之数相当。其实克氏所论之五者，孙子智、勇两义足以尽之。而信、仁、严三义，则足以匡克氏之所未逮。独其称‘智’以冠五才之首，亦犹克氏以智为本之指也。顾孙子所以论将之用智者有二：一曰智足以知战，二曰智足以愚士，则非参诸他篇不晓。"钮先钟说："这五个字的意义是众所周知，不必作太多的解释，但这五个字的排列顺序却有略加说明之必要。首先值得注意的是智、仁、勇三字的排列，孙子所定的顺序与孔子一致，只是再加上信与严二字而已。为什么文武二圣都同样重智，将其列为第一优先，这是一个很有意义而值得分析的问题。孔子说：‘智者不惑，仁者不忧，勇者不惧。’即为最佳的答案。所谓‘不惑’者就是对于所面对的问题有彻底的了解，对于所遭遇的情况有完全的掌控，这样遂自然感到一切都有把握，而没有任何疑惑。如果毫无疑惑则也就自无忧惧之必要。

所以，照逻辑来说，智者不仅能仁而且也必有勇，智实为仁、勇的先决条件。尤其是在战争的领域中，战略本来就是斗智，如果缺乏智计，很可能流于妇人之仁，匹夫之勇，而鲜有不败亡者。韩信对于项羽的评论即为最恰当的例证。"

⑫曲制、官道、主用：梅尧臣曰："曲制，部曲队伍分画必有制也。官道，裨校首长统率必有道也。主用，主军之资粮百物必有用度也。"曲制，指军队的组织、编制制度。官道，指将吏的任用、分工、管理制度。主用，指军费、军需等方面的制度。

⑬"凡此五者"四句：张预曰："已上五事，人人同闻；但深晓变极之理则胜，不然则败。"闻，听说，一般了解。知，深刻认识，深入研究。

⑭主孰有道：杜牧曰："孰，谁也。言我与敌人之主，谁能远佞亲贤，任人不疑也。"。张预曰："先校二国之君，谁有恩信之道，即上所谓'令民与上同意'者之道也。若淮阴料项王仁勇过高祖而不赏有功，为妇人之仁，亦是也。"

⑮将孰有能：张预曰："察彼我之将，谁有智、信、仁、勇、严之能，若汉高祖料魏将柏直不能当韩信之类也。"赵本学曰："智足以料敌，信足以令众，仁足以得士，勇足以倡敢，严足以肃政。五者俱全，是谓有能之将。或偏暗拘碍，动失事机，而短于智；或浅躁无常，号令反复，而短于信；或残刻暴路，不得人心，而短于仁；或柔懦畏怯，进退犹豫，而短于勇；或骄纵怠惰，政事废弛，而短于严。五者有一，皆为无能之将。以有能而当无能，则如孙膑之算庞涓，孔明之取孟获，有胜而无败也。以无能而当有能，则如龙苴之遭韩信，赵括之遇白起，有败而无胜也。然则三军胜败之大机，又岂有不在主帅一人之身乎？"

⑯天地孰得：张预曰："观两军所举，谁得天时、地利，若魏武帝盛冬伐吴，慕容超不据大岘，则失天时、地利者也。"

⑰法令孰行：王晳曰："孰能法明令便，人听而从？"

⑱兵众孰强：张预曰："车坚、马良、士勇、兵利，闻鼓而喜，闻金而怒，谁者为然？"兵众，指各种各样的武器装备；或指军队、士卒。

⑲士卒孰练：杜牧曰："辨旌旗，审金鼓，明开合，知进退，闲驰逐，便弓矢，习击刺也。"练，训练有素。

⑳赏罚孰明：杜佑曰："赏善罚恶，知谁分明者。故王子曰：'赏无度，则费而无恩；罚无度，则戮而无威。'"明，严明。

㉑"将听吾计"六句：一般认为这几句话的主语是吴王，如陈皞曰："孙武以书干阖闾曰：'听用吾计策，必能胜敌，我当留之不去；不听吾计策，必当负败，我去之不留。'以此感动阖闾，庶必见用。故阖闾曰：'子之十三篇，寡人尽观之矣。'其时，阖闾行军用师，多自为将，故不言'主'而言'将'也。"张预曰："将，辞也。孙子谓：今将听吾所陈之计，而用兵则必胜，我乃留此矣；将不听吾所陈之计，而用兵则必败，我乃去之他国矣。以此辞激吴王而求用。"李零却认为主语不应是吴王："这两句话的主语是谁，值得讨论。前人多以此二句为孙子求用于吴王之辞，谓吴王用其计则留，不用其计则去，主语是吴王。我们则认为主语应是说话人（即定计者）的对象，即执行'计'的人。不然这两句话就成了要挟之辞。"本书取此义。将，表假设的连词；或解释为吴国君主阖闾；或解释为裨将。计，指前文所谓"五事七计"。用之，用兵。"之"为语气助词，无意义。留，留用。去，离开。

【译文】

要从以下五个方面去研究战前形势，一一比较各项战争要素，认真探索敌我双方的胜负概率：一是道，二是天，三是地，四是将，五是法。道，是使百姓与国君同心同德，步调一致，这样民众就可以与国君同生共死，不违背国君的任何旨意；天，是指昼夜、阴晴、寒暑、四时等气候、季节方面的自然现象。地，是指战场位置的远与近，地形的险阻、平坦、开阔与狭窄,以及作战区域是否有利于攻守进退。将,是指将领应具备的智慧、威信、仁德、勇敢、严格等五种素质。法,分别指的是军队的组织编制,将吏的任用、分工、管理,以及军费、军需等方面的军法制度。以上这五个战略要素,没有哪一个将帅没有听说过,然而只有深入研究这些要素才能取胜,不深入研究这些要素就不能取胜。所以要一一比较敌我双方的战略要素,探索彼此胜负的概率,要研究清楚以下问题:哪一方的君主能处理好君、民关系,赢得了民心? 哪一方的将帅有才能? 哪一方掌握了天时地利? 哪一方能贯彻执行军法条规? 哪一方装备优越、实力强大? 哪一方的士卒训练有素? 哪一方赏罚分明? 我根据这些比较就能预测孰胜孰负。如果带兵者听从我的分析判断,他用兵打仗就必然取胜,我就可以留用他;如果不听从我的判断,他用兵打仗就必然失败,我就不用他。

　　计利以听,乃为之势,以佐其外①。势者,因利而制权也②。兵者,诡道也③。故能而示之不能④,用而示之不用⑤,近而示之远,远而示之近⑥。利而诱之⑦,乱而取之⑧,实而备之⑨,强而避之⑩,怒而挠之⑪,卑而骄之⑫,佚而劳之⑬,亲而离之⑭,攻其无备,出其不意⑮。此兵家之胜,不可先传也⑯。

【注释】

①计利以听,乃为之势,以佐其外:意谓有利的战略决策被采纳以后,接下来就要调动部队,造成一种态势,以有助于对外作战。《管子·七法》:“故凡攻伐之为道也,计必先定于内,然后兵出乎境。计未定于内,而兵出乎境,是则战之自胜,攻之自毁也。”张预曰:“孙子又谓:吾所计之利若已听从,则我当复为兵势,以佐

助其事于外。盖兵之常法，即可明言于人，兵之利势，须因敌而为。”朱军说：“凡作战，趋利避害是总原则。根据‘五事’、‘七计’进行了计算、比较，已经做出决心，制定了适当计划，这些都是司令机关内部的事。但实现计划就要调动、部署部队，这就是‘为之势’。这个势就是从外部实现作战计划。”计利以听，所规划的对己方有利的战略决策已经被采纳。以，通“已”，已经。听，从、采纳。势，态势。其内涵参见本书《势篇》。佐，辅助。外，指在国外的用兵。

② 势者，因利而制权也：意谓军事态势的营造，要根据己方的有利条件，顺应复杂多变的战场形势。这两句并不是对“势”下定义，而是强调如何造“势”。杜牧曰：“自此便言常法之外。势，夫势者，不可先见，或因敌之害见我之利，或因敌之利见我之害，然后始可制机权而取胜也。”张预曰：“所谓势者，须因事之利，制为权谋，以胜敌耳，故不能先言也。自此而后，略言权变。”朱军说：“假设‘七计’是计算的基本静态情况，那么‘因利而制权’就是在动态中因求有利而机动部署兵力。”制，顺从，顺应。《淮南子·氾论训》：“圣人作法，而万物制焉。”高诱注：“制，犹从也。”或解释为制订、采取。权，权变。

③ 兵者，诡道也：曹操曰：“兵无常形，以诡诈为道。”张预曰：“用兵虽本于仁义，然其取胜必在诡诈。故曳柴扬尘，栾枝之谲也；万弩齐发，孙膑之奇也；千牛俱奔，田单之权也；囊沙壅水，淮阴之诈也。此皆用诡道而制胜也。”赵本学曰：“此以下诡道十二事，是举计外之势，因利而行之术也。”黄朴民说：“‘兵者，诡道也’，这是对以往战争注重申明‘军礼’做法的变革。在战争目的方面，《孙子兵法》明确提出‘伐大国’，战胜强敌，这是对以往‘诛讨不义’、‘会天子正刑’的否定。在战争善后上，《孙子兵法》主张‘拔其城，隳其国’，这是对以往‘又能舍服’、‘正复厥职’的对立。

在作战方式上，与以往'军旅以舒为主'、'虽交兵致刃，徒不趋，车不驰'情况所截然所不同的是，《孙子兵法》一再强调'兵之情主速，乘人之不及，由不虞之道，攻其所不戒也'。在后期保障及执行战场纪律方面，《周礼》《司马法》等主张'入罪人之地'，'无取六畜禾黍器械'，而到了《孙子兵法》那里，则是宣扬'因粮于敌'，主张'掠乡分众'。凡此种种，不胜枚举，均反映了春秋后期的战争指导思想，较春秋前期的有许多显著的变革。"唐亦男在《孙子与老子书中"道"这一概念之意义及运用》一文中说："《孙子》称'兵者，诡道也'，即是引申发挥'微明'的道理，就老子书言，'微明'是一种微妙深刻的智慧，是老子观察事物所发挥的一种原理，即欲达到某种目的，往往需要采取一种相反的手段，一种间接而迂回的方式，才能生效，即是一种工具手段，本身并无价值判断。而孙子却将其应用在战争上，并且有特定的动机和目的，遂成为一种诡道诈术，但就战争言，反而是被肯定的高招奇术，唯有足智多谋的将领，才能灵活运用而达到克敌制胜的辉煌战果，关于这部分，孙子书中发挥最多……战争史上用诈术制胜的例证很多，大多受《孙子》一书的启发。有人认为老子'主道'实质上便不外一个'装'字，而孙子兵法可谓独得'装'字的心传。"诡，欺诈，多变。道，原则。

④故能而示之不能：李筌曰："言己实用师，外示之怯也。汉将陈豨反，连兵匈奴。高祖遣使十辈视之，皆言可击。复遣娄敬，报曰：'匈奴不可击。'上问其故。对曰：'夫两国相制，宜矜夸其长。今臣往，徒见赢老。此必能而示之不能，臣以为不可击也。'高祖怒曰：'齐虏以口舌得官，今妄沮吾众！'械娄敬于广武，以三十万众至白登。高祖为匈奴所围，七日乏食。此师外示之以怯之义也。"张预曰："实强而示之弱，实勇而示之怯，李牧败匈奴、孙膑斩庞涓之类也。"能，能力。

⑤用而示之不用：意谓打算出兵打仗却装作无作战意图。吴如嵩说："本来要打，故意装作不打。例如，公元219年，吴将吕蒙想乘蜀将关羽北攻樊城之机，夺取荆州。由于关羽对吕蒙有所戒备，仍留有重兵把守江陵、公安等地。吕蒙为了麻痹关羽，假称病重，孙权公开把他召回建业（今南京），并以'未有远名，非羽所忌'的陆逊来接任，以掩饰其夺取荆州的意图。关羽果然放松了对荆州的防守，从江陵、公安调兵进攻樊城，吕蒙便乘机沿江而上，指挥吴军夺取了公安、江陵等地，很快攻取了荆州。"用，用兵，出兵。

⑥近而示之远，远而示之近：朱军说："远近可以表现在时间与距离两个方面。1941年日军袭击珍珠港前，美国当局已察觉日美难免一战，日军采取了一系列措施，使美军没料到日军开战来得那么早。盟军在诺曼底登陆前，为隐藏登陆的真实方向，曾进行了一系列战役伪装，其中有一个伪装行动是，选派陆军中尉杰姆乔装蒙哥马利公开活动，并飞往直布罗陀转阿尔及尔，制造盟军将在法国南部登陆的假象。"

⑦利而诱之：张预曰："示以小利，诱而克之。若楚人伐绞，莫敖曰：'绞小而轻，请无扞采樵者以诱之。'于是绞人获楚三十人。明日，绞人争出，驱楚役徒于山中，楚人设伏兵于山下，而大败之是也。"

⑧乱而取之：意谓扰乱敌人，趁乱战胜它；也可解释为制造己方混乱的假象以迷惑、战胜敌人。李筌曰："敌贪利，必乱也。秦王姚兴征秃发傉檀。（傉檀）悉驱部内牛羊，散放于野，纵秦人虏掠。秦人得利，既无行列，傉檀阴分十将，掩而击之，大败秦人，斩首七千余级，'乱而取之'之义也。"张预曰："诈为纷乱，诱而取之，若吴越相攻，吴以罪人三千，示不整以诱越。罪人或奔或止，越人争之，为吴所败是也。言敌乱而后取者非也。"

⑨实而备之：意谓敌人军力充实就严加防备它。曹操曰："敌治实，须备之也。"李筌曰："备敌之实。蜀将关羽欲围魏之樊城，惧吴将吕蒙袭其后，乃多留备兵守荆州。蒙阴知其旨，遂诈之以疾。羽乃撤去备兵，遂为蒙所取，而荆州没吴，则其义也。"实，军力充实。

⑩强而避之：梅尧臣曰："彼强，则我当避其锐。"毛泽东在《中国革命战争的战略问题》一文中说："战略退却，是劣势军队处在优势军队进攻面前，因为顾到不能迅速地击破其进攻，为了保存军力，待机破敌，而采取的一个有计划的战略步骤。可是，军事冒险主义者则坚决反对此种步骤，他们的主张是所谓'御敌于国门之外'。"又联系齐、鲁长勺之战说："虽然是一个不大的战役，却同时是说的战略防御的原则。中国战史中合此原则而取胜的实例是非常之多的。楚汉成皋之战、新汉昆阳之战、袁曹官渡之战、吴魏赤壁之战、吴蜀彝陵之战、秦晋淝水之战等等有名的大战，都是双方强弱不同，弱者先让一步，后发制人，因而战胜的。"

⑪怒而挠之：意谓敌将性躁易怒，就要想法激怒他，待他失去理智就乘弊打败他；也可解释成敌人士气旺盛，就要避其锋芒，待其衰懈。吴九龙说："敌人士气旺盛，我当谨慎屈避其锋锐，待其气衰，再攻击之。曹操注'待其衰懈也'，可谓深得其旨。《左传·庄公十年》：'夫战，勇气也。一鼓作气，再而衰，三而竭，彼竭我盈，故克之。'此与孙子语意近。"怒，指敌将偏激易怒；或以为当指敌人士气旺盛。挠，挑逗，激怒；或解释成"曲也"、"屈也"。

⑫卑而骄之：意谓以卑词或佯败迷惑敌人，使其骄傲轻战；也可解释成敌人鄙视我方，则应使其更加骄傲。杜佑曰："彼其举国兴师，怒而欲进，则当外示屈挠，以高其志；俟惰归，要而击之。故王子曰：'善用法者，如狸之与鼠，力之与智，示之犹卑，静而下之。'"张预曰："或卑辞厚赂，或赢师佯北，皆所以令其骄怠。吴子伐齐，

越子率众而朝,王及列士皆有赂。吴人皆喜,惟子胥惧,曰:'是豢吴也!'后果为越所灭。楚伐庸,七遇皆北。庸人曰:'楚不足与战矣!'遂不设备。楚子乃为二队以伐之,遂灭庸。皆其义也。"

⑬佚而劳之:意谓我军休整充分,使敌人疲劳被动;也可解释为敌人原本休整充分,应想法使其疲惫。李筌曰:"敌佚而我劳之者,善功也。吴伐楚,公子光问计于伍子胥,子胥曰:'可为三师以肆焉。我一师至,彼必尽众而出;彼出,我归,亟肆以疲之,多方以误之,然后三师以继之,必大克。'从之。楚于是乎始病吴矣。"佚,安闲,安逸,指军队休整充分。

⑭亲而离之:敌人团结和睦,就设法离间它。杜牧曰:"言敌若上下相亲,则当以厚利啖而离间之。陈平言于汉王曰:'今项王骨鲠之臣不过亚父、钟离眜、龙且、周殷之属,不过数人。大王诚能捐数万斤金,间其君臣,彼必内相诛,汉因举兵而攻之,灭楚必矣。'汉王然之,出黄金四万斤与平,使之反间。项王果疑亚父,不急击下荥阳,汉王遁去。"按,从"能而示之不能"至此的十二句话,可称为《孙子兵法》的"诡道十二法"。吴如嵩指出:"(诡道十二法)核心是'示形'二字,示形既包含示形也包含隐形,既包含佯动也包含调动。他虽然只说'能而示之不能',但是也隐含了'不能而示之能';他虽然只说'用而示之不用',但也隐含了'不用而示之用',这样的理解才全面。"

⑮攻其无备,出其不意:吴如嵩说:"'诡道十二法'的要义就在于'攻其无备,出其不意'。戒备松弛、麻痹大意的敌人,是最好打击的敌人,而这样的敌人是可以能动地制造出来的,方法就是'诡道十二法'。"

⑯此兵家之胜,不可先传也:曹操曰:"兵无常势,水无常形,临敌变化,不可先传也。故料敌在心,察机在目也。"胜,奥妙。传,讲明,传授。

【译文】

有利的战略决策一经采纳,就要营造一种态势,以有助于对外军事行动。军事态势的营造,要根据己方的有利条件,顺应复杂多变的战场形势。军事领域应以诡诈多变为原则。所以有能力却装作没有能力;要出兵却装作不出兵;进攻的时间或距离近的,要表现出远,反之亦然;以小利诱惑敌人;扰乱敌人而趁乱战胜它;敌人实力强大就严加防备它;敌人兵强气锐就避开它;敌将性躁易怒就要想法激怒他;以卑词或佯败迷惑敌人,使其骄傲轻战;敌人休整充分,就想法使其疲惫;敌人团结和睦,就设法离间它;进攻敌人毫无准备之处,出击敌人毫无意料之地。这是军事家打败敌人的奥妙,无法事先讲明。

夫未战而庙算胜者,得算多也①;未战而庙算不胜者,得算少也②。多算胜,少算不胜,而况于无算乎③!吾以此观之,胜负见矣④。

【注释】

①夫未战而庙算胜者,得算多也:意谓还未交战,"庙算"阶段便预测某方取胜,是基于它取胜的条件较多。庙算,指国家高层的军事战略筹划。庙,即庙堂,是国君祭祀先人以及与朝臣商议国家大事的地方。算,原作"筭",也称"筹",是古人的计算工具。古人在战前用算筹计算敌我实力,以判断胜负。《孙子兵法》之后的《六韬》、《吴子》、《商君书》、《文子》、《吕氏春秋》等,均使用了"庙算"这一概念。于泽民在《战略理论的奠基作——〈孙子兵法〉》一文中说:"春秋战国初期,是我国古代战争和军事理论大发展时期,战略理论也比较系统地形成了。其重要标志是《孙子》这部具有划时代意义的'战略论'的问世和第一个战略概念'庙算'的提出。之所以说'庙算'是战略概念,理由之一,它是

对古代战略决策的实践活动的抽象和概括。任何概念的产生都是在实践的基础上，抽象出事物的特有属性的结果，战略概念也不例外。自从中国进入奴隶社会以来，凡国家遇有战事，都要告于祖庙，议于明堂，成为一种固定的仪式。这种活动，在本质上是制定克敌制胜的方略，也就是曹操所说'选将、量敌、度地、料卒、远近、险易，计于庙堂也'。孙子正是在这种大量的实践活动和丰富的感性认识的基础上，因形就势，加以概括，形成了内容与形式紧密结合的'庙算'概念。"得算多，意谓庙算时得到的胜算多。算，胜算，指取胜的条件。

②未战而庙算不胜者，得算少也：意谓敌我双方还未交战，"庙算"阶段便推论某方不胜，是基于它取胜的条件较少。

③多算胜，少算不胜，而况于无算乎：梅尧臣曰："多算，故未战而庙谋先胜；少算，故未战而庙谋不胜。是不可无算矣。"张预曰："古者兴师命将，必致斋于庙，授以成算，然后遣之，故谓之'庙算'。筹策深远，则其计所得者多，故未战而先胜。谋虑浅近，则其计所得者少，故未战而先负。多计胜少计，其无计者，安得无败？故曰：胜兵先胜而后求战，败兵先战而后求胜。有计无计，胜负易见。"多算，指战略谋划周密，反之则为"少算"。算，此处指战前的战略筹划。况于，何况。

④吾以此观之，胜负见矣：何氏曰："计有巧拙，成败系焉。"钱基博曰："《孙子》书以《计篇》挈十三篇之纲，而究其所以为论者，曰计、曰势。势者，兵家之诡道；计者，庙算之先胜。必先校之以计而索其情，乃为之势以佐其外。势者，因利制权，施之临战。计者，量敌审己，虑于未战。自《计篇》以下《作战》、《谋攻》及《形篇》三篇，反复丁宁于先胜而后求战；不尽知用兵之害，则不尽知用兵之利；知彼知己，百战不殆，皆阐发《计篇》未尽之蕴。孙子之所谓计，任宏谓之'权谋'，而克氏之所谓'战略'者也。《势

篇》以下,《虚实》《军争》《九变》《行军》《地形》《九地》《火攻》八篇,皆论势,其大指不外言战者以正合,以奇胜;后人发,先人至;以诈立,以利动,以分合为变;由不虞之道,攻其所不戒也。此则任宏之所谓'形势',而克氏谓之'战术'者矣。惟孙子之意,重计而不重势,则是战略重于战术。而欲为计,必先知彼,苟不知敌之情,安能校之以计而索其情乎? 用间者,所以知敌之情也,故以用间要其终焉。"见,同"现"。

【译文】

还未交战,"庙算"阶段便预测某方取胜,是基于它取胜的条件较多;还未交战,"庙算"阶段便预测某方不胜,是基于它取胜的条件较少。战略筹划周密就有可能取胜,战略筹划不周密就不可能取胜,更何况根本不作筹划呢! 我们依据这些观察,谁胜谁负就会一清二楚。

作战篇

【题解】

　　《作战篇》紧随《计篇》之后，是《孙子兵法》十三篇中的第二篇。张预解释孙子如此排序的理由是："计算已定，然后完车马、利器械、运粮草、约费用，以作战备，故次《计》。"吴九龙说："作战，即始战、战争准备，非指一般战阵之事。"可知该篇的研究重心已由庙算环节，进入到战争物资的准备阶段。作，意即"始也"。

　　兵马未动，粮草先行，强有力的后勤保障，是取得战争胜利的前提。此篇将《计篇》中的"五事"、"七计"未予涉及的战争与经济的关系，纳入研究视野。孙子告诫统治者发兵之前，必须考虑国家能否承受庞大的军费开支，"然后十万之师举矣"。战时环境下，贸易无法正常进行，物价难免上涨，百姓财源枯竭。战争机器一旦发动，必将消耗巨大的"百姓之费"与"公家之费"。战争既考验一个国家的军事实力，也考验一个国家的经济实力。战线拉得太长，时间拖得太久，均会极大消耗国库的物资储备，导致"国用不足"和"诸侯乘其弊而起"的严重后果。为了解决深入敌境、粮草乏供的后勤保障难题，孙子提出了"因粮于敌"的原则，即动用武力劫掠敌人的粮草；还提出可将缴获的战车编入我方车队。这些均能有效弥补战时环境中的军需匮乏。

　　在深入考察了战争对物力、财力、人力的巨大消耗之后，孙子提炼出了"兵贵胜，不贵久"的作战指导思想。速战速决堪称本篇的灵魂。孙子速战速决思想的提出，主要基于"钝兵挫锐，屈力殚货"的认识，即：一是战争久拖不决将导致士卒战斗力的下降，二是战争对钱财物资的巨大消耗。以上两点引出了孙子对战争危害的深沉思考，他严正提醒统治者："不尽知用兵之害者，则不能尽知用兵之利也。"春秋以降，诸侯国之间的争霸、兼并战争愈演愈烈，在攫取土地财富的强大欲望推动下，各国（尤其是大国）统治者多对战争可能带来的巨大利益心驰神往。《孟子》书中的梁惠王即以"好战"者自居，并宣称其"大欲"是"辟土地，朝秦楚，莅中国而抚四夷也"（《梁惠王章句上》），战争成为以梁惠王为代表的"好战者"满足"大欲"的重要手段。不断膨胀的欲望使他们更多地看到了战争之利，而忽略或忘记了战争之害。孙子此篇对战争危害的提示，至今仍能醒人耳目。核武器的发明使未来战争具有灭绝人类、摧毁地球的可能。罗古诺夫与池田大作对话说："在现代，战争就是毁灭，对全人类宣布死亡。不理解这一点的人，只能说他是狂人，或者是头脑极其浅薄的人。"（《第三条虹桥》）这番言论，完全可以看成是孙子"用兵之害"的理论在现代社会的回响与放大。

　　孙子曰：凡用兵之法①，驰车千驷②，革车千乘③，带甲十万④，千里馈粮⑤。则内外之费⑥，宾客之用⑦，胶漆之材⑧，车甲之奉⑨，日费千金⑩，然后十万之师举矣⑪。

【注释】

①法：规律，特点。

②驰车千驷：指一千乘轻型战车。驰车，主要有三种解释：第一，指快速轻便的战车。《左传·哀公二十七年》："将为轻车千乘。"曹操曰："轻车也，驾驷马，凡千乘。"第二，指战车。杜牧曰："轻车，乃战车也。"第三，指攻车。张预曰："驰车，即攻车也。"千驷，一

千乘。驷，原指一辆车套四匹马，此处为量词，乘。

③革车千乘：指重型战车一千乘。革车，主要有三种解释：第一，指重车，即重型战车。《左传·闵公二年》曰："元年，革车三十乘，季年乃三百乘。"梅尧臣曰："驰车，轻车也；革车，重车也。凡轻车一乘，甲士、步卒二十五人；重车一乘，甲士、步卒七十五人。"第二，指运载粮草和军需物资的辎重车。杜牧曰："古者车战，革车、辎车，重车也，载器械、财货、衣装也。《司马法》曰：'一车，甲士三人，步卒七十二人，炊家子十人，固守衣装五人，厩养五人，樵汲五人，轻车七十五人，重车二十五人。'"第三，指守车。张预曰："革车，即守车也。"乘，原指四匹马拉的车子。此处为量词。

④带甲十万：指有十万披戴盔甲、全副武装的士卒。十万，约指，非实指。何氏曰："举成数也。"亦有古今注家根据"驰车千驷，革车千乘，带甲十万"的描述，了解当时的赋乘之法。如李零说："《管子·揆度》：'百乘为耕田万顷，为户万户，为开口十万人，为当分者万人，为轻车百乘，为马四百匹。……千乘为耕田十万顷，为户十万户，为开口百万人，为当分者十万人，为轻车千乘，为马四千匹。……万乘为耕田百万顷，为户百万户，为开口千万人，为当分者百万人，为轻车万乘，为马四万匹。'所述赋乘之法，是按户均一顷授田，户均一人当兵，每十万人配备轻车一千乘、每乘马四匹计算的，正与《孙子》所述相合。"

⑤千里馈粮：意谓出国打仗需要跋涉千里运送军粮。

⑥内外之费：指前方后方的军费开支。内外，分别指后方与前方。王皙曰："内，谓国中；外，谓军所也。"

⑦宾客之用：指外交方面的费用。宾客，指诸侯使节。杜牧曰："军有诸侯交聘之礼，故曰宾客也。"

⑧胶漆之材：泛指制作和维修兵车、铠甲、弓箭等作战器械的材料。杜牧曰："车甲器械完缉修缮，言胶漆者，举其微细。"胶漆，用于

制作弓箭等兵器的材料。《考工记·弓人》曰："弓人为弓,取六材必以其时。六材既聚,巧者和之。干也者,以为远也;角也者,以为疾也;筋也者,以为深也;胶也者,以为和也;丝也者,以为固也;漆也者,以为受霜露也。"

⑨车甲之奉:泛指武器装备的保养费用。车甲,指各种武器装备。奉,保养。

⑩日费千金:意谓每天要花费巨额钱财。任力主编的《孙子兵法军官读本》以第二次世界大战的战争消耗为例,指出现代战争对经济的损耗更为巨大:"与以往的战争相比,第二次世界大战的消耗量大幅提升:仅从单兵日消耗来说,第一次世界大战为6公斤,第二次世界大战则高达20公斤。不仅如此,交战国的战争开支也增长迅速、数量惊人。比如,德国的战争开支,1939年为450亿帝国马克,1940年为620亿帝国马克,1941年为770亿帝国马克,1942年为930亿帝国马克,1943年为1090亿帝国马克;从1939年到1943年,德国的战争开支占整个国民生产总值的份额,从34.8%上升到72.6%,共投入3860亿帝国马克。同样,苏联的战争消耗也十分惊人。1939年到1945年,苏联的军费预算节节攀升:1939年为392亿卢布,1940年为568亿卢布,1941年为905亿卢布,1942年为1084亿卢布,1943年为1247亿卢布,1944年为1377亿卢布,1945年为1282亿卢布。这种快速增长的巨额经济消耗,对战争的经济支撑和后勤保障,提出了越来越高的要求。"朱军说:"现代战争开支就更大了。仅举几个数字如下:1982年的英国和阿根廷战争进行了75天,除去两国各损失80亿美元不计外,英国战费开支27亿美元,每天为3600万美元。阿根廷每天开支1400万美元。同年,以色列入侵黎巴嫩,进行了10天战争,平均每天战费1亿美元。"

⑪然后十万之师举矣:意谓经过估算,国家能够承担战争费用,才

能让大军出外打仗。贾林曰:"计费不足,未可以兴师动众。"李零说:"以上所述,古人叫做'出军法'或'军赋'。案中国早期军事制度,一般出兵,兵员系临时征集;车马兵甲是由国家置备,出征时才临时发授,叫做'授甲'、'授兵'(《左传》隐公十一年、哀公十年);粮秣给养,'有军旅之出则征之,无则已',即使征也不过'田一井,出稯禾(40把饲料)、秉刍(1把柴禾)、缶米(16斗米)'(《国语·鲁语》)。其中粮食只够一个士兵吃一个多月(按每日5升计)。这是由于当时战争规模小,距离近,为时也较短。《孙子》所述出军法与早期不同,一是规模大(驰车千驷,革车千乘,带甲十万),二是补给线长(千里馈粮),三是费时久(《用间》"相守数年,以争一日之胜"),四是耗费巨(日费千金),这些都是新时期的特点。""《孙子》所反映的战争特点,我们认为不仅与春秋早、中期有明显不同,而且与春秋晚期、战国早期也有一定差别,而比较接近战国中期的特点。"举,出动。

【译文】

孙子说:用兵的一般规律是,需要动用轻型战车一千乘,重型战车一千乘,十万全副武装的士卒,还要跋涉千里运送军粮。前方、后方的军费开支,包括外交费用,制作和维修兵车、弓箭等的材料费用,各种武器装备的保养费用,每天都要为此花费巨额钱财,经过评估国家有能力承担这些开销,才能让十万大军奔赴战场。

其用战也胜,久则钝兵挫锐①,攻城则力屈②,久暴师则国用不足③。夫钝兵挫锐,屈力殚货,则诸侯乘其弊而起,虽有智者,不能善其后矣④。故兵闻拙速,未睹巧之久也⑤。夫兵久而国利者,未之有也⑥。故不尽知用兵之害者,则不能尽知用兵之利也⑦。

【注释】

①其用战也胜，久则钝兵挫锐：意谓用兵作战应要求速胜，时间久了部队会疲惫，士气会挫伤。胜，指速胜。亦有注家将这两句的"久"字属上读，断句为："其用战也胜久，则钝兵挫锐。"杜牧曰："胜久，谓淹久而后能胜也。言与敌相持，久而后胜，则甲兵钝弊，锐气挫衄，攻城则人力殚尽屈折也。"挫锐，指挫伤士兵的锐气。

②力屈（jué）：汉简本作"屈力"。曹操曰："运粮尽力于原野也。"屈，竭，尽。贾谊《论积贮疏》曰："生之有时，而用之亡度，则物力必屈。"

③久暴（pù）师则国用不足：《管子·参患》曰："故一期之师，十年之蓄积殚；一战之费，累代之功尽。"张预曰："日费千金，师久暴，则国用岂能给？若汉武帝穷征深讨，久而不解，及其国用空虚，乃下哀痛之诏是也。"任力主编的《孙子兵法军官读本》以第二次世界大战为例，说明战争对社会经济的巨大破坏，在现代战争中具有更突出的表现："由于长期作战，第二次世界大战造成的经济损失十分巨大。据不完全统计，全世界有5000多万人死于战争，直接军费开支11170亿美元，直接经济损失4万亿美元，间接经济损失更是多得无法统计。同盟国为胜利付出了巨大的人员代价：苏联伤亡2700万人，美国伤亡111.1万人，英国伤亡130.7万人，法国伤亡85.9万人。中国人民也承受了巨大的牺牲：在抗日战争中共伤亡3500万人，财产损失和战争消耗达1000亿美元，间接经济损失5000多亿美元。长期作战的这一严重经济恶果，再次印证了孙子'久则钝兵挫锐'、'屈力殚货'、'国用不足'这一思想的科学性。"暴，暴露，显露。

④"夫钝兵挫锐"五句：李筌曰："十万众举，日费千金，非唯顿挫于外，亦财殚于内，是以圣人无暴师也。隋大业初，炀帝重兵好征，

力屈雁门之下,兵挫辽水之上,疏河引淮,转输弥广,出师万里,国用不足。于是杨玄感、李密乘其弊而起,纵苏威、高颎,岂能为之谋也?"张预曰:"兵已疲矣,力已困矣,财已匮矣,邻国因其罢弊,起兵以袭之,则纵有智能之人,亦不能防其后患。若吴伐楚入郢,久而不归,越兵遂入吴。当是时,虽有伍员、孙武之徒,何尝能为善谋于后乎?"屈力殚货,意即人力、物力被耗尽。殚,竭尽,耗尽。

⑤故兵闻拙速,未睹巧之久也:意谓在军事上听说过那种因指挥笨拙而速战失败的,没听说过那种指挥巧妙却将战争久拖不决的。于鬯《香草续校书》曰:"孙子之意不过欲极言久之无巧,而非敢言速之无拙;盖久必拙,速必巧。然因过速而取败者亦有之矣,是拙速也。而卒无因过久而巧者。两者相较,究贵速不贵久,而岂有贵拙之意乎!"又,杜牧曰:"攻取之间,虽拙于机智,然以神速为上,盖无老师、费财、钝兵之患,则为巧矣。"李贽《孙子参同》卷二注曰:"宁速毋久,宁拙毋巧,但能速胜,虽拙可也。"杜、李二说均有"贵拙"之意,可供参考。拙,一般注家均以其与"巧"相对。顾福棠却不以为然,指出:"以'拙'字本义解,言攻取之间,虽拙于机智,犹必以神速为上,未闻有钝兵挫锐,屈力殚货而以为巧者。然愚意此说未当也。自古用兵未有拙而能胜者,且自知兵拙,何必越千里、动大众以伐人乎!此云拙速,盖因'巧'字作对之误也。'拙'字,当作'出'字。兵家忌钝兵挫锐,屈力殚货,则出军当速不可迟缓,迟缓则敌人多备,我不能出其不意攻其无备以胜之矣。故曰:兵贵出速,未睹有巧者久顿其兵于外也。"

⑥夫兵久而国利者,未之有也:杜佑曰:"兵者凶器,久则生变。若智伯围赵,逾年不归,卒为襄子所擒,身死国分。故《新序》传曰:'好战穷武,未有不亡者也。'"

⑦故不尽知用兵之害者,则不能尽知用兵之利也:李筌曰:"利害相

依之所生,先知其害,然后知其利也。"杜佑曰:"言谋国、动军、行师,不先虑危亡之祸,则不足取利也。若秦伯见袭郑之利,不顾崤函之败,吴王矜伐齐之功,而忘姑苏之祸也。"用兵之害,古今中外控诉战争罪恶者比比皆是。如《孟子·离娄上》曰:"争地以战,杀人盈野;争城以战,杀人盈城。"再如《老子》第三十一章曰:"兵者不祥之器,非君子之器。不得已而用之。"第三十章曰:"师之所处,荆棘生焉;大军之后,必有凶年。"又如弗洛伊德在《当代关于战争和死亡的思想》中说:"于是,我们拒绝相信的战争(第一次世界大战)爆发了,它带来了——幻灭。由于攻击和防御武器的巨大进步和完善,它不仅比历史上任何一次战争伤亡更惨重、破坏性更大,而且,它至少和先前的任何战争一样残暴、激烈,一样难以平息。它蔑视在和平时期各国保证遵守的、被称为国际法的一切限制;无视伤员和医务人员的特权,无视平民和军人的区别,无视私有财产的权利。它粗暴地践踏了以往的一切,仿佛人类在这场战争过去之后便再无前途、再无友善。它撕裂了交战各国人民之间一切的友谊纽带,威胁要留下这样一笔苦难的遗产,乃至在将来的长时间内都不可能恢复这种纽带。"

【译文】

用兵作战应要求速胜,时间久了部队会疲惫,士气会挫伤,攻城会感到气力衰竭,如果长期让军队在国外作战,那么国家的财政就会紧张。部队疲惫,士气挫伤,人力、物力被耗尽了,其他诸侯国就会乘此危机而起兵来攻,到那时即使有足智多谋的人,也无法挽回败局了。所以,在军事上听说过那种因指挥笨拙而速战失败的,没听说过那种指挥巧妙却将战争久拖不决的。战争拖得很久却对国家有利,这种情况是没有的。所以不完全了解用兵的危害,就不会完全懂得用兵的好处。

善用兵者,役不再籍,粮不三载①。取用于国②,因粮于敌③，故军食可足也。国之贫于师者远输④，远输则百姓贫⑤；近于师者贵卖⑥，贵卖则百姓财竭⑦，财竭则急于丘役⑧。力屈、财殚，中原内虚于家⑨。百姓之费，十去其七；公家之费⑩，破车罢马⑪，甲胄矢弩⑫，戟楯蔽橹⑬，丘牛大车⑭，十去其六。

【注释】

①役不再籍，粮不三载：意谓不会多次按照名册征发兵役，也不多次运送军粮。曹操曰："言初赋民而便取胜，不复归国发兵也。始载粮，后遂因食于敌，还兵入国，不复以粮迎之也。"朱军说："孙武处于生产力水平很低、军队的装备很简易、战争规模多是一次决战的时代，所以提出'役不再籍，粮不三载'的论断和'取用于国，因粮于敌'的补给原则。其基本精神又在于节省国家的人力、物力，减少国民经济因战争而受的损失。这种思想至今还是适用的。但随着社会生产力的提高，战争规模之扩大和旷日持久，早就突破了'役不再籍，粮不三载'的限度了。战国时期，燕伐齐（公元前284）即具有战役规模的长期攻势作战；到秦始皇、汉武帝两个时期，战争规模和战争持续时间以及人力、物资的需求已明显突破孙武所说的限度了。现代战争规模更非往昔可比。苏联在第二次世界大战时期卫国战争中，初期有200个陆军师，在战争过程中动员组建了1022个师。中国人民解放战争时期（1945—1949），仅察热辽军区在热河省就有三次大规模动员参军。至于'粮不三载'更是不存在的情况了。"役，兵役，力役。不再，不三，均为虚指，而非实数。吴九龙说："此'三'字当即《论语》所谓'三思'、'三复'之'三'，非实言载粮三次也。'不三'与'不再'，乃错综其词以成其义，非必言役不可再籍而粮不

可三载也。二者异文同义,皆言一次而足,不可再也。"籍,名册,户口册,此处作动词讲,按名册征发。载,运输,运送。

② 取用于国:意谓武器装备从国内取用。曹操曰:"兵甲战具,取用国中,粮食因敌也。"黄朴民说:"所谓'取用于国',就是主张武器装备由国内提供。这是因为,(1)士兵对战场上使用的兵器必须事先熟悉其性能,长短轻重适用,能掌握其特点,这样使用起来才能得心应手,杀敌制胜。(2)武器装备直接为敌国兵库所收藏和控制,不能像粮秣那样可以随时地征发。受这两个基本因素的制约,所以武器装备最佳的保障途径乃是'取用于国'。"

③ 因粮于敌:意谓粮草从敌国补充。张预曰:"器用取于国者,以物轻而易致也;粮食因于敌者,以粟重而难运也。夫千里馈粮,则士有饥色,故因粮则食可足。"黄朴民说:"该如何贯彻'因粮于敌'这一原则? 对此,孙子提出了自己的看法。其基本立足点就是抢掠劫夺。在这一问题上,孙子的态度倒是十分坦白的。其具体的措施便是'重地则掠',深入重地就要掠取粮草;'掠乡分众',分兵抄掠敌国乡野,分配掠夺到的人畜和财物;'掠于饶野,三军足食',在敌国富庶的乡野进行劫掠,以保障全军上下的粮秣供给。由此可见,孙子所讲的'因粮于敌',实质所指乃是掠夺敌国的粮仓、敌国的民家,以保证军事行动的顺利进行。这些,孙子并无从敌国征集粮秣、收购粮秣的想法,更没有依靠和争取敌国民众箪食壶浆、自动捐献粮秣的考虑。手段相当单纯,用武力劫掠而已。应该说,这种做法未免失之偏颇。"毛泽东在《西北战场作战经验》中说:"对于若干干部似乎认为一定要有定期大休整,要有两三千人一个团的充实的大部队,要有大批民伕、大车随军使用,要有充分的后方粮弹供给,才能打大胜仗,稍有疲劳减员即叫苦连天的思想,转变为一切取给于敌,不靠后方接济,大大减少民伕、大车,节省粮弹,提倡不怕死亡,连续战斗,善

于利用两个战役或战斗之间的空隙进行短时休整（七天、十天或半月），善于捕捉战机，经常保持旺盛士气，多打胜仗，每战确保胜利，一切从打胜仗中解决问题的思想。这后一种思想，必须在各军巩固地建立起来，特别是关内各军必须如此。即使有后方接济，亦决不可存依赖之心，必须将重点放在依靠前线，依靠野战军从前线自己解决问题。不但西北有此经验，各区自己亦必有这种经验，务望总结起来，加深部队教训，争取大反攻胜利。"贺绿汀《游击队歌》唱道："没有吃，没有穿，自有那敌人送上前；没有枪，没有炮，敌人给我们造。"因，增加，补充。《论语·先进》曰："千乘之国，摄乎大国之间，加之以师旅，因之以饥馑，由也为之，比及三年，可使有勇，且知方也。"或把"因"解为依靠、凭借。

④国之贫于师者远输：意谓国家之所以因打仗而贫困，就在于粮草的长途运输。郭化若说："《孙子》论列了出国远征，物资器材、畜力、财力消耗之大，言之成理。后方供给线过长，运输补给困难，对战争是一个很不利的因素。现代战争虽有现代化的运输工具，然而漫长的后方供应补充，亦易为敌方现代化武器所攻击。后方联络线过长，仍然是现代化战争中的一个大问题。《孙子》强调'国之贫于师者远输'，至今仍宜给予重视。"

⑤远输则百姓贫：杜牧曰："《管子》曰：'粟行三百里，则国无一年之积；粟行四百里，则国无二年之积；粟行五百里，则众有饥色。'此言粟重物轻也，不可推移；推移之，则农夫耕牛俱失南亩，故百姓不得不贫也。"

⑥近于师者贵卖：意谓靠近驻军的地方物价就会上涨。师，指驻军。贵卖，指物价上涨。

⑦贵卖则百姓财竭：按，联系上下文来看，此处的"财竭"者似不应是"百姓"，而是养兵的国家，故而句子中的"百姓"疑为衍文。

于鬯《香草续校书》曰:"'贵卖则财竭'者,谓军中财竭,非谓百姓财竭也。故下文云:'财竭则急于丘役。'盖军中财竭,始必急征百姓之财矣。"吴九龙赞同于鬯此说,并进一步论证道:"《通典》引文虽有'百姓财竭'四字,然杜佑注则云:'近军师,市多非常之卖,当时贪费以趣末利,然后财货殚尽,国家虚也。'故此'财竭'非指百姓,而指国家军队。再查汉简本,连接上句作'近市者贵□□□□则□及丘役','贵'字与'则'字之间只空四字。由上下文例观之,'贵□'及'则'上二'□□'当有重文号,果如此,则简文'则'上所空四处文字当为'卖'、'则'、'财'、'竭',全句即当读作'近市者贵卖,贵卖则财竭,财竭则□及丘役',如此亦当无'百姓'二字。故从于说,作'贵卖则财竭',以无'百姓'二字为是。"

⑧财竭则急于丘役:张预曰:"财力殚竭,则丘井之役急迫而不易供也。或曰:丘役,谓如鲁成公作丘甲也。国用急迫,乃使丘出甸赋,违常制也。丘,十六井;甸,六十四井。"急于丘役,意即加紧征收军赋。丘役,指军赋。丘,古代划分田地、政区的单位名称。统治者以丘为单位摊派赋税。《周礼·地官·小司农》曰:"九夫为井,四井为邑,四邑为丘。"《汉书·刑法志》曰:"因井田而制军赋。地方一里为井……有税有赋。税以足食,赋以足兵。故四井为邑,四邑为丘。丘,十六井也,有戎马一匹,牛三头。"

⑨力屈、财殚,中原内虚于家:张预曰:"运粮则力屈,输饷则财殚。原野之民,家产内虚,度其所费,十无其七也。"中原,指国中。

⑩公家:指国家。

⑪破车罢马:意即战车破损,马匹疲病。罢,疲惫,疲病。

⑫甲胄矢弩:甲,铠甲。胄,头盔。矢,箭。弩,一种用机械力量发箭的弓。

⑬戟楯蔽橹:戟,将戈与矛合二为一的兵器。楯,同"盾",盾牌。蔽,遮掩。橹,大盾牌。

⑭丘牛大车：丘牛，指大牛。大车，指牛拉的辎重车。

【译文】

善用兵的人，不多次按照名册征发兵役，也不多次运送军粮。武器装备从国内取用，粮草从敌国补充，这样粮草供给就可充足。国家之所以因打仗而贫困，就在于粮草的长途运输，长途运输就影响百姓生活，使他们陷于贫困；驻军附近会物价上涨，而物价上涨就会导致国家财力枯竭，财力枯竭，就会加紧征收军赋。力量耗尽、财力衰竭，国中就会家室空虚。百姓的资产会耗去十分之七；国家的资产会因以下因素，包括战车、马匹的损耗，以及铠甲、头盔、箭、弓、戟、盾牌等武器装备的消耗，还有大牛与辎重车的损耗，而费掉十分之六。

故智将务食于敌①，食敌一钟，当吾二十钟；萁秆一石，当吾二十石②。

【注释】

①智将：明智的将领。

②"食敌一钟"四句：张预曰："千里馈粮，则费二十钟、石，而得一钟、石到军所。若越险阻，则犹不啻。故秦征匈奴，率三十钟而致一石。此言能将必因粮于敌也。"钟，容量单位，古代六十四斗为一钟。萁秆，泛指牛、马等的饲料。萁，同"其"，豆秸。秆，稻麦的茎。石，重量单位，古代一百二十斤为一石。

【译文】

明智的将领务求在敌国解决粮草问题，消耗敌人一钟粮食，相当于从本国运输二十钟粮食；消耗敌人一石饲料，相当于从本国运输二十石饲料。

　　故杀敌者,怒也①;取敌之利者,货也②。故车战,得车十乘已上,赏其先得者③,而更其旌旗④,车杂而乘之⑤,卒善而养之⑥,是谓胜敌而益强⑦。

【注释】

①故杀敌者,怒也:意谓要使士卒奋勇杀敌,需激发他们的仇恨心理。杜牧曰:"万人非能同心皆怒,在我激之以势使然也。田单守即墨,使燕人劓降者,掘城中人坟墓之类是也。"

②取敌之利者,货也:意谓要使士卒夺取敌人的财货,就要给予他们物质鼓励。曹操曰:"军无财,士不来;军无赏,士不往。"张预曰:"以货啖士,使人自为战,则敌利可取。故曰:'重赏之下,必有勇夫。'皇朝太祖命将伐蜀,谕之曰:'所得州邑当与我,倾竭帑库以飨士卒。国家所欲,惟土疆耳。'于是将吏死战,所至皆下,遂平蜀。"利,指财货。货,指用财货鼓励。

③得车十乘已上,赏其先得者:曹操曰:"以车战,能得敌车十乘已上,赏赐之。不言车战得车十乘已上者赏之,而言赏得者何?言欲开示赏其所得车之卒也。陈车之法:五车为队,仆射一人;十车为官,卒长一人;车满十乘,将吏二人。因而用之,故别言赐之,欲使将恩下及也。"已,同"以"。赏其先得者,意即赏赐那个先得战车的人。

④更其旌旗:意谓将缴获战车上的敌人旌旗更换成我方的。曹操曰:"与吾同也。"

⑤车杂而乘之:意谓将缴获的战车与我方战车交错编排使用。张预曰:"己车与敌车参杂而用之,不可独任也。"杂,交错编排。乘,驾,使用。

⑥卒善而养之:《司马法·仁本第一》曰:"入罪人之地……见其老幼,奉归勿伤;虽遇壮者,不校勿敌;敌若伤之,医药归之。"张预

曰:"所获之卒,必以恩信抚养之,俾为我用。"赵本学曰:"先得者赏之,所以使人争先也。更旌旗,易以我之旗号也。杂而乘之,令彼车不得相聚,彼卒不得同车,防有变也。善养其卒,使不思归叛去也。此言用师既久,不但当因粮于敌,若得车卒亦可有因之法也。即因人之车卒,益以见久师之不得已也。"郭化若说:"《孙子》以前,屠杀活埋俘虏,是常见的事,因为当时还不会使用俘虏。而《孙子》能提出'卒善而养之',实是难能可贵的主张,也是当时社会进步的一种表现。"善,善待。养,抚养。

⑦是谓胜敌而益强:李筌曰:"后汉光武破铜马贼于南阳,虏众数万,各配部曲,然人心未安。光武令各归本营,乃轻行其间以劳之。相谓曰:'萧王推赤心置人腹中,安得不投死乎!'于是汉益振,则其义也。"张预曰:"胜其敌,而获其车与卒,既为我用,则是增己之强。光武推赤心,人人投死之类也。"陈启天曰:"本节所论战争速胜之法,计有:因粮于敌,一也;激励士卒之敌忾心以杀敌,二也;奖赏士卒争先夺取敌之地利及战利品,三也;利用战利品以增强我军之战斗力,四也;优待俘虏,以潜消敌军之斗志,五也。凡此五者,不惟古代战争宜用之,即近代战争亦须善用之,以求能获速胜焉。"益,增加。

【译文】

要使士卒奋勇杀敌,就要激发他们的仇恨心理;要使士卒夺取敌人的财货,就要给予他们物质鼓励。所以车战时,能够缴获敌人十乘战车以上的,就要奖赏那个先缴获战车的人。此外,还要将缴获战车上的敌方旌旗更换成我方的,将缴获的战车与我方战车交错编排使用,使俘虏的士卒得到善待和抚养,这就叫做战胜了敌人,自己也更加强大。

故兵贵胜,不贵久①。故知兵之将,生民之司命,国家安危之主也②。

【注释】

① 故兵贵胜，不贵久：意谓战争以速胜为贵，不以久拖不决为贵。曹操曰："久则不利。兵犹火也，不戢将自焚也。"赵本学曰："远输艰难，因粮于敌，一不得已也；士不用命，姑行激劝，二不得已也；车破马毙，用人车卒，三不得已也；是皆久师所致，故孙子断之如此。愚谓我欲因粮而敌人先清其野，则何所掠乎？我欲必战，敌人高垒，虽激赏何能为乎？且得人之卒，必如光武以义兵而临盗贼，料人本无为恶之心，故能抚而用之，若敌国之卒安得其无变乎？足见久师之无善策也明矣。孙子始终言不利于久，此所以为深于兵。"陈启天曰："本篇所谓贵胜不贵久者，盖专就攻势战争言之。若夫守势战争，乃出于不得已而应战者，必须久而后能胜，未可轻于速战速决，适中敌人之计。故孙子又于他篇云：诸侯自战其地为散地，散地则无以战，散地吾将一其志（均见《九地篇》）。此即谓守势战争，应与攻势战争稍有差异也。凡攻势战争，自当力求速战速决；而守势战争则须逆用之，力求其能持久。"郭化若说："《孙子》只强调进攻，而少谈防御；只强调速胜，而反对持久。这里就无视了被侵略的弱国，必须坚持持久的防御，等待敌军分散、疲惫，然后乘机反击之，这方面的重要性《孙子》几乎都未谈到。"胜，指速胜。

② 故知兵之将，生民之司命，国家安危之主也：意谓懂得用兵的将领既是民众生死的掌控者，也是国家安危的主宰者。李筌曰："将有杀伐之权，威欲却敌，人命所系，国家安危在于此矣。"黄巩曰："孙子首尾言兵不可久，谓深知用兵之害，然后不敢轻用兵，不敢久玩兵。故曰：民之司命，国家安危之主也。盖好兵者无不危，不好兵者乃能安耳。由此观之，孙子虽兵家言，深得孔子慎战之义，非战国善战者之流也。然则吴入郢以班处官，卒致败亡，知阖闾与夫概，皆不能用孔子之道已，岂足为孙子之累乎

哉?"钱基博曰:"知兵之将之'知'何知也?曰:知兵之贵胜不贵久也。不尽知用兵之害者,则不能尽知用兵之利。故曰'民之司命',曰'国家安危之主',盖反复丁宁而郑重言之也。正与上《计篇》起语'兵者,国之大事,死生之地,存亡之道'云云,一脉相承。倘但知'胜'之利,而不睹'久'之害,屈力殚货,钝兵挫锐,则失于所以为计,而不可谓'知',民以之死,国以之亡矣,可不慎其所为'知'哉!"生民,指民众。司命,星宿名,主死亡,此处喻指对生命的主宰。主,主宰。

【译文】

战争以速胜为贵,不宜久拖不决。懂得用兵规律的将领,他们既是百姓生死的掌控者,也是国家安危的主宰者。

谋攻篇

【题解】

在前两篇探讨战前庙算与战时经济的基础上，本篇立足于"全胜"之说，揭示了战争的理想境界是"不战而屈人之兵"。赵本学曰："庙计已定，战具已集，然后可以言攻。但攻人以谋攻为贵也，而不在于兵攻。以兵攻人者，决胜负于锋刃矢石之下，纵能尽杀之，安能自保其尽无伤乎！以谋攻人者，老成持重，制胜万全，攻期于无战，战期于无杀，不战不杀而人自服耳。此《谋攻》所以次《作战》也。"可知本篇的侧重点是"谋"，是"谋攻"，而不是"兵攻"。如何运用高超的谋略取得"全胜"，是孙子探究的重点所在。

战争的最高境界是"全胜"，是不通过暴力手段迫使敌人降服，即所谓"全国为上，破国次之；全军为上，破军次之；全旅为上，破旅次之；全卒为上，破卒次之；全伍为上，破伍次之"。攻城克隘，血流漂杵，把敌军杀得片甲不留，这种胜利不是孙子最推崇的；不通过直接的军事对抗手段，却能使敌人不战自降，顺心降服，这才是孙子心向往之、并希望各国决策者极力追求的方向。"是故百战百胜，非善之善者也；不战而屈人之兵，善之善者也。"上述表述出自本篇第一段的结尾，已成为《孙子》书中广为传诵的名言之一，几千年来在海内外产生了极大影响。英国现代军事学家利德尔·哈特在《战略论》一书中提出了著名的"间接路线战略",认为"最完美的战略,也就是那种不必经过严重战斗而能达到目的的战略——所谓'不战而屈人之兵,善之善者也'"。可知孙子的这一理论对利德尔·哈特战略思想的深深启迪。

为了凸显谋略的重要地位,孙子还按照由高到低的顺序,对以下手段依次定位道:"上兵伐谋,其次伐交,其次伐兵,其下攻城;攻城之法,为不得已。"最高级的是"伐谋",次一等的是"伐交",挫败敌人的谋略与外交,这两者是抵达"全胜"境界的重要途径。联系春秋时期的历史实际,可知"不战而屈人之兵"的理论,是从齐桓公"九合诸侯,不以兵车"等政治、军事活动当中提炼概括出来的。齐桓公称霸天下的地位,依托于齐国雄厚的国力与军力,由此而造成的强大威慑,迫使其他诸侯不得不臣服。因此,孙子的"不战而屈人之兵",不是说军队可以放松提升实力的各项建设,更不是说将领可以忽视对攻城略地的战法研究。孙子在提出了"全胜"理论的同时,提出了"十则围之,五则攻之"等用兵法则,论述了将领对于国君与国家的重要作用,概括了国君因瞎指挥而导致的三种危害。文章最后提出了预测战争胜负的"知胜"说,在呼应并拓展"五事"、"七计"的同时,引出了孙子的又一不朽名句——"知彼知己者,百战不殆",经由毛泽东的借鉴与引申,这两句话已远远溢出军事斗争的疆域,在国内家喻户晓,深入人心。

孙子曰:凡用兵之法:全国为上,破国次之①;全军为上②,破军次之;全旅为上③,破旅次之;全卒为上④,破卒次之;全伍为上⑤,破伍次之。是故百战百胜,非善之善者也⑥;不战而屈人之兵,善之善者也⑦。

【注释】

①全国为上,破国次之:曹操曰:"兴师深入长驱,距其城郭,绝其内

外，敌举国来服为上。以兵击破，败而得之，其次也。"张预曰："尉缭子曰：'讲武料敌，使敌气失而师散，虽形全而不为之用，此道胜也。破军杀将，乘堙发机，会众夺地，此力胜也。'然则所谓道胜、力胜者，即全国、破国之谓也。夫吊民伐罪，全胜为上；为不得已而至于破，则其次也。"全，形容词的使动用法，使完整，使全部。国，原指国都，此处指包括国都在内的城邑。破，击破，攻破。

②军：本义为驻屯，此处指古代军队的一个编制单位。《周礼·地官·小司徒》郑玄注曰："军，万二千五百人。"李零说："商代西周时期军队的最高一级编制是师（师字本来也是起于驻屯之义）。但东周以来，军逐渐成为各国军队的最高一级编制。《周礼》所记军制是以12500人为军（见《夏官·序官》，《司马法》佚文同），但管仲所立军队编制的军与《周礼》不同，为10000人（见《国语·齐语》和《管子·小匡》）。"

③旅：古代军队的一个编制单位。《周礼·地官·小司徒》郑玄注曰："旅，五百人。"李零说："《周礼》所记军制是以500人为旅，旅上还有师一级（为2500人，包括5个旅），但管仲所立军队编制的旅与《周礼》不同，是由10个200人的大'卒'组成，为2000人，上面没有师一级，直接由5个旅进为一个军。"

④卒：古代兵车编组的基本单位。《周礼·地官·小司徒》郑玄注曰："卒，百人。"李零说："《左传》'卒'、'乘'往往连称（见隐公元年、成公十六年），《周礼》所记军制是以100人为卒，卒下包含4个两（一两25人），即左、前、中、右、后5辆兵车，但管仲所立军队编制的卒与《周礼》不同，是由左、前、右、后4个'小戎'（兵车名，一小戎50人）组成。"

⑤伍：古代军队最基本的编制单位。《周礼·地官·小司徒》曰："五人为伍。"李零说："古代各种军队编制都是从伍法起源，如10

人制的什,25 人制的两,50 人制的小戎或队,100 人或 200 人的卒,都是从伍进上去。伍可按前、中、后成'列',也可按左、中、右成'行',还可按左、前、中、右、后成方阵。这是决定古代队形编制（阵法）的基本东西。《国语·齐语》:'是故卒伍整于里,军旅整于郊。'其军队编制主要是由'军旅'和'卒伍'两层组成,'卒伍'是在农村基层即间里一级编定,只形成小的战车组;而'军旅'是在郊即州乡一级编定,已形成大的战车群。《孙子》所述军制可能与管仲所立军队编制相近。"

⑥是故百战百胜,非善之善者也:贾林曰:"兵威远振,全来降伏,斯为上也;诡诈为谋,摧破敌众,残人伤物,然后得之,又其次也。"张预曰:"战而后能胜,必多杀伤,故云非善。"

⑦不战而屈人之兵,善之善者也:《管子·兵法篇》曰:"故至善不战,其次一之。""谐辑以悉,莫之能伤。……故能全胜大胜。"《吴子·吴起初见文侯章句》曰:"与诸侯大战七十六,全胜六十四,余则钧解。"张预曰:"明赏罚,信号令,完器械,练士卒,暴其所长,使敌从风而靡,则为大善。若吴王黄池之会,晋人畏其有法而服之者是也。"赵本学曰:"善之善,犹言善而又善也。如沉迷者,陈利害以晓之;怀惧者,推恩信以安之;讳误者,明大义以正之;观望者,扬威声以夺之。或用辩士以下之,或用奇计以诇之,或坚壁清野以待其衰,或夺隘守险以绝其救,或以夷狄而攻夷狄,或以盗贼而擒盗贼。此不战而屈人兵之类也。"方克说:"春秋时期处在由西周奴隶制到战国封建制的过渡阶段,当时诸侯之间的战争目的是有限的,主要是争霸和兼并,一些大国凭借革新政治,富国强兵的实力地位,打着尊王攘夷、辅卫周室的旗号,交替使用政治的手段（聘问、盟会、支持反对派、收留流亡者等）和军事的手段,来达到称霸和兼并的目的,在这种情况下,许多迫在眉睫的战争,经常在刀光剑影中以'求成'而结束,所谓'化

干戈为玉帛'，'战胜于朝廷'的事情是时有发生的。当时的战争，大都是野战，一般不攻坚，不攻城，速战速决，双方伤亡都不大，胜者一方有些是采取高度机动灵活的战略战术取胜的。例如秦晋崤之战，晋师是设伏险隘，截击归师，使秦师全军覆没的；吴楚柏举之战，吴师是迂回陈、蔡，潜师远袭，利用楚军内部分歧，猝不及防而一举成功的。在一定意义上说，晋、吴都可说是'全胜'之师。如果我们考虑到春秋时期的具体情况，孙子的'全胜'思想是可以理解的。这在一定意义上说，也可以说是打歼灭战的思想。但是，毕竟孙子的'全胜'思想只是在特定历史条件下提出的，因此，它当然不能适用于所有的战争，更不能作为军事斗争的普遍要求，事实上孙子自己也没有提出这样的要求。"黄朴民说："齐桓公'九合诸侯，一匡天下，不以兵车'的历史活动，春秋时期其他的以军事威慑达到政治、军事目标的事例，旧'军礼'原则的普遍影响，使孙子很自然地思考这样的问题：是否能够依据春秋战争活动的既有经验，以不通过战场交锋的方式，来确保政治目的的实现？而当时战争的残酷性，则更让孙子意识到提出这一理论的紧迫性。他对以往军事传统的理性评估的逻辑结论只能是一个：'必以全争于天下。'而要做到这一点，最佳的途径就是'不战而屈人之兵'。唯有如此，方可'兵不顿而利可全'，实现'善之善者'的最佳选择。由此可见，孙子'全胜'理论背后的历史文化渊源，是他对以往战争经验的抽象提炼，是他对用兵最高境界的孜孜追求。""孙子作为清醒的现实主义者，虽然提出了'不战而屈人之兵'的崇高理想，却并没有沉溺其中，而是以十分现实的态度对待战争，将自己的智慧更多地投放在如何卓有成效地以军事手段打击敌人、夺取胜利上。正因为如此，在军事问题上，孙子的境界远远要高于宋襄公一类人物，也与后世迂儒有霄壤之别。总之，对传统的追慕与借鉴，构成了孙子兵学的理想境界:'不战而屈人之兵';而对现实的清醒认识和运用,则创造了孙子兵学的实用理性:'兵以诈立,以利动,以分合为变'。这是孙子'全胜策'与'战胜策'之间的历史和逻辑的统一,也是孙子本人在军事问题上理想追求和实际操作间的统一。"

【译文】

孙子说:用兵的一般规律是:使敌人城邑完整地向我们投降,我们不战而胜,这是上策,攻破敌人的城邑而取得胜利,这是下策;使敌人的一个军完整地向我们投降是上策,击破一个军则为下策;使敌人的一个旅完整地向我们投降是上策,击破一个旅则为下策;使敌人的一个卒完整地向我们投降是上策,击破一个卒则为下策;使敌人的一个伍完整地向我们投降是上策,击破一个伍则为下策。所以,百战百胜,不算是高明之中最高明的;不经交战而使敌人屈服,才是高明之中最高明的。

故上兵伐谋^①,其次伐交^②,其次伐兵^③,其下攻城^④。攻城之法,为不得已^⑤。修橹轒辒^⑥,具器械^⑦,三月而后成;距闉^⑧,又三月而后已。将不胜其忿而蚁附之,杀士三分之一^⑨,而城不拔者,此攻之灾也。

【注释】

①上兵伐谋:意谓最高级的军事手段是挫败敌人的谋略。杜牧曰:"晋平公欲攻齐,使范昭往观之,景公觞之。酒酣,范昭请君之樽酌。公曰:'寡人之樽进客。'范昭已饮,晏子彻樽更为酌。范昭佯醉,不悦而起舞,谓太师曰:'能为我奏成周之乐乎?吾为舞之。'太师曰:'瞑臣不习。'范昭趋出。景公曰:'晋,大国也,来观吾政。今子怒大国之使者,将奈何?'晏子曰:'观范昭非陋于礼者,且欲惭于国,臣故不从也。'太师曰:'夫成周之乐,天子之乐

也，惟人主舞之。今范昭人臣，而欲舞天子乐，臣故不为也。'范昭归，报晋平公曰：'齐未可伐。臣欲辱其君，晏子知之；臣欲犯其礼，太师识之。'仲尼曰：'不越樽俎之间，而折冲千里之外，晏子之谓也。'"朱军说："伐谋的实质就是对敌人正在计划中或刚刚开始进行其谋划时，便能窥破其谋，揭穿其谋，破坏其谋，借以实现己方的政治目的。"上兵，指最高级的军事手段。伐，破坏，挫败。

② 其次伐交：钱基博曰："伐交之策，盛于七国，一纵一横，抵巇捭阖，钩心斗角，具著《战国策》一书。昔康有为、梁启超论李鸿章之办外交，以谓：'不知万国公法，而徒袭战国纵横之余智，捭阖抵巇，卒无当焉而以速尤召侮！'一时以为名论。其实自轻家丘，而以成败论英雄耳！"朱军说："'伐交'，是针对敌方营垒（集团）展开外交、联络、分化瓦解工作，争取敌之盟国保持中立或站到自己方面来，使其陷于孤立而最后消灭之。《水浒传》上宋江三打祝家庄所采取的争取李家庄，孤立扈家庄，打击祝家庄，最后消灭祝家庄，便是此种方法。"交，外交。一说指交合，两军对峙示威。

③ 其次伐兵：李筌曰："临敌对陈，兵之下也。"伐兵，指战胜敌人的军队。

④ 其下攻城：张预曰："夫攻城屠邑，不惟老师费财，兼亦所害者多，是为攻之下者。"

⑤ 攻城之法，为不得已：张预曰："攻城则力屈，所以必攻者，盖不获已耳。"

⑥ 修橹轒辒（fén yūn）：意谓制造攻城器械楼橹与轒辒。修，制作，制造。橹，即楼橹，又称"楼车"、"巢车"，一种攻城器械，车上建有没有覆盖的望楼，以观察敌情。《通典》卷一六〇描述"巢车"道："以八轮车，上树高竿，竿上安辘轳，以绳挽板屋止竿首，以

窥城中。板屋方四尺，高五尺，有十二孔，四面别布。车可进退，围城而行，于营中远视，亦谓之'巢车'。如鸟之巢，即今之板屋也。"或指用藤革等材料制成的大盾牌。曹操曰："橹，大楯也。"轒辒，也是一种攻城器械。杜牧曰："轒辒，四轮车，排大木为之，上蒙以生牛皮，下可容十人，往来运土填堑，木石所不能伤，今俗所谓木驴是也。"

⑦具器械：意谓准备各种攻城器械。具，准备。器械，曹操曰："器械者，机关攻守之总名，飞楼、云梯之属。"

⑧距闉（yīn）：指为攻城而堆积的高出城墙的土山。曹操曰："距闉者，踊土积高而前，以附其城也。"或以为，距，通"具"，准备，制作。闉，通"堙"，小土山。

⑨将不胜其忿而蚁附之，杀士三分之一：曹操曰："将忿，不待攻器成，而使士卒缘城而上，如蚁之缘墙，必杀伤士卒也。"忿，愤懑，恼怒。蚁附之，指士兵像蚂蚁一样爬梯攻城。

【译文】

最高级的军事手段是挫败敌人的谋略，其次是挫败敌人的外交，再次是挫败敌人的军队，最低级的是攻破敌人的城邑。采用攻打城邑的方法，是出于不得已。制造楼橹与轒辒，准备飞楼、云梯等攻城器械，需花费数月才能完成，堆积用以攻城的高出城墙的土山，又要花费数月才能完成。将领无法克制自己的愤懑情绪，驱赶着士兵像蚂蚁一样爬梯攻城，死去三分之一，城邑仍未攻下来，这就是攻城的灾害。

故善用兵者，屈人之兵而非战也①，拔人之城而非攻也②，毁人之国而非久也③，必以全争于天下④，故兵不顿而利可全⑤，此谋攻之法也。

【注释】

①故善用兵者,屈人之兵而非战也:张预曰:"前所陈者,庸将之为耳。善用兵者则不然,或破其计,或败其交,或绝其粮,或断其路,则可不战而服之。若田穰苴明法令,拊士卒,燕晋闻之,不战而遁亦是也。"陈启天曰:"善用兵者,非谓普通军事家,乃谓军事家而通兼外交者,或外交家而兼通军事者。普通军事家但知伐兵攻城之法,而不知伐谋伐交之法。惟兼通外交之军事家,或兼通军事之外交家,始知伐谋伐交之重要及其方法。伐谋伐交之法,合言之为'谋攻之法'。以今语释之,则为外交策略之运用。善于运用外交策略者,能以计谋屈人之兵,拔人之城,而不必诉之于兵攻。"

②拔人之城而非攻也:李筌曰:"以计取之。后汉鄡侯臧宫围妖贼于原武,连月不拔,士卒疾疠。东海王谓宫曰:'今拥兵围必死之虏,非计也。宜撤围,开其生路而示之,彼必逃散,一亭长足擒也。'从之,而拔原武。魏攻壶关,亦其义也。"

③毁人之国而非久也:何氏曰:"善攻者,不以兵攻,以计困之,令其自拔,令其自毁,非劳久守而取之也。"国,此处指国家。

④必以全争于天下:陈启天曰:"必以全争于天下,谓必以全国全军之外交策略与世界竞争也。全国全军之外交策略如得成功,则可不费一兵,不折一矢,而大获其利矣。此较之破国破军而后胜人者,为利实多,故曰:故兵不顿而利可全。""本篇虽极言运用外交(谋攻)之利,然于他篇又力言修明政治,充实军备之要。故合诸篇而观之,可知本书之理论体系,乃以政治为战争之根本,外交为战争之先驱,而军备则战争之后盾也。政治之根本既立,军备之后盾又坚,则莫若先以外交策略而胜人之为全利矣。本篇之旨,盖在于斯。"吴如嵩说:"《孙子兵法》中的'全',如同孔子哲学的核心'仁',老子哲学的核心'道'一样,是我们研究孙子军

事思想的一条基本线索。""不经过直接交战而使敌人屈服的'全胜'战略思想,是孙武对战争所希图达到的最高理想境界。"钮先钟说:"孙子所说'必以全争于天下',用现代语来翻译,即为'在战争中必须采取总体战略'。所谓'总体战略'是博弗尔所首创的名词,也就是我们比较常用的'大战略',其意义即为对于各种不同权力的综合运用,当然也包括军事行动(伐兵)在内,但却应尽量多用非军事行动(伐谋伐交)。若能如此则可以导致'而利可全'的后果。这第二个'全'作'完全'(complete)解,也就是应能获致'完全的胜利'(complete victory)。然则何谓完全的胜利? 即为没有不利后遗症的胜利,也就是李德哈特所云能够导致'较佳和平'(better peace)的胜利。"

⑤ 故兵不顿而利可全:曹操曰:"不与敌战,而必完全得之,立胜于天下,不顿兵血刃也。"张预曰:"不战则士不伤,不攻则力不屈,不久则财不费。以完全立胜于天下,故无顿兵血刃之害,而有国富兵强之利,斯良将计攻之术也。"方克说:"孙子的'全胜'思想可以划分为两个方面,每一方面又划分为几个层次。一方面是尽量把正在酝酿中的战争运用政治手段予以解决,不以兵戎相见,所谓'化干戈为玉帛'、'战胜于朝廷'是也。上面说过,孙子懂得战争是政治、经济的产物,是为了达到政治、经济的目的而采取的非常手段;如果没有到迫不得已的最后关头,还是以政治手段解决为上策,这就是所谓'全国为上',即以政治谋略使敌人屈服。……另一方面,是在战争已经发生的情况下,就是运用正确的军事战略,在战争中争取胜利,这就是'伐兵'。""因此似乎不能把孙子所谓'不战而屈人之兵'认为是避免战争的幻想。把'屈人之兵而非战也,拔人之城而非攻也'看做是'反战'和'非攻'。同时,也似乎不能把孙子的战略思想简单归结为'不战而胜',因为孙子的'全国为上'、'全军为上'的战略思想只是他设

计的战略谋划中的一个最佳方案,而且是建立在战的基础上,以
战为后盾的。"顿,疲惫,受挫。

【译文】

所以善于用兵的人,使敌军屈服而不靠交战,拔取敌人的城邑而不
靠硬攻,毁灭敌人的国家而不靠持久作战,一定要以全胜为策略与天下
诸侯竞争,所以不使军队受挫便能保全利益,这就是以智谋攻敌的方法。

故用兵之法,十则围之①,五则攻之②,倍则分之③,敌则
能战之④,少则能逃之⑤,不若则能避之⑥。故小敌之坚,大
敌之擒也⑦。

【注释】

①十则围之:曹操曰:"以十敌一则围之,是将智勇等而兵利钝均
也。若主弱客强,不用十也。操所以倍兵围下邳生擒吕布也。"
张预曰:"吾之众十倍于敌,则四面围合以取之,是为将智勇等而
兵利钝均也。若主弱客强,不必十倍然后围之。尉缭子曰:'守
法:一而当十,十而当百,百而当千,千而当万。'言守者十人,而
当围者百人,与此法同。"郭化若说:"'十'是极言其多,并非具体
的规定。意即我拥有数量上绝对优势的兵力,就可以包围敌人;
使敌人全部屈服或被消灭。实际上为了全歼敌军,不需要多到
十倍,事实上也难做到(解放战争中我军集中兵力的要求最多只
到六倍于敌)。"十,指兵力十倍于敌人,或以为泛指兵力数量非
常之多。

②五则攻之:曹操曰:"以五敌一,则三术为正,二术为奇。"张预曰:
"吾之众五倍于敌,则当惊前掩后,冲东击西;无五倍之众,则不
能为此计。曹公谓三术为正,二术为奇,不其然乎?若敌无外
援,我有内应,则不须五倍然后攻之。"

③倍则分之：郭化若说："倍，我的兵力多于敌一倍，即敌一我二，兵力数量上已有相对优势，但《孙子》认为还不够，还要设法使敌人兵力再分散些，这样我之兵力就能显得更明显的优势。"

④敌则能战之：曹操曰："己与敌人众等，善者犹当设伏奇以胜之。"张预曰："彼我相敌，则以正为奇，以奇为正，变化纷纭，使敌莫测，以与之战。兹所谓设奇伏以胜之也。"郭化若说："能战之，是假设在不预期遭遇中，敌我兵力相等，我应果断、勇猛，善于向敌薄弱部分猛攻，善战而胜之。"赵本学曰："敌均也，能善也，制阵有法，奇正相生；或致之来，或邀之险，或掩其不备，或击其嚣乱之类，是谓能战。若致死争锋，不可以言能也。"敌，指与敌人兵力相等。

⑤少则能逃之：张预曰："彼众我寡，宜逃去之，勿与战，是亦为将智勇等而兵利钝均也。若我治彼乱，我奋彼怠，则敌虽众，亦可以合战。若吴起以五百乘破秦五十万众，谢玄以八千卒败符坚一百万，岂须逃之乎？"郭化若说："逃，奔走，逃避，绝不是逃跑。有人说，'逃'当读'挑'，逃，挠也。或把'逃'字改为'守'，或改为'坚战'，都是错的。"

⑥不若则能避之：曹操曰："引兵避之也。"张预曰："兵力、谋勇皆劣于敌，则当引而避之，以伺其隙。"赵本学曰："少者，寡不敌也。不若者，强弱、劳逸、饥饱、治乱不敌也。势力不相敌，则宜善于逃避。若坚与之守，坚与之战，则少者必为大者所擒也。韦叡曰：为将当有怯时，正知此意。然曰能逃避则逃避，亦有其道：或保险据隘，或诡情匿形，或假借声势使敌不能测，不敢迫。虽有退计而无退志，虽有弱势而无败形，此方为善，殆非急走之谓也。"钱基博曰："'能'字须注意：不惟战不易，须有本领能战；即逃与避，亦须有本领能逃、能避也。然亦有不逃不避，而视敌人以不测，转败为胜者。"

⑦故小敌之坚,大敌之擒也:施子美曰:"势不相若,则力不相敌,弱不可以敌强,寡不可以敌众,其势然也。小敌之与大敌,势不相若,而力不足以敌之也。小者虽能坚守,然力之不继,卒为大敌所擒。……寡不可以敌众固也,然寡有时而可以敌众;弱不可以敌强固也,然弱有时而可以敌强,是不可以常势论,必有谋之足以胜敌也。非其谋之足以胜敌,则其大者必有所忽也。大敌虽不可当,然小敌能坚守则大敌终必为之擒矣。"刘寅曰:"故小敌不量己之力,不能逃,不能避,而坚与人战,则必为大敌之所擒。"陈启天曰:"谓劣势兵力者,坚攻、坚战、坚守而不知避,则为优势兵力者所擒也。此句乃申言'不若则能避之'之义,故以'故'字承之。……依本节所言者观之,则孙子既非纯主攻势主义,亦非纯守势主义。或取攻势,或取守势,须视敌我兵力之对比如何而定之。"杨丙安说:"按'小敌'即指'少'与'不若';既处此不利地位,则应采取防御策略,或'守'或'避',总之,勿与争锋,否则不自量力,当守不守,当避不避而与敌硬拼,则必为大敌所擒。故'坚'在此非坚固、坚实之意,乃固执、坚持之意。如指坚实,则何以为敌所擒。至于两'之'字,上'之'字,犹'若'也。《左传·宣公十二年》:'楚之无恶,除备而盟。'又《僖公三十三年》:'寡君之以为戮,死且不朽。'故'小敌之坚'犹言小敌若坚。下'之'字犹'则'也。《僖公九年》:'东略之不知,西则否矣。'故'大敌之擒'犹言大敌则擒也。"

【译文】

所以用兵的规律是,兵力十倍于敌军就包围它,兵力五倍于敌军就进攻它,兵力两倍于敌军就分散敌人兵力,兵力与敌军相等就要能设奇兵打它,兵力少于敌军就要能避开它,兵力弱于敌军就要能逃避它。所以实力弱小的军队如果固执硬拼,就会被强大的敌人擒获。

夫将者,国之辅也^①。辅周则国必强,辅隙则国必弱^②。

【注释】

①夫将者,国之辅也:李筌曰:"辅,犹助也。将才足,则兵必强。"刘
庆说:"君主与将帅的关系,直接涉及到战争指挥体制能否顺畅
和有效地运行的大问题。所以,《孙子兵法》主张,第一,国君与
将帅是主与辅的紧密关系,'辅周则国必强,辅隙则国必弱',将
帅地位十分重要。第二,'知兵之将,民之司命,国家安危之主
也',因此将帅要具备'智、信、仁、勇、严'的将德,要有把握战争
全局、克敌制胜的能力,要能够'料敌制胜,计险厄远近',通'九
地之变,屈伸之利,人情之理',等等。第三,国君应充分信任将
帅,大胆放手让其发挥主观能动性,结合战场实际临机处置,而
不是越权干预瞎指挥。将帅出征在外,国君要使将帅掌三军之
权,理三军之事。君主不了解军队情况,不懂得军队内部事务,
不通晓作战的权宜机变而硬要加以干涉,盲目指挥,很容易引起
将吏士卒的迷惑和疑虑,扰乱军队的正常部署,给敌人造成可乘
之机。第四,将帅要勇于拒绝国君的错误指挥。将帅应该在'唯
民是保而利合于主'的前提条件下,以'安国全军'为目标指挥
战事,要有'进不求名,退不避罪'的思想追求,要有不为一己私
利而屈从于君主的错误命令、一味机械服从的勇气,这样才能取
得战争的胜利。'将能而君不御'后来在民间演变成'将在外,君
命有所不受',为广大百姓所熟知。但在封建社会中,君主和将
帅间存在着不可弥合的深刻矛盾,要想使其相互间完全信任是
不可能的,'将能而君不御'的原则在当时的社会历史条件下也
难以具体贯彻实施。"国,指国君。辅,辅助,辅佐,或指辅木。

②辅周则国必强,辅隙则国必弱:张预曰:"将谋周密,则敌不能窥,
故其国强;微缺,则乘衅而入,故其国弱。太公曰:'得士者昌,失

士者亡。'"陈启天曰："将者国之辅,谓国家之须有统帅,犹车之须有辅也。辅周则国必强,辅隙则国必弱,谓将才周备则国必强,将才不周备则国必弱也。将才周备与否之标准,则《计篇》所谓智、信、仁、勇、严五德是已。""此言将之智勇能周则强,不能周则弱也。"郭化若说："将帅好比是国家的辅木,将帅和国家的关系如同辅车相依。如果相依无间,国家一定强盛;相依有隙,国家一定衰弱。"周,周密。或指将帅德才兼备,或指国君与将帅亲密无间。隙,缝隙,此处意为将帅谋略稍有失误。或指才德有所缺失,或指国君与将帅不和睦。

【译文】

将领是国君的辅佐。辅佐周密,国家就必定强大,辅佐稍有失误,国家就必定变弱。

故君之所以患于军者三①:不知军之不可以进,而谓之进,不知军之不可以退,而谓之退,是谓縻军②;不知三军之事,而同三军之政者,则军士惑矣③;不知三军之权,而同三军之任,则军士疑矣④。三军既惑且疑,则诸侯之难至矣,是谓乱军引胜⑤。

【注释】

①故君之所以患于军者三:杜牧曰："君,国君也。患于军者,为军之患害也。"钱基博曰："所患三事,只是一事,曰:君从中御,将无专任。盖君者,谓一国之最高政治当局,可以领导军事,而不可以干扰作战。作战者,将帅之职也。"患,危害,贻害。三,指三种情况。

②"不知军之不可以进"五句:贾林曰："军之进退,将可临时制变,君命内御,患莫大焉。故太公曰:'国不可以从外治,军不可以从

中御。'"刘邦骥曰:"将得其人,则为君者不可从中御,所谓'将在外君命有所不受'也。若君必从中御,则其患有三:一曰縻军,二曰惑军,三曰疑军。縻军者,进退失据,是縻绊其军也。"縻,束缚,羁縻。

③ 不知三军之事,而同三军之政,则军士惑矣:曹操曰:"'军容不入国,国容不入军',礼不可以治兵也。"梅尧臣曰:"不知治军之务,而参其政,则众惑乱也。曹公引《司马法》曰'军容不入国,国容不入军'是也。"三军,周制,诸侯大国三军。《周礼·夏官司马》:"凡制军,万有二千五百人为军。王六军,大国三军,次国二军,小国一军。"此处为军队的通称。《论语·子罕》曰:"三军可夺帅也,匹夫不可夺志也。"同,共同,此处意为参与,干预,干涉。

④ 不知三军之权,而同三军之任,则军士疑矣:梅尧臣曰:"不知权谋之道,而参其任用,则众疑贰也。"陈启天曰:"三军之权,谓战时军令也。军事行政为经常之事,故谓之事。战时军令为应变之策,故谓之权。《计篇》云:'势者,因利而制权也。'可见此所谓权,又含有战略战术之意,亦战时军令内事也。任,谓任务也。战时军令,应由统帅主之,为古今之通义。政府不知战时军令之权宜,而干涉作战部队之任务,则军士疑贰不服矣。"权,权变,机动。任,指挥,统帅。

⑤ 三军既惑且疑,则诸侯之难至矣,是谓乱军引胜:梅尧臣曰:"君徒知制其将,不能用其人,而乃同其政、任,俾众疑惑,故诸侯之难作,是自乱其军,自去其胜。"陈启天曰:"战时统帅权之不独立,既可使军士惶惑不安,又可使其疑贰不服,则必有敌国或第三国乘衅而来之祸,是为自乱其军,而招致敌军胜我也。其害之大,有如此者。"乱军,扰乱自己的军队。引胜,失去胜利。引,却,失去。

【译文】

国君对军队造成危害的情况有三种:不了解军队不可以进攻,却硬要军队进攻,不了解军队不可以退却,却硬要军队退却,这叫做束缚军队;不了解军队的事务,却干涉军队的行政管理,就会使将士感到迷惑;不了解军队行动应机动灵活,却干涉军队的指挥,就会使将士产生怀疑。将士既迷惑又怀疑,那么诸侯各国乘机进犯的灾难也就降临了,这叫做扰乱自己的军队,丧失胜利而自取覆亡。

　　故知胜有五①:知可以战与不可以战者胜②,识众寡之用者胜③,上下同欲者胜④,以虞待不虞者胜⑤,将能而君不御者胜⑥。此五者,知胜之道也。

【注释】

①知胜有五:意谓可从以下五种情况预测战争胜负。知胜,指预测战争胜负。五,指以下所述五种情况。

②知可以战与不可以战者胜:张预曰:"可战则进攻,不可战则退守。能审攻守之宜,则无不胜。"

③识众寡之用者胜:张预曰:"用兵之法,有以少而胜众者,有以多而胜寡者,在乎度其所用,而不失其宜则善,如吴子所谓'用众者务易,用少者务隘'是也。"

④上下同欲者胜:杜佑曰:"言君臣和同,勇而战者胜。故《孟子》曰:'天时不如地利,地利不如人和。'"

⑤以虞待不虞者胜:张预曰:"常为不可胜以待敌,故吴起曰:'出门如见敌。'士季曰:'有备不败。'"虞,事先有准备。

⑥将能而君不御者胜:杜佑曰:"《司马法》曰:'进退唯时,无曰寡人。'将既精能,晓练兵势;君能专任,事不从中御。故王子曰'指授在君,决战在将'也。"御,干预。

【译文】

可从以下五种情况预测战争胜负:知道可以作战或不可以作战的,

能够取胜；懂得兵力多时该如何用兵，兵力少时该如何用兵的，能够取胜；全军上下同心同德的，能够取胜；以自己的有准备对付敌人无准备的，能够取胜；将领有治军能力，而国君能不干预其指挥的，能够取胜。这五条，是预测战争胜负的方法。

故曰：知彼知己者，百战不殆[①]；不知彼而知己，一胜一负[②]；不知彼不知己，每战必败。

【注释】

①知彼知己者，百战不殆：钱基博曰："校之以计而索其情，知彼知己则知可以战与可以不战。见可而进则必胜，知难而退，夫何殆！""'知己知彼'云云，仍是推阐《计篇》之意，郑重以丁宁之。"毛泽东在《中国革命战争的战略问题》中说："军事的规律，和其他事物的规律一样，是客观实际在我们头脑中的反映，除了我们的头脑以外，一切都是客观实际的东西。因此，学习和认识的对象，包括敌我两方面，这两方面都应该看成研究的对象，只有我们的头脑（思想）才是研究的主体。有一种人，明于知己，暗于知彼，又有一种人，明于知彼，暗于知己，他们都是不能解决战争规律的学习和使用的问题的。中国古代大军事家孙武子书上'知彼知己，百战不殆'这句话，是包括学习和使用两个阶段而说的，包括从认识客观实际中的发展规律，并按照这些规律去决定自己行动克服当前敌人而说的；我们不要看轻这句话。"刘庆说："'知彼知己，百战不殆'是《孙子兵法》关于战争知行关系最著名的观点。它包括，第一，知是战的前提和基础。打仗不能糊涂、莽撞，敌情不明。'明君贤将所以动而胜人，成功出于众者，先知也。'（《用间篇》）只有了解影响战争的诸要素情况，才能作出正确的战争决策，奠定胜利的基础，将帅也才能真正成为'成功出于众者'的

贤明之将。第二,要'全知'、'详知'。从狭义上说,'知彼知己',包括知我军和知敌军。但从广义上去理解,它应当包括一切与战争有关的信息,如敌军我军、天象气候、自然地理、诸侯盟友,等等。其中了解敌情是第一位的,但对其他情况的掌握也不可或缺。对战争信息不仅要知全,也要知详。因为在战略决策时,要用'五事七计'来详细分析比较敌我政治、经济、军队建设、将领才能、治军训练以及地形地貌等各方面的情况。具体作战时,还要以用间、策之、作之、形之、角之等手段,了解敌人的作战企图和军队部署。对自己的军队,将帅也要对部下能力、军心士气,是否'得地之利','得人之用'等情况要烂熟于心,打起仗方能'动而不迷,举而不穷'(《地形篇》)。甚至在攻击敌人之前,还必须'先知其守将、左右、谒者、门者、舍人之姓名'(《用间篇》),以便实施用间和反间活动。第三,既要知敌我天地之情,又要知克敌制胜之道。除了了解敌我之情和天候地理之状外,也要知道战争活动的必然规律,了解'致人而不致于人'、'示形动敌'、'我专敌分'、'以众击寡'、'避实击虚'、'因敌制胜'等用兵基本原则。对这些原则的运用,当然要以先知为条件,但它们本身也是人们的认识对象。只有了解战争规律,掌握和正确运用用兵原则,按照规律制定自己的作战方案,才足以战胜敌人。值得指出的是,目前社会上有人把'知己知彼,百战百胜'当成是孙子的话,这是不对的。首先,孙子在了解信息时,一贯主张把了解敌人的信息放在首位,因为它的难度最大,所以要知彼在前,知己在后。其次,对敌情、我情和天地之情都了解了,却并不能保证你打胜仗。决定战争胜负的因素是十分复杂的。那种认为'知彼知己'就可以百战百胜的观点其实是唯心主义的,在战场上行不通。还是《孙子兵法》中的经典表述——'知彼知己,百战不殆',准确、辩证地说明了战争信息与战争行为之间的深刻联系。"殆,危险。

②一胜一负：意即胜负不定，有可能打胜，也有可能打败。

【译文】

所以说，如果既了解敌人，又了解自己，那么每次作战都不会有危险；如果不了解敌人，只了解自己，那么就胜负不定，有可能打胜，也有可能打败；如果不了解敌人，也不了解自己，那么每次作战必定失败。

形 篇

【题解】

    本篇的主旨在于探讨军队的实力建设。军队的实力构成,既包括武器装备、粮草供应等经济基础方面的因素,也包括思想谋略、法规军纪、组织编制等上层建筑方面的因素。两者汇总在一起而彰显出来的,便是众寡、强弱等军队外显的战斗能力。形,有"形状"、"表露"之义。《毛诗序》曰:"情动于中而形于言。"以"形"字为本篇命题,盖欲凸显军事实力的外在表征。王晳曰:"形者,定形也,谓两敌强弱有定形也。善用兵者,能变化其形,因敌以制胜。"赵本学曰:"形者,情之著也,胜败之征也。见其形则得其情,得其情则得其所以制之之法。凡两兵未相见,彼此虚实各不相知,多用侦逻、谍候,潜窥而窃听之者盖为此。然兵之有形,犹物之有影,虚实之可见,犹影邪正之难逃,惟先内自治而深秘之,然后徐观密察敌人之形而巧乘之,斯为用兵之善者矣。孙子以此篇次于《谋攻》之后何也?盖谋攻而不可得必主用兵,用兵之道,形与势最为首务,故以《军形》次《谋攻》,而《兵势》次于《军形》。军形之义专以自固立言,若以诈形反示敌人而误之者,则诡谲之计精,实以后之事,故至《虚实篇》而后发之。此亦序次之所在也。"以上分析有助于人们把握本篇的题旨,体悟孙子编排各篇次序的逻辑思路。

    一开篇孙子即提出"先为不可胜"的理论,强调要想立于不败之地,自己首先必须拥有强大的实力。实力的强弱与否,实乃判断是采取进攻还是防守的前提。"不可胜者,守也",不能战胜敌人就采取防守;反之,"可胜者,攻也",可以战胜敌人,就实施进攻。在如何衡量一个国家军事实力的问题上,孙子提出了"度"、"量"、"数"、"称"、"胜"等五大指标,并排列出了五大指标之间的层层递进关系,即所谓"地生度,度生量,量生数,数生称,称生胜"。五大指标测量出来的主要是一个国家的粮食产量与军队规模,在孙子所生活的大国争霸的历史环境下,这些是一个国家军事实力的重要体现。篇末用譬喻的方式对"形"这一概念解释道:"胜者之战民也,若决积水于千仞之谿者,形也。"突出了强大的军事实力一旦形成所具有的荡涤万物的巨大威力。

　　在本篇第三段,孙子指出:"善用兵者,修道而保法,故能为胜败之政。"该如何把握此处"道"的内涵?一般注家都会联系《计篇》"五事"中的"道",认为指的是"令民与上同意"得以实现而采取的政治举措。然而,如此理解似有褊狭之嫌。在何守法看来,"修道而保法"的"道","所包者广,乃用兵之本,敌之不可胜我者也。要虚虚说,犹云道理法度之谓。"钮先钟也说:"我个人认为作较广义的解释似乎比较适当。"联系《形篇》的语境,可知"善用兵者,修道而保法"的命题提出之前有一段文字,对"善战者"具备的素质作了具体的描述,即:"古之所谓善战者,胜于易胜者也。故善战者之胜也,无智名,无勇功。"因而,"胜于易胜"与"修道"是有内涵上的相互关联的,后者是前者的思想准则,前者则是在军事实践中对后者的贯彻。"胜于易胜"指的是决策者能够洞察军事领域暗藏的玄机,找准软肋,加以攻击。这种胜利看似容易,实则超难,需要用兵者具备对"道"的体悟与认识的卓绝能力。在这一语境中,"道"已越过一般政治领域的疆界,深入到复杂多变的用兵领域,涵盖了战争事务的"道理法度"与本质规律,堪称"用兵之本"。如果这一解读能够成立,那么"修道而保法"的"道"与《老子》的"道"便有相通之处。它虽然还未达到《老子》"道"的哲学高度,但毕竟显示了《孙子》对军事斗争原则与规律的某种概括与揭示。

　　孙子曰：昔之善战者①，先为不可胜②，以待敌之可胜③。不可胜在己，可胜在敌④。故善战者，能为不可胜⑤，不能使敌之可胜⑥。故曰：胜可知，而不可为⑦。

【注释】

①昔之善战者：吴如嵩说："孙子十分强调'善'。《孙子兵法》用33个'善'字，《形篇》占13个，《势篇》占5个，可见孙子对将帅实施正确指挥何等关切。"

②先为不可胜：意谓首先做到实力强大而不被敌人战胜。张预曰："所谓'知己'者也。"李零说："自己有实力，在实力对比上有胜算，先立于不败之地。"陶汉章说："首先要创造条件，使自己不致被敌人战胜，然后等待和寻求敌人可能被我战胜的时机。例如，战国末年，赵将李牧率兵防备匈奴时，为了使自己立于不败之地，首先加强防务建设，'习骑射，谨烽火，多间谍'（《资治通鉴》卷六），并告诫部众：若遇匈奴来犯，立即退守，不可与敌交战。如此数年，匈奴以为赵军懦弱怯战。于是，李牧利用匈奴轻敌情绪，挑选精兵十余万人，出奇制胜地歼灭匈奴军十余万骑。"刘庆说："莫定强大的军事实力，确保自己在军事斗争中立于不败之地。这是《孙子兵法》'重战'、'慎战'思想的著名观点，其主要内容：一是加强自己的实力，形成不可战胜的基础。无论是智战还是兵战，都要拥有一支武器精良充足，士卒训练有素的'霸王之兵'，对敌人要有'以镒称铢'的明显优势，形成'伐大国则其众不得聚，威加于敌则其交不得合'（《九地篇》）的强大威力。二是综合道、天、地、将、法等各个方面的因素，造成不可战胜的条件。在战争中要始终牢牢把握军事行动的主动权，防则'藏于

九地之下',攻则'动于九天之上';当敌人不可战胜时,要暂时采取守势;当敌人有可能被战胜时,要不失时机地主动进攻;当实力、士气、地形等各方面条件都不如对手的情况下,又能够及时'逃之'、'避之',避免全军覆没的悲剧。三是抓住决定战争胜负的主导因素,在努力强化自身'不可胜'的内因的基础上,再察明敌人暴露出的'可胜'之隙,将主客观条件完全结合起来,或'避其锐气,击其惰归',或'攻其无备,出其不意',最终战胜敌人。"

③以待敌之可胜:意谓等待可以战胜敌人的时机。梅尧臣曰:"藏形内治,伺其虚懈。"张预曰:"所谓'知彼'者也。"邓廷罗曰:"此言善战者,贵先立于不败之地,以伺敌之隙,故攻守皆善而全胜也。先为不可胜,如修道保法之类,就己言。待敌之可胜,谓乘敌可胜之机,就人言。"李零说:"要打败敌人,不能光靠自己,还得靠敌人帮助。敌人不犯错误,不好办,一旦犯错误,千万别错过。这个机会,在敌不在我。"

④不可胜在己,可胜在敌:意谓不被敌人战胜的关键在于自己不犯错误,能够战胜敌人的关键在于敌人是否出错。曹操曰:"守固备也。自修理,以待敌之虚懈也。"杜牧曰:"自整军事,长有待敌之备;闭迹藏形,使敌人不能测度,因伺敌人有可乘之便,然后出而攻之。"赵本学曰:"承上文,言不可胜其道由己,可胜其隙在敌。虽善战之将不过多方严备尽其在我,敌人无形可见者固不能用力于其间也。愚谓求己而不求人,此圣贤治身之要语,而孙子用之于兵其利害尤切。"

⑤能为不可胜:杜牧曰:"不可胜者,上文注解所谓修整军事、闭形藏迹是也。此事在己,故曰'能为'。"李零说:"上文讲'先为不可胜',这里讲'能为不可胜',都有'为'字。这两个'为'字,为的只是'形',还不是'势'。这里的'不可胜'是'形胜'。'形胜'只是胜之半,'胜'的另一半是'使敌之必可胜'。"

⑥不能使敌之可胜：杜牧曰："敌若无形可窥,无虚懈可乘,则我虽操可胜之具,亦安能取胜敌乎？"施子美曰："事有可必者,有不可必者,可必者在己,不可必者在人。我虽能为不可胜,而不能使人之必可胜,使赵不空壁而争,则韩信之计亦未可施也。所以谓之不能使敌之必可胜也。"李零说："'必可胜'是决定性的胜,最后的胜。最后的'胜',要靠'势'。没有'势',还没有最后的胜。'形胜'之胜只是备战之胜,还不是应敌之胜。备战之胜只是预期的胜,还不是实际的'胜',实际的'胜'要靠跟敌人过招,一招一招,逼近胜利。"

⑦胜可知,而不可为：何氏曰："可知之胜在我,我有备也；不可为之胜在敌,敌无形也。"张预曰："己有备,则胜可知；敌有备,则不可为。"李零说："这话和《虚实》篇的一句话正好相反。《虚实》篇说：'故曰：胜可为也。'这两句话,表面矛盾,其实,并不矛盾,各是强调问题的一个侧面。'胜可知,而不可为',是说实力强弱有先定之数,事先就可以估计出来,不是临时能造出来的,实力是造不出来的；而'胜可为也',是说真正的胜利,最后的胜利,不可事先传授,只能在实际战斗中,因应敌情。实力的发挥,要靠人的主观能动性,从'势'的角度看,还大有可为。"于泽民在《〈孙子·形篇〉主旨探析》一文中说："如果把'胜可知而不可为'和'胜可为'都从用兵技巧去理解,这些观点显然是互相矛盾的。如果从治军和用兵两个不同角度去理解,就可以发现,这是一个既重视实力建设,又重视灵活运用的辩证的理论体系。"从治军的角度看是"胜可知而不可为",因为"敌我双方实力的强弱是个客观存在,这个情况是可以了解掌握的,但是不可以一厢情愿地造成我强敌弱的形势"。从用兵角度看是"胜可为","因为实力的优势,并不等于是胜利的现实,指挥的艺术可以变虚为实,转弱为强,以弱胜强。这在《孙子》中多处有极其精辟的论述"。

【译文】

孙子说：过去擅长打仗的将帅，首先做到实力强大而不被敌人战胜，其次等待战胜敌人的时机。不被敌人战胜的关键在于自己不犯错误，能够战胜敌人的关键在于敌人是否出错。所以擅长打仗的将帅，能做到不被敌人战胜，却不能使敌人必然被战胜。所以说，若我军实力强大，胜利是可以预知的，但若仅凭实力强大而敌人却无隙可乘，就不一定能战胜敌人。

不可胜者，守也①；可胜者，攻也②。守则不足，攻则有余③。善守者藏于九地之下，善攻者动于九天之上④，故能自保而全胜也⑤。

【注释】

①不可胜者，守也：曹操曰："藏形也。"杜牧曰："言未见敌人有可胜之形，己则藏形，为不可胜之备，以自守也。"

②可胜者，攻也：张预曰："知彼有可胜之理，则攻其心而取之。"按，孙子提出了许多矛盾对立的概念，除了攻守之外，还有敌我、和战、胜负、生死、利害、进退、强弱、动静、虚实、劳佚、饥饱、众寡、勇怯、专分等等。李泽厚说："古兵家在战争中所采取的思维方式就不只是单纯经验的归纳或单纯观念的演绎，而是以明确的主体活动和利害为目的，要求在周密具体、不动情感的观察、了解现实的基础上，尽快舍弃许多次要的东西，避开烦琐的细部规定，突出而集中、迅速而明确地发现和抓住事物的要害所在；从而在具体注意繁杂众多现象的同时，却要求以一种概括性的二分法即抓住矛盾的思维方式来明确、迅速、直截了当地去分别事物、把握整体，以便做出抉择。所谓概括性的二分法的思维方式，就是用对立项的矛盾形式概括出事物的特征，便于迅速掌握

事物的本质。这就是《孙子兵法》中所提出的那许许多多相反而又相成的矛盾对立项,即敌我、和战、胜负、生死、利害、进退、强弱、攻守、动静、虚实、劳佚、饥饱、众寡、勇怯,等等。把任何一种形势、情况和事物分成这样的对立项而突出地把握住它们,用以指导和谋划主体的活动(即决定作战方案如或进或退、或攻或守,等等)。这是一种非归纳非演绎所能替代的直观把握方式,是一种简化了的却非常有效的思维方式。在一般经验中,这种方式大都处在不自觉或隐蔽的状态中(如列维–斯特劳斯所分析的人类各民族神话所普遍具有的二分结构)。因为在日常生活中并不需要到处都自觉采用这种思维方式,是不必要把任何对象都加以二分法的认识或处理。正因为这种矛盾思维方式是来源于、产生于军事经验中,而不是来源或产生于论辩、语言中所发现的概念矛盾,所以它们本身也就与世俗生活一直保持着具体内容的现实联系,具有极大的经验丰富性。像《孙子兵法》里举出的那许多矛盾的对立项,就是非常具体的和多样化的。与生活经验紧密相连,它们是生活斗争的经验性的概括,而不是语言论争的思辨性的抽象。"

③ 守则不足,攻则有余:曹操曰:"吾所以守者,力不足也;所以攻者,力有余也。"汉简本作"守则有余,攻则不足"。《汉书·赵充国传》:"臣闻兵法:攻不足者守有余。"《后汉书·冯异传》:"夫攻者不足,守者有余。"毛泽东在《中国革命战争的战略问题》中说:"基本的战斗形式只有攻防两种。"朱军说:"我以为两种论点都有一定道理,只是各自看问题或解决问题的角度不同。从战争经验看,如把两种论点绝对化,便都有不足之处。'不足'与'有余'似指数量而言。看部队的战斗力之强弱,不能单纯以数量多寡来表示,还有质的优劣,必须全面考察。从战略角度看,担任守军的高级司令部,当它还没弄清敌人进攻的意图、进

攻的方向、参战兵力之数量的情况下,它往往要全面衡量国防战略要地,可能受敌的方向和地域等问题。为了确保无失,而处处照顾、多处派兵设防,于是便陷于处处薄弱,总觉得兵力不足。而采取攻势之军,则专伺守方的空隙或薄弱部分,以较当面守军绝对优势的兵力攻击之。在这种情况下,就是攻者有余,守者不足。""毛泽东同志精辟阐明的'战略上以一当十,战役战术上以十当一'的理论,是最好的说明。从战略上讲,这与'守则不足,攻则有余'的原理是一致的。但从战役、战术的角度来考察,假定敌对双方兵力相等,在守方以与对方实力相当的一个师,依托要地筑城坚守时,攻方欲克此要点,必须以四倍、五倍的兵力进攻,则数学方式将如下(A方为攻方,B方为守方):设A方、B方兵数均为5,当攻击开始时5A:1B,此时5B-1B=4B。则B方仍有4个单位的兵力可以机动,这样就看出'守则有余,攻则不足'的情形来。在实践中,当某军的兵力不足于对敌进攻时,则采取守势作战,以期利用地利和筑城之助,达到上述数学算式计算所示的目的,即期望取得'守则有余'之利。"

④善守者藏于九地之下,善攻者动于九天之上:曹操曰:"因山川、丘陵之固者,藏于九地之下;因天时之变者,动于九天之上。"梅尧臣曰:"九地,言深不可知;九天,言高不可测。盖守备密,而攻取迅也。"李筌曰:"《天一遁甲经》云:'九天之上可以陈兵,九地之下可以伏藏。'常以直符加时干,后一所临宫为九天,后二所临宫为九地。地者,静而利藏;天者,运而利动。故魏武不明二遁,以九地为山川,九天为天时也。夫以天一、太一之遁幽微,知而用之,故全也。《经》云:'知三避五,魁然独处;能知三五,横行天下。'以此法出,不拘诸咎,则其义也。"李零说:"后人多把'九地'、'九天'理解为一种自上而下和自下而上的层次结构。这种'层次'说明白易懂,但是否为原意,值得推敲。在旧注中,还

有一种看法很值得注意，即李筌注和陈皞注是以遁甲术中的'九
地'、'九天'解释《孙子》中的'九地'、'九天'。这种看法一直
为学者所忽略。""'九天'、'九地'，就是古书常说的'九天'、'九
野'，九天是极言其高，九地是极言其下，它们都是平面九宫格，
上下是镜面反射的关系。这种概念也见于遁甲式，是古代宇宙
论的一种想象。""《孙子·形》中的那段话虽不一定是讲遁甲术
本身，但'九地'、'九天'二词是源自古代式法，并与遁甲术有一
定关系，还是可以肯定的。"

⑤故能自保而全胜也：张预曰："守则固，是自保也；攻则取，是全
胜也。"

【译文】

不能战胜敌人，就要采取防御；可以战胜敌人，就要采取进攻。采
取防御是由于实力不足，采取进攻是由于实力强大。善于防御的人，将
其实力隐蔽得如同藏于深不可测的地下；善于进攻的人，把其兵力调动
得如同从云霄之上从天而降，所以既能保护自己，又能取得完全的
胜利。

　　见胜不过众人之所知，非善之善者也①；战胜而天下曰
善，非善之善者也②。故举秋毫不为多力，见日月不为明目，
闻雷霆不为聪耳③。古之所谓善战者，胜于易胜者也④。故
善战者之胜也，无智名，无勇功⑤，故其战胜不忒⑥。不忒者，
其所措必胜，胜已败者也⑦。故善战者，立于不败之地，而
不失敌之败也⑧。是故胜兵先胜而后求战，败兵先战而后求
胜⑨。善用兵者，修道而保法⑩，故能为胜败之政⑪。

【注释】

① 见胜不过众人之所知，非善之善者也：意谓预见胜利时没有超过一般人的见识，这不算是高明中最高明的。曹操曰："当见未萌。"李筌曰："知不出众知，非善也。韩信破赵，未餐而出井陉，曰：'破赵会食。'时诸将吪然，佯应曰：'诺。'乃背水陈。赵乘壁望见，皆大笑，言汉将不便兵也。乃破赵，食，斩成安君。此则众所不知也。"张预曰："众人所知，已成已著也，我之所见，未形未萌也。"施子美曰："太公曰：技与众同，非国工也。智与众同，非国师也。何者？善制敌者，形于无形，见胜而不过众人之所知，此有形之可见也，何足以为善之善乎？"见，预见；或解释为显现，表现，实现。

② 战胜而天下曰善，非善之善者也：意谓通过争锋力战取得胜利，一般人都说好，这也不算高明中最高明的。杜牧曰："天下，犹上文言众也。言天下人皆称战胜者，故破军杀将者也；我之善者，阴谋潜运，攻必伐谋，胜敌之日，曾不血刃。"顾福棠曰："未战而筹算胜者，潜运其智，专伐其谋，不杀一人而成大功，善之善者也。若出师而必至于战，即天下称之曰善战，老师竭财所伤多矣，故曰非善之善者。"

③ 故举秋毫不为多力，见日月不为明目，闻雷霆不为聪耳：何氏曰："此言众人之所见所闻，不足为异也。昔乌获举千钧之鼎为力，离朱百步睹纤芥之物为明，师旷听蚊行蚁步为聪也。兵之成形而见之，谁不能也？故胜于未形，乃为知兵矣。"赵本学曰："盖人有可胜之形，必待事势败露之后，而后加兵杀戮甚众者，此其所遇之敌愚暗至甚，而我之兵力又足以困之。譬如举秋毫之轻，见日月之明，闻雷霆之震，人皆能之，何难之有。必也独得其情于至微之初，逆破其机于须臾之顷，为之至易，若不见其智勇之施，此乃智勇之大者，斯可谓之善战矣。"秋毫，鸟兽在秋天新长的细

毛，比喻微小的事物。多力，力气大。聪，听觉灵敏。

④古之所谓善战者，胜于易胜者也：曹操曰："原微易胜，攻其可胜，不攻其不可胜也。"何氏曰："言敌人之谋，初有萌兆，我则潜运己能攻之，用力既少，制敌甚微，故曰'易胜'也。"张预曰："交锋接刃，而后能制敌者，是其胜难也；见微察隐，而破于未形者，是其胜易也。故善战者，常攻其易胜，而不攻其难胜也。"刘寅曰："易胜者见微察隐，破于未形也。若交兵接刃，以力制敌，是难胜也。古人之所谓善战者胜于易胜，而不胜于难胜耳。"

⑤故善战者之胜也，无智名，无勇功：曹操曰："敌兵形未成，胜之无赫赫之功也。"何氏曰："患销未形，人谁称智？不战而服人，谁言勇？汉之子房、唐之裴度能之。"刘寅曰："故善战者之取胜也，无智名之可称，无勇功之可见，谓阴谋潜运，取胜于无形。故天下不称料敌制胜之智，众人不见搴旗斩将之功也。能见于未形，察于未萌，故百战百胜不差忒矣。战胜不差忒者，其所以制胜之道，在胜敌人有已败之形也。"朱军说："在本段论述中我们看到了一个矛盾，即开头说的'见胜不过众人之所知，非善之善者也'。这句话意指取得战争胜利应该超出众人之所知，或者说为众人所不知，只有才智过人才能取胜。但又说：'古之善战者之胜也，无智名，无勇功。'怎样理解这种矛盾的论点呢？现以唐代名将李愬夜袭蔡州的战例加以说明。公元817年，李愬攻克蔡州之后，还军文城。李愬的部将们问道：'当初你败于朗山不忧，后在吴坊得胜而不占领它，这次孤军深入而又得胜，请告致胜之因。'李愬回答：'朗山失利，可以促使敌人轻视我军，将会疏于戒备。在吴坊得胜，若占领吴坊，则吴坊之敌将奔往蔡州，并力固守，难以攻克；我不占吴坊，敌必守之，正好分散敌人的兵力。这次乘风雪阴晦之夜，敌人疏于戒备，烽火不接，敌就未能发现我军已经突然到来；对本军说，孤军深入，士卒将人人奋战，促使我

军战力倍增。……'从这个事例看,李愬所采取的行动都是符合战争规律的,所以看不出他的'智名、勇功';但李愬拟定的这些计谋和措施的内在思维活动,并未被部将所认识到,这就是李愬才智的过人之处。克劳塞维茨说:'一个统帅善于完全根据自己的目的和手段进行战争,并且做得恰如其分,那就是他有天才的最好证明,但这种天才的作用,不是表现在那些惹人注目的、新发现的行动方式上,而是在整个战争的结局中看到他默默做出的假定是那么恰好符合实际,整个行动是那么无比的协调。'克氏用后世的语言讲了孙武的论点。孙武与克劳塞维茨两人上下相隔两千多年,东西相距两万余里,竟有如此相同的论点,这说明孙武论点是科学的,是符合战争指导规律的。"

⑥故其战胜不忒:张预曰:"力战而求胜,虽善者亦有败时;既见于未形,察于未成,则百战百胜,而无一差忒矣。"忒,失误,差错。

⑦不忒者,其所措必胜,胜已败者也:曹操曰:"察敌必可败,不差忒也。"张预曰:"所以能胜而不差者,盖察知敌人有必可败之形,然后措兵以胜之云耳。"

⑧故善战者,立于不败之地,而不失敌之败也:张预曰:"审吾法令,明吾赏罚,便吾器用,养吾武勇,是立于不败之地也。我有节制,则彼将自衄,是不失敌之败也。"

⑨是故胜兵先胜而后求战,败兵先战而后求胜:杜牧曰:"《管子》曰:'天时、地利,其数多少,其要必出于计数。故凡攻伐之道,计必先定于内,然后兵出乎境。不明敌人之政,不能加也;不明敌人之积,不能约也;不明敌人之将,不见先军;不明敌人之士,不见先陈。故以众击寡,以治击乱,以富击贫,以能击不能,以教士练卒击殴众白徒,故能百战百胜。'此则先胜而后求战之义也。卫公李靖曰:'夫将之上务,在于明察而众和,谋深而虑远,审于天时,稽乎人理。若不料其能,不达权变,及临机对敌,方始趑

趑，左顾右盼，计无所出，信任过说，一彼一此，进退狐疑，部伍狼藉，何异趣苍生而赴汤火，驱牛羊而啖狼虎者乎？'此则先战而后求胜之义也。"赵本学曰："先胜，先有胜人之本也。我有胜人之本而彼又有可败之形，然后求与之战，此必胜也。既无所恃于己又非有算于人，徒引兵轻合以图侥幸，此必败也。尉缭子曰：兵贵先胜于此，则胜于彼，非胜于此，则弗胜于彼矣。亦此意也。"

⑩修道而保法：陶汉章说："修道，指从各方面修治'先为不可胜'之道，如政治、军事、自然各方面条件的准备等。《孙膑兵法·八阵》：'知道者，上知天之道，下知地之理，内得其民之心，外知敌之情，阵则知八阵之经，见胜而战，弗见而诤……'保法，指确保必胜的法度。"何守法曰："'道'、'法'二字所包者广，乃用兵之本，敌之不可胜我者也。要虚虚说，犹云道理法度之谓。"

⑪故能为胜败之政：汉简本作"故能为胜败正。"银雀山汉简《孙子兵法》"释文及校注"曰："能为胜败正，意谓能在胜败问题上成为最高的权威。《管子·水地》：'龟生于水，发之于火，于是为万物先，为祸福正。'《老子》：'清净为天下正（马王堆帛书甲本'为'上有'可以'二字），'正'字意义与此相同。疑后人误读'胜败正'之'正'为'政'，又于'政'上臆加'之'字。"

【译文】

预见胜利时没有超过一般人的见识，这不算是高明中最高明的；通过争锋力战取得胜利，一般人都说好，这也不算高明中最高明的。所以一个人能举起秋毫不能说他力气大，能看见日月不能说他视力好，能听见雷霆之声不能说他听力好。古代所说的善于打仗的人，是在容易战胜敌人的情况下取胜的。所以善于打仗的人打了胜仗，既没有智慧的名声，也没有勇武的战功，所以他们能取得作战胜利，而不会有差错。之所以不会有差错，是因为他们的作战安排能够保证必胜，能够战胜已经陷于失败境地的敌人。善于打仗的人，首先要让自己立于不败之地，而后不失去任何一个击败敌人的机会。所以胜利的军队总是先具备战胜敌人的实力,而后才与敌人决战;失败的军队却总是先冒险与敌决战,而后期盼侥幸取胜。善于用兵的人,需研究兵家之道,确保必胜的法度,才能成为战争胜负的主宰。

兵法:一曰度^①,二曰量^②,三曰数^③,四曰称^④,五曰胜^⑤。地生度^⑥,度生量^⑦,量生数^⑧,数生称^⑨,称生胜^⑩。故胜兵若以镒称铢^⑪,败兵若以铢称镒^⑫。

【注释】

①度:指度量土地面积。《汉书·律历志上》曰:"度者,分、寸、尺、丈、引也,所以度长短也。"贾林曰:"度土地也。"

②量:指计量物产收成。《汉书·律历志上》曰:"量者,龠、合、升、斗、斛也,所以量多少也。"贾林曰:"量人力多少,仓廪虚实。"

③数:指计算兵员多寡。《汉书·律历志上》曰:"数者,一、十、百、千、万也,所以算数事物,顺性命之理也。"《商君书·算地》曰:"方土百里,出战卒万人者,数小也。"贾林曰:"算数也,以数推之,则众寡可知,虚实可见。"

④称:指衡量实力状况。贾林曰:"既知众寡,兼知彼我之德业轻重,才能之长短。"称,权衡,衡量。

⑤胜:指预测胜负情状。曹操曰:"胜败之政,用兵之法,当以此五事称量,知敌之情。"李零说:"'胜'是双方兵力比较的结果。《计》篇讲'胜',是以敌我兵力的比较为基础,这里讲'胜',也是以敌我兵力的比较为基础。两种比较,归宿相同,但角度不一样。这里强调的是战争动员的物质基础和经济基础,兵力的后面是国力。"

⑥地生度:意谓一个国家的土地质量,决定了它的耕地面积的多

少。曹操曰:"因地形势而度之。"

⑦度生量:意谓一个国家的耕地面积,决定了它的粮食收成的情况。

⑧量生数:意谓一个国家的粮食收成,决定了它的兵员数量的多寡。

⑨数生称:意谓一个国家的兵员数量,决定了它的实力的大小。曹操曰:"称量己与敌孰愈也。"

⑩称生胜:意谓一个国家的实力大小,决定了它能否在战争中取胜。于汝波在《试论〈孙子兵法〉以"胜"为核心的战争理论体系》一文中说:"孙子认为,从一个国家的国土面积和土地质量可以测知其国力之强弱,由国力之强弱可以估计其兵员之数量,由兵员数量可以判断敌我双方兵力之众寡,再从双方兵力之众寡中推测其在战争中的胜负。在当时生产方式单一的情况下,这种推断无疑是有科学依据的。这说明,孙子已经感知到了国家经济是进行战争的物质基础,一个国家军事能力的大小,坚持战争时间长短,深入敌国远近,以至战争的最后胜负,均以国家的经济能力为基础,因此他在《作战篇》《形篇》中都对之进行了论述。"杨善群说:"上述的'度'、'量'、'数',就是指疆域的大小、物产的多少、人口的众寡。由这些而形成'称',即实力的强弱,从而决定战争的胜负。显然,在孙子看来,一个国家的土地面积、粮食产量、人口数目、经济实力,在战争中起着直接作用。孙武的这一思想,也是从当时的历史实践中总结出来,又被历史反复证明了的。春秋时期,列国数百,战事频繁,霸主更迭。而在这长期的兼并战争中,能够左右局势而充当霸主的,就是齐、晋、秦、楚、吴,以及后来的越等大国。其中,北方的晋和南方的楚,在疆域广大、物产丰富、人口众多、实力强盛方面,尤居于领先地位,因而左右局势和充当霸主的持续时间也最长。夹在大国中间的中

小国家,如郑、宋、鲁等,对于大国的进攻只能招架而无法还手,它们只有依附于一个大国才能生存下去。所以鲁国的子服景伯说:'小所以事大,信也;大所以保小,仁也。'(《左传·哀公七年》)大国和小国之间战争的胜负是如此明显,它们之间竟是'事'和'保'的上下级关系。可知,孙武的度、量、数、称生胜的观点,在通常情况下都是正确的。"李零说:"这里的五大指标,一是田数,二是粮数,三是兵数,四是比较,五是胜利。它们的关系是:田数出粮数,粮数出兵数,兵数生比较,比较定胜负。简单说,就是有多少粮食养多少兵,谁兵多,谁就有胜算。兵、农是战争之本。"

⑪胜兵若以镒称铢:意谓胜利军队的实力,较之于失败军队的实力,其优势之突出就像拿镒与铢比较一样。《汉书·律历志上》曰:"一龠容千二百黍,重十二铢,两之为两。二十四铢为两。"镒,古代重量单位,合二十两,一说二十四两。李零说:"据出土战国衡器和记重铜器,一铢重约0.65克,与镒的重量之比为1:576,相当悬殊。"

⑫败兵若以铢称镒:意谓失败军队的实力,较之于胜利军队的实力,其劣势之明显就像拿铢与镒比较一样。

【译文】

根据用兵之法,战前的物质准备要掌握以下五大指标:一是度量土地面积,二是计量物产收成,三是计算兵员多寡,四是衡量实力状况,五是预测胜负情状。一个国家的土地质量,决定了它的耕地面积的多少;一个国家的耕地面积,决定了它的粮食收成的情况;一个国家的粮食收成,决定了它的兵员数量的多寡;一个国家的兵员数量,决定了它的实力的大小;一个国家的实力大小,决定了它能否在战争中取胜。胜利军队的实力,较之于失败军队的实力,其优势之突出就像拿镒与铢比较一样;失败军队的实力,较之于胜利军队的实力,其劣势之明显就像拿铢与镒比较一样。

胜者之战民也^①,若决积水于千仞之谿者,形也^②。

【注释】

①胜者之战民也:胜者,汉简本作"称胜者"。战民,意即指挥士卒作战。民,即"人",指士卒,军队。

②若决积水于千仞之谿者,形也:郭化若说:"形,简单地说就是有形的物质。《孙子》不把这种客观物质力量看成死的、静止的、孤立的。他在篇末用'决积水于千仞之谿者,形也'这样形象思维来指明要把物质力量集中,并决开这积水,让它从八百丈陡谿上倾泻而下,这种迅猛的运动速度乘积水的重量以加强其冲击的能量。把物质看成运动的物质,这在古代军事理论家中可算是难能可贵的。"江贻灿在《势义探微》一文中说:"军事领域里需要研究的问题林林总总,概而言之,无非分为战争力量的建设和战争力量的运用两大类,《形篇》和《势篇》正是从不同角度,分别对这两类问题的一般规律做了研究。把握了孙武有关形的积聚和势的运用艺术,也就等于领悟了《孙子兵法》中的核心理论问题。何谓形? 形就是战争力量的外部形态,是交战双方力量对比的量度标志,诸如《孙子兵法》中提出的国主之道、将帅之能、天地之得、法令之行、兵众之强、士卒之练、赏罚之明等,构成了势赖以发挥的客观物质基础。战争是力量的竞赛,敌对双方力量的强弱(不论是现实的战斗力,抑或是潜在的战斗力)均依赖于各自在战争中所拥有的物质基础。换言之,势必须以形为基础,并通过对形的运用来表现。"仞,古代高度单位,八尺为一仞,或曰七尺为一仞,还有五尺六寸或四尺等说。

【译文】

军事实力绝对优势的一方,其将领指挥士卒作战,其威慑力就像从八千尺高的山涧上决开积水一样无法抵挡,这就是"形"的含义。

势　篇

【题解】

　　如果说孙子通过"形"这一范畴，探究的是军队实力建设的重大问题的话，那么通过"势"这一范畴，探究的则是在"形"的基础之上，如何合理调配、正确使用各种战争力量以取得胜利。张预曰："兵势已成，然后任势以取胜，故次《形》。"钱基博曰："势与形不同。形者，量敌而己，筹之于未战之先。势者，因利而制权，决于临敌之日。"也就是说，《势篇》之所以位列《形篇》之后，是因为"形"的建设主要是在战前，而"势"的运用则是在战时，两者大致分属前后有别的时空领域。

　　"形"和"势"堪称全书最为重要的两个范畴，对此，江贻灿在《势义探微》一文中有如下精辟阐释："军事领域里需要研究的问题林林总总，概而言之，无非分为战争力量的建设和战争力量的运用两大类，《形篇》和《势篇》正是从不同角度，分别对这两类问题的一般规律做了研究。把握了孙武有关形的积聚和势的运用艺术，也就等于领悟了《孙子兵法》中的核心理论问题。"关于战争力量准备的诸多范畴，诸如"道"、"财"、"将"、"兵"、"法"、"卒"、"天"、"地"、"分数"、"形名"等，以及关于战争力量运用的诸多范畴，诸如"虚实"、"奇正"、"专分"、"久速"、"迂直"、"攻守"、"死生"等，均由"形"、"势"两个范畴所涵盖、所统帅。因此，抓住了这两个范畴，也就提纲挈领地抓住了《孙子兵法》军事思想的核心问题,抓住了《孙子兵法》战争思考的灵魂。

在《势篇》的第一段,孙子分析了四个范畴——分数、形名、奇正、虚实。在李零看来,"它们是分属于'形'、'势'两大类。'分数'、'形名'属于'形','奇正'、'虚实'属于'势'"。而本篇接下来探讨的,主要是"奇正"这一范畴。所谓奇正,原指阵法中的奇兵与正兵,后引申为特殊战术与常规战术,以及机动灵活、出奇制胜的作战方法。孙子在第二段探讨了奇、正的变化多端与相互转化,指出"奇正相生,如循环之无端,孰能穷之",深刻揭示了军事斗争方式方法的丰富无穷。本篇第三段提出了"节"的概念,突出的是兵贵神速、出其不意的理念。篇末同《形篇》一样,也使用了一个譬喻句式:"故善战人之势,如转圆石于千仞之山者,势也。"显示了正确实施了兵力部署和战法选择之后所形成的一往无前、势不可挡的巨大力量。

值得深究的是,孙子在第四段,由"势"引申出"任势"的概念,并进而提出"择人而任势"的命题。"择",即"释",放弃的意思。"释人",并非放弃人的主观能动性,而是放弃那些自以为是的谬见;而要实现"释人",就需做到"任势",即任用、依赖"势"。孙子在此凸显了"势"的左右并制约军事行动的客观性。此外,由于"势"的形成关乎战争力量的运用,而这必然牵动天、地、人等方方面面的因素,故而"势"的客观表现就具有无限宽广的外延,已有将整个宇宙世界隐含其中的意味。由"任势"所倡导的尊重客观军事态势,到《老子》所推衍的"法自然"思想,其间的思想演进线索是可以寻绎的。围绕着"势"这一范畴所作的探究,标志着《孙子兵法》的哲学思考达到了最高峰。

孙子曰:凡治众如治寡,分数是也[①];斗众如斗寡,形名是也[②];三军之众,可使必受敌而无败者,奇正是也[③];兵之所加,如以碫投卵者,虚实是也[④]。

【注释】

①凡治众如治寡，分数是也：曹操曰："部曲为分，什伍为数。"张预曰："统众既多，必先分偏裨之任，定行伍之数，使不相乱，然后可用。故治兵之法：一人曰独，二人曰比，三人曰参，比参为伍，五人为列，二列为火，五火为队，二队为官，二官为曲，二曲为部，二部为校，二校为裨，二裨为军。递相统属，各加训练，虽治百万之众，如治寡也。"郭化若说："把军队按一定编制组织起来，并组织得好，那么管理和指挥众多的大军，也同管理指挥少数的部队一样容易了。"李零说："此篇讲'势'，不光就'势'论'势'，它还把'势'放进'形势'的总体概念中讲。它把'形势'分解为四个术语：'分数'、'形名'、'奇正'、'虚实'。这四个术语，层层递进，一环扣一环。我理解，它们是分属于'形'、'势'两大类。'分数'、'形名'属于'形'，'奇正'、'虚实'属于'势'。"分数，指军队的组织编制。

②斗众如斗寡，形名是也：曹操曰："旌旗曰形，金鼓曰名。"张预曰："《军政》曰：'言不相闻，故为鼓铎；视不相见，故为旌旗。'今用兵既众，相去必远，耳目之力，所不闻见。故令士卒望旌旗之形而前却，听金鼓之号而行止，则勇者不得独进，怯者不得独退，故曰：'此用众之法也。'"郭化若说："具备了指挥通信工具并规定好指挥信号，用以指挥军队。这样，指挥大军同指挥小部队都一样，都能步调一致，听从指挥了。"形名，指旗帜、金鼓等军队通讯手段。

③三军之众，可使必受敌而无败者，奇正是也：《李卫公问对》："太宗曰：'以奇为正者，敌意其奇，则吾正击之；以正为奇者，敌意其正，则吾奇击之。使敌势常虚，我势常实。当以此法授诸将，使易晓尔。'"刘伯承说："什么是正兵呢？大体上讲：按照通常的战术原则，以正规的作战方法进行战斗的，都可以叫做正兵。根据

战场情况，运用计谋，攻其无备，出其不意，打敌于措手不及，不是采取正规作战方法，而是采取奇妙的办法作战的，都可以称为奇兵。"郭化若说："奇正一般包含以下意思：（一）在军队部署上担任警戒、守备的部队为正，集中机动的主力为奇；担任钳制的为正，担任突击的为奇。（二）在作战方式上，正面攻击为正，迂回侧击为奇；明攻为正，暗袭为奇。（三）按一般原则作战为正，根据具体情况采取特殊的作战方法为奇。"刘庆说："奇正是《孙子》用兵论的核心范畴。《孙子·势篇》言：'三军之众，可使必受敌而无败者，奇正是也。''凡战者，以正合，以奇胜。''战势不过奇正，奇正之变，不可胜穷也。奇正相生，如循环之无端，孰能穷之？'作者对'奇正'本身没有展开论述，结合后人注疏来看，正主要是指常规战法，奇主要是指特殊战法，而兵力部署、明攻暗袭等无不与之有关，在攻守、进退等范畴中也可以体现出它的原则。"必，即使，一旦，汉简本作"毕"。王晳曰："'必'当作'毕'，字误也。奇正还相生，故毕受敌而无败也。"奇正，原指阵法中的奇兵与正兵，后引申为特殊战术与常规战术，以及机动灵活、出奇制胜的作战方法。

④兵之所加，如以碫（xiá）投卵者，虚实是也：曹操曰："以至实击至虚。"李筌曰："碫实卵虚，以实击虚，其势易也。"碫，即磨刀石，此处指坚硬的石头。汉简本作"段"。段，即"碫"，与"碫"通。虚实，古代兵家重要术语，指军事力量强弱优劣的状况和利用这种状况的作战指导原则。刘庆说："虚实是《孙子》知兵论中的核心范畴。《吴子·料敌》曰：'用兵必须审敌虚实而趋其危。'《李卫公问对》曰：'夫用兵识虚实之势，则无不胜焉。'可见古人对其地位早有定评。但关于其思想内涵，《孙子》书中并无明确界定。结合全书内容看，它表示了军事实力及其措置状况。如无者为虚，有者为实，空者为虚，坚者为实。故《孙子·势》言：'兵之所

加，如以碫投卵者，虚实是也。'形名、动静、劳佚、饥饱、远近、害利、强弱、众寡等皆可视为它在不同方面、不同层次上的具体体现。《孙子》对虚实范畴的最大贡献在于揭示了它们相互联系、相互依存和相互转化的关系，强调善战者要通过自己的努力，巧妙调动敌人，变实为虚，化虚为实，最后取得战争胜利。由此引申出来的'避实击虚'战法，成为中国兵学中重要的制胜原则。"

【译文】

孙子说：凡是管理大部队如同管理小部队一样容易的，那是因为组织编制的问题处理得好；凡是指挥大部队如同指挥小部队一样容易的，那是因为通讯手段使用得好；凡是指挥三军，可使部队做到即使遭遇敌人攻击也不会失败的，那是因为奇正战术运用得好；军队进攻的效果，如同石头砸鸡蛋一样，那是因为虚实原则使用得当。

　　凡战者，以正合，以奇胜①。故善出奇者，无穷如天地，不竭如江河②。终而复始，日月是也；死而复生，四时是也③。声不过五④，五声之变，不可胜听也⑤。色不过五⑥，五色之变，不可胜观也。味不过五⑦，五味之变，不可胜尝也⑧。战势不过奇正，奇正之变，不可胜穷也⑨。奇正相生，如循环之无端，孰能穷之⑩？

【注释】

①凡战者，以正合，以奇胜：曹操曰："正者当敌，奇兵从傍击不备也。"张预曰："两军相临，先以正兵与之合战，徐发奇兵或捣其旁、或击其后以胜之，若郑伯御燕师，以三军军其前，以潜军军其后是也。"郭化若说："所谓'以正合'即使用次要行动在正面钳制敌人，'以奇胜'即集中主力从敌侧后寻其弱点，出其不意攻其无

备也。"

②故善出奇者,无穷如天地,不竭如江河:曹操曰:"自'无穷如天地'已下,皆以喻奇正之无穷也。"杜佑曰:"言应变出奇无穷竭。"朱军说:"美国人约翰·博伊德在1980年10月提出的一个叫'OODA'周期的理论,指在作战指挥上的规律是'观察——判断——决心——行动',算作一个周期。即在战争中随时观察情况,把观察得到的情况进行判断,定下决心,付诸行动。博伊德认为周期中的任一环节上出现新情况,便须再从观察开始。假设连续采取出敌意料的新措施,迫使对方始终或较长时间内停留在前三个环节的循环上,就是使敌人无法定出新决心,陷入犹豫、迟疑、惊慌混乱,最后使敌导致失败。这实质是对孙武要求的'善出奇者,无穷如天地……'之意,作了细微地科学分解。这就要求指导战争的指挥员们在平时就应摄取丰富的武装斗争的知识,战时才能依情况不停顿地思考并运用出奇的谋略。这种谋略的斗争是永不停顿的。"不竭如江河,汉简本作"无竭如河海"。

③"终而复始"四句:杜佑曰:"日月运行,入而复出;四时更王,兴而复废。言奇正变化,或若日月之进退,四时之盛衰也。"

④声不过五:《左传·昭公二十五年》:"章为五声。"杜预注曰:"宫、商、角、徵、羽。"五,指五声,即宫、商、角、徵、羽五个音。

⑤五声之变,不可胜听也:李筌曰:"变入八音,奏乐之曲,不可尽听。"

⑥色不过五:《左传·昭公二十五年》:"发为五色。"杜预注曰:"青、黄、赤、白、黑。"五,指五色,即青、黄、赤、白、黑五种色素。

⑦味不过五:《左传·昭公二十五年》:"气为五味。"杜预注曰:"酸、咸、辛、苦、甘。"五,指五味,指酸、咸、辛、苦、甘五种味道。

⑧五味之变,不可胜尝也:张预曰:"引五声、五色、五味之变,以喻

奇正相生之无穷。”

⑨战势不过奇正，奇正之变，不可胜穷也：张预曰：“战陈之势，止于奇正一事而已；及其变而用之，则万途千辙，乌可穷尽？”郭化若说：“《孙子》用‘五声’、‘五色’、‘五味’的变化作比喻，要求善战者不但要善于出奇，而且要善于多变。这种用人们所日常见闻的声、色、味的调和变化，来形象说明奇正的变化无穷，是古代朴素的辩证法。”战势，指兵力部署和作战方式。

⑩奇正相生，如循环之无端，孰能穷之：李筌曰：“奇正相依而生，如环团圆，不可穷端倪也。”张预曰：“奇亦为正，正亦为奇，变化相生，若循环之无本末，谁能穷诘？”刘伯承说：“正兵和奇兵，是辩证的统一，是为将者必须掌握的重要法则。奇中有正，正中有奇，奇正相生，变化无穷。”吴如嵩认为：孙子的奇正理论，主要包含三个方面的内容：（1）奇正是普遍存在的作战方式。（2）奇正是发展变化的。（3）奇正是相互转化的。

【译文】

凡是作战，总是以正兵抵挡敌人，以奇兵取胜。因此，善于出奇制胜的将帅，其战法既像苍天大地一样无穷无尽，又像长江黄河一样奔流不息。结束了又重新开始，就像日月的出没；死亡了又重生，就像春夏秋冬四季的更替。声音不过五种音节，然而五声的变化却多得听不过来。颜色不过五种色素，然而五色的变化却多得看不过来。滋味不过五种味道，然而五味的变化却多得尝不过来。兵力部署与作战方式不过奇与正两种，然而奇与正的变化，却是无穷无尽的。奇与正的相互转化，就像圆环一样无始无终，谁能够穷尽它呢？

激水之疾，至于漂石者，势也①；鸷鸟之疾，至于毁折者，节也②。是故善战者，其势险，其节短③。势如彍弩，节如发机④。纷纷纭纭，斗乱而不可乱也；浑浑沌沌，形圆而不可败也⑤。乱生于治,怯生于勇,弱生于强⑥。治乱,数也⑦;勇怯,势也⑧;强弱,形也⑨。

【注释】

①激水之疾,至于漂石者,势也:杜佑曰:"言水性柔弱,石性刚重,至于漂转大石,投之洿下,皆由急疾之流,激得其势。"李零说:"水是自然力,自己不能控制自己,它的冲击力是借助'势'。'势'是什么?是地势的高下落差。一是借助山势的坡度,从山顶往山下冲,二是借助河床的落差,从上游往下游冲。作者以激水漂石比喻'势',道理在这里。"郭化若说:"这里用水这一物质,在迅猛奔流的运动中产生的冲力和能量能冲走石头作比喻,说明'势'的含义。即指挥军队作战行动迅猛有力,就能加大对敌的优势而易于取胜。"陈宇说:"'势'是中国古代军事学上的重要范畴之一,也是《孙子兵法》中的重要概念。何为势呢?当前军事理论界众说纷纭,大致有'力量'、'能量'、'态势'、'形势'、'位势'、'位能'、'势能'、'气势'、'优势'等解释。在《孙子兵法》全书中,共有16次用'势'字。其中《虚实篇》1次,《始计篇》、《地形篇》各2次,《兵势篇》11次。""孙武在本篇中所说的'势',不管是指形势、态势、位势,还是气势、优势,其基本含义都落脚到一种'力'。从现代物理学的角度讲,这种'力'是'动能',又是'重力势能'。在战争中,主要是指军事力量的优化集中、妥善运用和充分指挥,表现为战场上有利的态势和强大的冲击力。"激水,湍急的流水。疾,快,急速,迅猛。漂石,指湍急的流水使河床上的石头漂浮起来。

②鸷鸟之疾,至于毁折者,节也:杜佑曰:"发起讨敌,如鹰鹯之攫撮也,必能挫折禽兽者,皆由伺候之明,邀得屈折之节也。王子曰:'鹰隼一击,百鸟无以争其势;猛虎一奋,万兽无以争其威。'"张

预曰:"鹰鹯之擒鸟雀,必节量远近,伺候审而后击,故能折物。尉缭子曰:'便吾器用,养吾武勇,发之如鸟击。'李靖曰:'鸷鸟将击,卑飞敛翼。'皆言待之而后发也。"李零说:"鹰、隼是活物,可以控制高度,控制速度,控制目标,控制节奏。'节'是什么?就是出击的时机和节奏。"鸷鸟,指鹰、雕、鹯之类凶猛的禽鸟。毁折,指猛禽捕捉擒杀弱小的鸟雀。节,郭化若说:"节,即距离。这里指接敌运动距敌愈近,则发起冲击时愈能迅速而突然。这就是'节'的含义。"

③是故善战者,其势险,其节短:郭化若说:"《孙子》出奇造势的中心命题就是这里所说的'势险'和'节短'。兵贵神速,出其不意,攻其无备,隐蔽地接近敌人到最短距离,突然地猛烈攻击敌人。这种战术原则,至今仍可资借鉴。"

④势如彍(guō)弩,节如发机:何氏曰:"此言击战得形,便如张弩发机,势宜疾速,仍利于便近,不得追击过差也。故太公曰:'击如发机者,所以破精微也。'"朱军说:"以'势如彍弩,节如发机'来比喻战时部队集中,人人逞勇,个个欲战的待动状况,只待一声令下,便能发动。在这时刻,即指挥员采取决心、下达命令的节骨眼的关键时刻,其节是很短的,决心的节,只存于方寸之间。本段用两个比喻说明在战争中既要运用集中优势兵力的原则,又要做到机动迅猛,才能发挥威力;既要近战,又要有节制地运用兵力,即恰到好处,不多不少,不远不近,才能发挥最大的威力。如果不懂制约,力就会随距离的增加而逐渐减退。其次,还说明战时用兵'势险'、'节短'之意,表示指挥员的决心既要正确又能及时,始能不误战机。"彍弩,指拉满的弓弩。彍,意即把弓弩拉满。弩,用机括发箭的弓。

⑤"纷纷纭纭"四句:意谓看起来混乱不堪,但在混乱中作战却能做到章法有序;看起来形势不明,错综复杂,却能做到自如地应

付各种情况而不被敌人打败。杜牧曰:"此言陈法也。《风后握奇文》曰:'四为正,四为奇,余奇为握。奇音机,或总称之。先出游军定两端。'此之是也。奇者,零也。陈数有九,中心有零者,大将握之不动,以制四面八陈,而取准则焉。其人之列,面面相向,背背相承也。《周礼》:'蒐苗狝狩,车骤徒趋,及表乃止;进退疾徐,疏密之节,一如战陈。'表,乃旗也。旗者,盖与民期于下也。《握奇文》曰:'先出游军定两端。'盖游军执本方旗,先定地界,然后军士赴之,兵于旗下,乃出奇正,变为陈也。《周礼》:'蒐苗狝狩,车骤徒趋,及表乃止',此则八陈遗制。《握奇》之文,止此而已;其余之词,乃后之作者增加之,以重难其事耳。夫五兵之利,无如弧矢之利,以威天下。五兵同致,天独有弧矢星。圣人独言弧矢能威天下,不言他兵,何也?盖战法利于弧矢者,非得陈不见其利。"张预曰:"此八陈法也。昔黄帝始立丘井之法,因以制兵。故井分四道,八家处之。'井'字之形,开方九焉,五为陈法,四为闲地,所谓'数起于五'也。虚其中,大将居之,环其四面,诸部连绕,所谓'终于八'也。及乎变化制敌,则纷纭聚散,斗虽乱而法不乱;浑沌交错,形虽圆而势不散。所谓分而成八,复而为一也。后世武侯之方陈,李靖之'六花',唐太宗之破陈乐舞,皆其遗制也。"赵本学曰:"纷纭,杂乱之貌;浑沌,无分别之意。言酣战之时纷纷纭纭斗虽若乱,其实步伍素分,号令素定,自有整齐者在,不可得而乱之也;浑浑沌沌形虽若圆,其实奇正有方,分合有度,自有疏畅者寓,不可得而败之也。"李零说:"前人都说,这是讲阵形。一点不错。看足球,我们也有这种体会,什么四三三、四四二、三五二、五三二,都是乱中自有章法。'斗乱而不可乱'、'形圆而不可败',不是行家看不出来。大家看到的,全是'纷纷纭纭'、'浑浑沌沌'。"朱军说:"在战争进行中,参战的兵种、人员、兵器众多,协同又有按时间、按地点进行的,稍错一步便会混乱；而前方、后方，消耗与补给，左右友邻等情况以及战场情况，都是瞬息万变，从外表去看，确是情况混乱，但是不能乱。靠什么？靠的是主官的冷静沉着，机断指挥；靠的是战前周密计划，通联无阻；靠的是各级指挥官坚决按照计划进行作战，情况有变时又能及时报告，适时按上级命令行动。"形圆，指摆成三角形、正方形、六角形和圆形等阵形，能做到首尾连贯，部署周密，应敌自如。

⑥乱生于治，怯生于勇，弱生于强：意谓示敌混乱，实则组织严整；示敌怯懦，实则英勇无畏；示敌弱小，实则实力强大。曹操曰："皆毁形匿情也。"张预曰："能示敌以纷乱，必己之治也；能示敌以懦怯，必己之勇也；能示敌以赢弱，必己之强也。皆匿形以误敌人。"另一种解释，是说乱从治中转化而来，怯从勇中转化而来，弱从强中转化而来，故而在治、勇、强时不要松懈，避免向各自的对立面转化。此说亦通。朱军说："两种解释都可从战史上找出例证。如战国时越之灭吴，是由于吴王夫差自以为强于天下；秦之灭亡，在于秦始皇灭六国后自以为可以长治久安。第二次世界大战中，日本帝国主义之称雄于西太平洋和东亚，不数年而失败，也是由强向弱的方向转化。毛泽东在《论持久战》中，曾讲到中日两军在战争中强弱各将向其对立面转化的道理。至于示形就更不乏战例。唐朝叛将崔乾佑与唐将哥舒翰战于潼关，崔乾佑实藏精兵于险要之地，而显示出不过万人，什什伍伍，散如列星，或疏或密，或前或后。唐将哥舒翰本来对此情况有惑疑，但朝廷命令进军。战斗开始，崔军似欲退逃，实际上却是挥精兵大力奋战，唐军大败，哥舒翰被俘。"冯友兰说："孙武初步认识到，自然现象和社会现象不是静止不动的，而是在不断变化中；矛盾着的双方不是凝固不变的，而是可以变动的。战争也是如此，而且其变化比其他现象更为迅速剧烈。他指出：在自

然界,'四时无常胜,五行无常位,日有短长,月有死生'(《军争篇》),作为社会现象之一,战争也不能例外。'乱生于治,怯生于勇,弱生于强。'(《势篇》)对立面是可以互相转化的,一切转化都是在一定的条件之下进行的。孙武注重主动地创造条件,使战争中的变化向与自己有利的方向进行。"

⑦治乱,数也:陈启天曰:"军队之或治或乱,因分数而定;或勇或怯,因战势而异;或强或弱,因军形而显。凡此,皆人人所知之一般原则。伪乱、伪怯、伪弱者,不过活用此原则,以出奇误敌云尔。"郭化若说:"可解释为治和乱是属于组织纪律的事。也就是警告人们:严整的队伍,约束不严就会产生混乱。"数,即分数,军队的组织编制。

⑧勇怯,势也:意谓勇敢或怯弱的军人士气,取决于战场上的态势。这两种精神状态或是军队实际固有的,或是伪装出来的。张预曰:"实勇而伪示以怯,因其势也。魏将庞涓攻韩,齐将田忌救之。孙膑谓忌曰:'彼三晋之兵,素悍勇而轻齐,齐号为怯。善战者,因其势而利导之,使齐军入魏地,日减其灶。'涓闻之大喜,曰:'吾素知齐怯。'乃倍日并行逐之,遂败于马陵。"李零说:"勇怯取决战势,即人为的态势和作战环境。"

⑨强弱,形也:意谓强大或弱小的战斗力量取决于军队的形,即实力。这两种战斗力量,或是军队固有的,或是伪装出来的。杜牧曰:"以强为弱,须示其形,匈奴冒顿示娄敬以羸老是也。"李零说:"强弱取决兵形,即双方的实力。"

【译文】

　　湍急的河水快速流动,产生的作用力使河床上的石头漂浮起来所形成的态势,这就是"势"的含义;猛禽在较短距离内突然加速发起进攻,捕获到了猎物,这就是"节"的含义。所以善于指挥作战的将帅,所造成的态势是险峻有力的,向敌人发起进攻的距离是较短的。势就像弓弩拉满后的状态,节就像在较短距离内瞄准敌人触发弩机。战场上看起来混乱不堪,但在混乱中作战却能做到章法有序;战场上看起来形势不明,错综复杂,却能做到自如地应付各种情况而不被敌人打败。示敌混乱,实则组织严整;示敌怯懦,实则英勇无畏;示敌弱小,实则实力强大。严整或混乱的军队管理,取决于它的组织编制水平;勇敢或怯弱的军人士气,取决于战场上的态势;强大或弱小的战斗力量,取决于军队的实力。

　　故善动敌者,形之,敌必从之①;予之,敌必取之②。以利动之,以卒待之③。故善战者,求之于势,不责于人,故能择人而任势④。任势者,其战人也,如转木石⑤。木石之性,安则静,危则动,方则止,圆则行⑥。故善战人之势,如转圆石于千仞之山者,势也⑦。

【注释】

①故善动敌者,形之,敌必从之:杜牧曰:"言我强敌弱,则示以羸形,动之使来;我弱敌强,则示之以强形,动之使去。敌之动作,皆须从我。孙膑曰:'齐国号怯,三晋轻之。令入魏境为十万灶,明日为五万灶。'魏庞涓逐之,曰:'齐虏何怯也!入吾境土,亡者太半。'因急追之。至马陵,道狭,膑乃斫木书之曰:'庞涓死此树下。'伏弩于侧,令曰:'见火始发。'涓至,钻燧读之;万弩齐发,庞涓死。此乃示以羸形,能动庞涓,遂来从我而杀之也。隋炀帝于雁门为突厥始毕可汗所围,太宗应募救援,隶将军云定兴营。将行,谓定兴曰:'必多赍旗鼓,以设疑兵。且始毕可汗敢围天子,必以我仓卒无援;我张吾军容,令数十里,昼则旌旗相续,夜则钲鼓相应,虏必以为救兵云集,睹尘而遁。不然,彼众我寡,不能久

矣.'定兴从之,师次崞县,始毕遁去。此乃我弱敌强,示之以强,动之令去。故敌之来去,一皆从我之形也。"陈启天曰:"常人既依分数判断治乱,依战势判断勇怯,依军形判断强弱。故善于诱敌者,伪为治乱、勇怯、强弱之情状,使敌误中其计,是谓形之,敌必从之。……形之犹言示之,谓我示敌以治乱、勇怯、强弱之情状,使敌因之行动,而不知其有诈也。"郭化若说:"这里的'形'字是作动词用,但与《形篇》的'形'字略有不同,而是把我方佯动的假象故意暴露给敌人看,使敌人信以为真,发生错觉而听从我之调动。"从,信从。

②予之,敌必取之:曹操曰:"以利诱敌,敌远离其垒,而以便势击其空虚孤特也。"杜牧曰:"曹公与袁绍相持官渡,曹公循河而西,绍于是渡河追公。公营南阪,下马解鞍。时白马辎重就道,诸将以为敌骑多,不如还营。荀攸曰:'此所以饵敌也,安可去之?'绍将文丑与刘备将五六千骑,前后继至,或分趋辎重。公曰:'可矣。'乃皆上马。时骑不满六百人,遂大破之,斩文丑。"陈启天曰:"凡军莫不因利而动,因此我可饵敌以小利,使敌争趋之,是谓予之,敌必取之。"

③以利动之,以卒待之:曹操曰:"以利动敌也。"何氏曰:"敌贪我利,则失行列;利既能动,则以所待之卒击之,无不胜也。如曹公西征马超,与超夹关为军。公急持之,而潜遣徐晃、朱灵等夜渡蒲坂津,据河西为营。公自潼关北渡,未济。超赴船急战,公放牛马以饵贼。贼乱取牛马,公得渡,循河为甬道而南。贼退距渭口,公乃多设疑兵,潜以舟载兵入渭,为浮桥,夜分兵结营于渭南。贼夜攻营,伏兵奋击,破之。十六国南凉秃发傉檀守姑臧,后秦姚兴遣将姚弼等至于城下,傉檀驱牛羊于野,弼众采掠;傉檀分兵击,大破之。后魏末,大将广阳王元深伐北狄,使于谨单骑入贼中,示以恩信。于是西部铁勒酋长乜列河等三万余户并

款附，相率南迁。广阳欲与谨至折敷岭迎接之，谨曰：'破六汗拔陵兵众不少，闻乜列河等归附，必来邀击。彼若先据险要，则难与争锋。今以乜列河等饵之，当竞来抄掠，然后设伏而待，必指掌破之。'广阳然其计。拔陵果来邀击，破乜列河于岭上，部众皆没。谨伏兵发，贼遂大败，悉收得乜列河之众。"卒，士卒；一说同"猝"，突然，仓促。

④"故善战者"四句：裘锡圭在《说"择人而任势"》一文中说："'择人而任势'当读为'释人而任势'，'释'训为'舍'，正与'任'字之义相反。'释人'承'不责于人'而言，'任势'承'求之于势'而言。善战者能造成态势而使人不得不为用，而不必在此以外另有所责求于人。这就是所谓'释人而任势'。《势篇》下文说'任势者，其战人也，如转木石……故善战人之势，如转圆石于千仞之山者，势也'，就是说明这个道理的。唐以来《孙子》注家多以选择之意说此文'释'字，如李筌曰'得势而战，人怯者能勇，故能择其所能任之'，杜牧曰'言善战者先料其势；然后量人之材，随短长以任之，不责成于不材者也'，陈皞曰'善战者……苟不获已而用人，即须择而任之'，张预曰'任人之法，使贪使愚，使智使勇，各任自然之势，不责人之所不能，故随材大小择而任之'。上引各家皆因不明假借而致误。《史记·货殖列传》：'（范蠡）乃治产积居，与时逐而不责于人。故善治生者，能择人而任时。'这段文字完全从《孙子·势》蜕化而出，意谓范蠡经商，与天时变化相配合以获利，而不另有所责求于人，'择人'也应该读为'释人'。《史记索隐》解释上引数句说：'按谓择人而与，人不负之，故云不责于人也。'亦误以选择之意说此文'择'字。"择，即"释"，放弃。责，求。任，用，凭借，依靠。

⑤任势者，其战人也，如转木石：曹操曰："任自然势也。"李筌曰："任势御众，当如此也。"刘寅曰："任势者，其与人战也，如转木石

同。木石之性,置之安地则静,置之危地则动,方正则止,圆斜则行,皆自然之势也。故兵士甚陷则惧,无所往则固,入深则拘,不得已则斗,亦自然之势耳。"

⑥"木石之性"五句:梅尧臣曰:"木石,重物也,易以势动,难以力移;三军,至众也,可以势战,不可以力使,自然之道也。"张预曰:"木石之性,置之安地则静,置之危地则动,方正则止,圆斜则行,自然之势也。三军之众,甚陷则不惧,无所往则固,不得已则斗,亦自然之道。"安,指将木石平放。危,指将木石倾斜着放置。

⑦故善战人之势,如转圆石于千仞之山者,势也:杜牧曰:"转石于千仞之山,不可止遏者,在山不在石也;战人有百胜之勇,强弱一贯者,在势不在人也。杜公元凯曰:'昔乐毅藉济西一战,能并强齐,今兵威已成,如破竹数节之后,迎刃自解,无复著手,此势也。势不可失。'乃东下建邺,终灭吴。此篇大抵言兵贵任势,以险迅疾速为本,故能用力少而得功多也。"钱基博曰:"势者,因利制权,而欲以出敌之不意,攻敌之无备,必毁形匿情,能而示之不能,用而示之不用,使敌人之不我虞,而后我可择人任势以攻敌之无备。则以我之节短势险,而攻敌之不虞,如转圆石于千仞之山,胜之易易耳。"郭化若说:"前一篇孙子讲的'形',实质上就是我们现在说的'运动中的物质',本篇所讲的'势',实质上就是'物质的运动'。"法国学者魏立德在《关于〈孙子〉兵法中的数理逻辑》一文中说:"《孙子兵法》采用了两个重要概念,一是'形',一是'势'。'形'在古代著作中指一切可以看得见的物体。一支军队的'形'包括它的可以看得见的各种因素:人员的数量,兵力的配置、武器装备的数量等等。'势'是一种比较微妙、更为抽象的概念。一支军队的'势'包括它在交战中所处的态势,部队的士气,各种战斗队形的变换,以及一切构成军队潜力的因素。在《孙膑兵法·势备》中,'势'被比作弓或弩:'发于肩膺之间,杀

人百步之外，不识其所道至。'可以认为，凡战争中与'诡道'有关的东西，皆出于'势'。如果说，'形'可以用固定数据来计算，'势'则只能用对变化着的数据所作出的估计来计算。"江贻灿在《势义探微》一文中说："在一定时空中，凭借形的客观物质基础，通过正确的主观指导和发挥能动作用，人、事、物等构成形的要素方才转化为势。显然，势就是战争力量的合理积聚和正确运用之后所造成的主动地位，以及在积聚和运用的过程中表现出来的强大冲击力。"刘庆说："《孙子兵法》兵学范畴中的最高范畴是势。""势是中国古代关于军事实力的表现、使用和发挥的重要兵学范畴。它的基本含义是力，唯这个力不是静止的，而是要在运动中获取最大的能量，发挥最大的效力，如同《孙子兵法·势篇》中所描绘的'激水之疾，至于漂石者'，'势如彍弩，节如发机'。势在不同的军事领域里有不同的表现形式，比如在军队编组上表现为分数，在阵式队形上表现为形名，在作战指挥上表现为奇正，在军事实力上表现为虚实。对势的把握和运用是将帅作战指挥艺术的重要一环，将帅只有懂得识势、造势、任势，使己方在战场上居于有利的地位，最终因势利导去战胜敌人。"

【译文】

善于调动敌人的将帅，制造假象迷惑敌人，敌人必定信从；给敌人一点好处，敌人必定接受而将空虚薄弱之处暴露出来。用利益调动敌人，以士卒守候敌人。所以善于作战的将帅，总是只求于势，而不求于人，所以能放弃人而依靠势。依靠势的将帅，他们指挥士卒作战，就像转动木头和石头。木头和石头的特性，平放就静止不动，倾斜着放就会滚动，方形的会保持静止的形态，圆形的就会滚动行进。善于指挥作战的将领所造成的态势，就像转动圆石，让它从八千尺的高山上滚下来一样，这就是势的含义。

虚实篇

【题解】

　　"势"是《孙子兵法》全书最重要的一大范畴,"奇正"与"虚实"等均为其所统领。《势篇》已探究了"奇正"的内涵,此篇则全力揭示"虚实"的意蕴,故以"虚实"二字命题。张预曰:"《形篇》言攻守,《势篇》说奇正。善用兵者,先知攻守两齐之法,然后知奇正;先知奇正相变之术,然后知虚实。盖奇正自攻守而用,虚实由奇正而见。故次《势》。"分别概括了《形篇》、《势篇》、《虚实篇》论述的重心,揭示了孙子依次编撰上述各篇的内在理路。综合孙子本篇所论,所谓"虚实"指的是军事实力的强弱优劣状况,以及针对这种状况而巧妙创造战机的作战方法与指导原则。深谙兵家三昧的唐太宗对本篇推崇备至,称颂道:"观诸兵书,无出孙武。孙武十三篇,无出《虚实》。夫用兵,识虚实之势,则无不胜焉。"(《唐太宗李卫公问对》卷中)

　　军事将领若想取得对敌斗争的最后胜利,就必须掌握战场上的主动权,孙子在本篇第一段即对此作了精辟的揭示——"故善战者,致人而不致于人"。调动敌人,而不被敌人调动,这是使用"虚实"、"奇正"之术所欲达到的最佳状态,即李靖所谓"(兵法)千章万句,不出乎'致人而不致于人'而已"(同上)。毛泽东在论及军队的主动权时指出:"一切战争的敌我双方,都力争在战场、战地、战区以至整个战争中的主动权,这种主动权即是军队的自由权。军队失掉了主动权,被逼处于被动地位,这个军队就不自由,就有被消灭或被打败的危险。"(《抗日游击战争的战略问题》)堪称是对孙子"致人而不致于人"理论的最佳诠释。

孙子围绕"虚实"这一范畴在本篇展开的论述,均以"致人而不致于人"为目的。为了充分拥有战场上的主动地位,孙子提出了"避实而击虚"的著名原则。根据战场上瞬息万变的敌情,准确判断敌人的兵力部署,查明何处为"虚"、何处为"实",一拳击中软肋,使敌无力招架。在摸清敌情的同时,也要善于隐蔽我方实情,做到"形人而我无形",以高明的伪装,迷惑、欺骗敌人,这样敌人才更容易暴露出弱点。

敌、我双方的"虚"与"实",在孙子看来并非一成不变,而是可以相互转化的。"敌佚能劳之,饱能饥之,安能动之","故我欲战,敌虽高垒深沟,不得不与我战者,攻其所必救也;我不欲战,画地而守之,敌不得与我战者,乖其所之也",想方设法使敌人由有利转向不利,由强大转向虚弱,由主动转向被动,然后寻找战机,歼灭敌人。当敌众我寡时,"我专而敌分"可谓扭转我军不利态势的良方。"我专为一,敌分为十",集中优势兵力,打击部分敌人,进而各个击破,彻底歼敌。

军事斗争形态多样,奥妙无穷。孙子在本篇深有感触道:"善攻者,敌不知其所守;善守者,敌不知其所攻。微乎微乎,至于无形;神乎神乎,至于无声,故能为敌之司命。"此处的"微乎"、"神乎"与《老子》的"惚兮恍兮",此处的"无形"、"无声"与《老子》的"大象无形"、"大音希声",绝不仅仅是表述上的偶然相近,而是在感受并揭示客观规律的复杂性上英雄所见略同,有着精神旨趣上一脉相承的关联。

孙子曰:凡先处战地而待敌者佚[①],后处战地而趋战者劳[②]。故善战者,致人而不致于人[③]。能使敌人自至者,利之也[④];能使敌人不得至者,害之也[⑤]。故敌佚能劳之,饱能饥之,安能动之[⑥]。出其所不趋,趋其所不意[⑦]。

【注释】

①凡先处战地而待敌者佚：贾林曰："先处形胜之地以待敌者，则有备豫，士马闲逸。"佚，安逸，闲逸。

②后处战地而趋战者劳：贾林曰："敌处便利，我则不往，引兵别据，示不敌其军；敌谓我无谋，必来攻袭。如此，则反令敌倦，而我不劳。"朱军说："'先处战地'和'后处战地'的佚劳问题，孙武讲的是一般规律。如1905年日俄海军对马海战，日舰队司令东乡平八郎率舰队在本土以待俄国第二分舰队，便是典型战例。但也有特殊情况。作者亲自参加过的1937年7月'七七事变'中的南苑作战，当卢沟桥炮声响后，29军驻南苑的军队便投入紧急备战，掘阔围子外壕，加固营苑寨围；并在南营市街外缘挖筑野战工事，部队的精神体力极度疲惫。到7月28日在日军飞机、大炮的轰击下，战4小时，部队突围去固安。29军先占阵地并未见其佚，日军进攻也未见得就劳。这是攻守优劣之势不同，主动权操于日军之手所形成的。这种特殊情况的教训值得记取，而且劳并不是决定胜败的唯一因素。公元263年邓艾攻蜀之战，自阴平起，在没有人走过的700余里地段上，凿山通路，造成阁桥，粮运中断，极为困窘。遇绝崖，邓艾身裹毛毯率先滚下去，将士攀树缘崖而下，直取江油城；蜀将马邈降。邓艾趋战可以说极劳，但劳能致胜。他能胜的原因，是邓艾以优势、攻击、主动、有准备地对马邈的劣势、防守、被动、无准备。可见以有备攻无备者胜，是一个基本规律。"趋战，指敌人急行军之后仓促应战。趋，快走。

③故善战者，致人而不致于人：杜牧曰："致令敌来就我，我当蓄力待之，不就敌人，恐我劳也。后汉张步将费邑分遣其弟敢守巨里。耿弇进兵，先胁巨里，使多伐树木，扬言以填坑堑。数日，有降者言：邑闻弇欲攻巨里，谋来救之。弇乃严令军中趋修攻具，

宣勒诸部,后三日当悉力攻巨里城。阴缓生口,令得亡归。归者以弇期告邑。至日,果自将精兵三万余人来救之。弇喜谓诸将曰:'吾修攻具者,欲诱致邑耳;今来,适其所求也。'即分三千人守巨里,自引精兵上冈阪,乘高大破之,遂临陈斩费邑。"郭化若说:"《孙子》讲的'致人而不致于人'就是争取主动,摆脱被动;是军事上普遍性的规律。问题在于怎样才能'致人'?怎样才能'不致于人'?这同将帅的能否多谋善断有极大关系。《唐太宗李卫公问对》也说:'《孙子》千章万句,无外乎致人而不致于人。'致人而不致于人,就是掌握战场的主动权,也就是军队行动的自由权;这是指导战争的主要原则之一。"吴如嵩说:"这是关于战争中争取主动权的最古老的表述。自此之后,许多兵学家都十分重视这一命题,例如,《尉缭子·战威》说:'善用兵者,能夺人而不夺于人。'《鬼谷子·谋》说:'事贵制人而不贵见制于人。制人者,握权也;见制于人者,失命也。'唐太宗指出:古代兵法千章万句,最重要的莫过于'致人而不致于人'(《李卫公问对》)。主动权是军队行动的自由权,行动自由是军队的命脉,失去了这种自由,受制于敌,结果就只能是失败。"致人,指调动敌人。

④能使敌人自至者,利之也:意谓能使敌人按照我方意愿自动到达战区,这是因为敌人受到了利益的诱惑。曹操曰:"诱之以利也。"张预曰:"所以能致敌之来者,诱之以利耳。李牧佯北以致匈奴,杨素毁车以诱突厥是也。"刘邦骥曰:"(此句至'可使无斗')论虚虚实实之种种方法,均以致人而不致于人为要诀,无一而非诡道也。能使敌人自至者,诱之以利也。能使敌人不得至者,以害形之,敌患而不至也。"

⑤能使敌人不得至者,害之也:意谓能使敌人按照我方意愿无法到达战区,这是因为敌人担心会有祸害。曹操曰:"出其所必趋,攻其所必救。"张预曰:"所以能令敌人必不得至者,害其所顾爱耳。

孙膑直走大梁,而解邯郸之围是也。"

⑥故敌佚能劳之,饱能饥之,安能动之:李零说:"主动和被动,是不平衡关系。只有打破平衡,才有我方的主动和敌方的被动。'出奇制胜'的'奇'就是制造差异,打破平衡。银雀山汉简《奇正》篇说:'同不足以相胜也,故以异为奇。是以静为动奇,佚为劳奇,饱为饥奇,治为乱奇,众为寡奇。'这里说的'敌佚能劳之,饱能饥之,安能动之',就是靠打破平衡,变被动为主动,使整个形势倒转。主动和被动,平衡和不平衡,除力量对比,还有心理较量。你比敌人高明,高明在什么地方?关键是出人意料。你能想到,敌人想不到,这点最重要。出人意料才能打破平衡,让形势朝有利于我的方向逆转。《计篇》叫'攻其无备,出其不意'。"

⑦出其所不趋,趋其所不意:意谓向敌人急行军也无法到达的地方行进,快速到达敌人意想不到的地方。趋,快走。按,汉简本"不"作"必",无"趋其所不意"一句;《太平御览》引文"不"亦作"必",亦无"趋其所不意"一句。然从文意看,仍应作"不"。郭化若说:"无论从文意或从军事上看,这段话分明是讲乘虚而入。既要'出其所不趋'又要'趋其所不意',这样才能'行千里而不劳','行于无人之地也'。如作'必趋',则如何能'行于无人之地'?"

【译文】

孙子说:凡是先到达作战地区而等待敌人的就会安逸,后到达作战地区而仓促应战的就会疲惫。所以善于指挥作战的将帅,能调动敌人而不被敌人调动。能使敌人按照我方意愿而自动到达战区,这是因为敌人受到了利益的诱惑;能使敌人按照我方意愿而无法到达战区,这是因为敌人担心会有祸害。所以敌人安逸,能使它疲劳;敌人饱食,能使它饥饿;敌人安静,能使它骚动。向敌人急行军也无法到达的地方行进,快速到达敌人意想不到的地方。

行千里而不劳者,行于无人之地也①;攻而必取者,攻其所不守也②。守而必固者,守其所不攻也③。故善攻者,敌不知其所守;善守者,敌不知其所攻④。微乎微乎,至于无形⑤;神乎神乎,至于无声,故能为敌之司命⑥。

【注释】

①行千里而不劳者,行于无人之地也:曹操曰:"出空击虚,避其所守,击其不意。"杜牧曰:"梁元帝时,西蜀称帝,率兵东下,将攻元帝。西魏大将周文帝曰:'平蜀制梁,在兹一举。'诸将多有异同。文帝谓将军尉迟迥曰:'伐蜀之事,一以委公。然计将安出?'迥曰:'蜀与中国隔绝百余年矣,恃其山川险阻,不虞我师之至,宜以精甲锐骑星夜奔袭之。平路则倍道兼行,险途则缓兵渐进。出其不意,冲其腹心,必向风不守。'竟以平蜀。言不劳者,空虚之地,无敌人之虞,行止在我,故不劳也。"

②攻而必取者,攻其所不守也:杜牧曰:"警其东,击其西;诱其前,袭其后。后汉张步都剧,使弟蓝守西安,又令别将守临淄,去临淄四十里,耿弇引军营其间。弇视西安城小而坚,蓝兵又精;临淄名虽大,其实易攻。弇令军吏治攻具,后五日攻西安,纵生口令归。蓝闻之,晨夜守城。至期,夜半,弇勒诸将蓐食,及明,至临淄城下。护军荀梁等争之,以为宜速攻西安。弇曰:'西安闻吾欲攻,日夜为备;临淄出其不意,至必惊扰,吾攻之,一日必拔。拔临淄,即西安势孤。所谓击一得两。'尽如其策。后汉末,朱隽击黄巾贼帅韩忠于宛。隽作长围,起土山,以临其城内。因鸣鼓攻其西南,贼悉众赴之;隽自将精兵五千,掩其东北,乘城而入。忠乃退保小城,惶惧乞降。"郭化若说:"《计篇》说过'出其不意,攻其无备',本篇又指出'攻其所不守'。《管子》指出:'攻坚则瑕者坚,乘瑕则坚者瑕。'都是避实击虚的战略指导方针和作战指导思想。"

③守而必固者,守其所不攻也:按,《太平御览》"不"作"必",两字之差,使句意迥异。从文意看,作"不"似更妥帖。杜牧曰:"不攻尚守,何况其所攻乎？汉太尉周亚夫击七国于昌邑也,贼奔壁东南陬,亚夫使备其西北。俄而贼精卒攻西北,不得入,因遁走,追破之。"张预曰:"善守者,藏于九地之下,使敌人莫之能测；莫之能测,则吾之所守者,乃敌之所不攻也。周亚夫击东南而备西北,亦是其一端也。"郭化若说:"我军防守而一定能巩固,是因为守的是敌军所不攻或无力攻下的地方。"

④"故善攻者"四句:曹操曰:"情不泄也。"杜牧曰:"攻取备御之情不泄也。"张预曰:"夫守则不足,攻则有余。所谓不足者,非力弱也,盖示敌以不足,则敌必来攻,此是敌不知其所攻也；所谓有余者,非力强也,盖示敌以有余,则敌必自守,此是敌不知其所守也。情不外泄,积乎攻守者也。"赵本学曰:"夫守与攻皆出敌人意料之外,所以然者,我能知彼之虚实,彼不知我之虚实也。知彼之虚实者,以形而形之,使彼莫能知我之虚实者,亦以形而误之耳。惟善于为形,则敌人之攻守皆听于我矣。"陈启天曰:"善攻者,善守者,谓善于运用虚实之法,以为攻守之计者。善于运用虚实以攻敌者,常能审知敌之虚实,避实击虚,故敌不知其所守也。善于运用虚实以自守者,常能虚虚实实,使敌无由知我之虚实,故敌不知其所攻也。"郭化若指出,前两句是说善于进攻的军队能在敌人意料不到的时间和地点,突然进攻敌人的弱点,使敌人措手不及,不知如何防御；后两句是说善于防御的军队能善于配备设防,高垒深沟,使敌人不知如何进攻。

⑤微乎微乎,至于无形:刘庆说:"诱使敌人暴露形迹而我却不露形迹。它是《孙子兵法》诡道用兵思想的重要观点之一,也是夺取战争主动权的关键环节。该书认为欲达成这一目的应采取一系列有效措施。第一,隐蔽企图。君主将帅在进行战略决策时,要

防止泄露己方战略意图,'夷关折符,无通其使'(《九地篇》),令隐藏很深的间谍了解不到己方机密,聪明的敌军将帅也猜不透己方计谋。甚至在具体行动前,连自己的部属也应当'无知'、'无识'。第二,以积极的伴动和巧妙的伪装迷惑敌人。如'能而示之不能,用而示之不用,远而示之近,近而示之远'(《计篇》)的隐真示假方法;'藏于九地之下'、'动于九天之上'的神出鬼没的行动原则等,从而使敌人处于'不知其所守'、'不知其所攻'(《虚实篇》)的被动局面。第三,用各种方法让敌人的实力、部署和企图充分暴露出来,为我军'因敌制胜'创造条件。具体方法则有用间获取敌方情报,认真分析敌人计谋优劣,以伴动来暴露敌人活动规律,以实地侦察来掌握地形地貌,以小规模交锋来探察敌人虚实强弱等。做到上述各项,就可以使敌人暴露无遗,而我们亦由此达到'无形'、'无声'的境界,充分保持军事行动的自由权,'进而不可御'、'退而不可追',成为'敌之司命'。在'形人'以调动和分散敌人的同时,己方适时将兵力集中起来,击敌薄弱、要害之处,'以我之专,击彼之散'(张预注《孙子》),达成兵家将帅梦寐以求的战场效果。"

⑥ 神乎神乎,至于无声,故能为敌之司命:李筌曰:"言二遁用兵之奇正,攻守微妙,不可形于言说也。微妙神乎,敌之死生,悬形于我,故曰'司命'。"何氏曰:"武论虚实之法,至于神微,而后见成功之极也。吾之实,使敌视之为虚;吾之虚,使敌视之为实。敌之实,吾能使之为虚;敌之虚,吾能知其非实。盖敌不识吾虚实,而吾能审敌之虚实也。吾欲攻敌也,知彼所守者为实,而所不守者为虚,吾将避其坚而攻其脆,批其亢而捣其虚。敌欲攻我也,知彼所攻者为不急,而所不攻者为要。吾将示敌之虚,而斗吾之实。彼示形在东,而吾设备于西。是故,吾之攻也,彼不知其所当守;吾之守也,敌不料其所当攻。攻守之变,出于虚实之法。

或藏九地之下,以喻吾之守;或动九天之上,以比吾之攻。灭迹而不可见,韬声而不可闻。若从地出天下,倏出间入,星耀鬼行,入乎无间之域,旋乎九泉之渊。微之微者,神之神者,至于天下之明目不能窥其形之微,天下之聪耳不能听其声之神。有形者至于无形,有声者至于无声。非无形也,敌人不能窥也;非无声也,敌人不能听也,虚实之变极也。善学兵者,通于虚实之变,遂可以入于神微之奥;不善者,案然寻微穷神,而泥其用兵之迹,不能泯其形声,而至于闻见者,是不知神微之妙固在虚实之变也。三军之众,百万之师,安得无形与声哉?但敌人不能窥听耳。"张预曰:"攻守之术,微妙神密,至于无形之可睹,无声之可闻,故敌人死生之命,皆主于我也。"司命,命运主宰者。

【译文】

部队行军千里而不劳累,是因为行进在敌人空虚薄弱的地区;进攻而必能取胜,是因为进攻的是敌人没有防守的地方。防守而必能巩固,是因为防守的是敌人无力攻下的地方。所以善于进攻的军队,敌人不了解它该如何防守;善于防守的军队,敌人不知该如何进攻。微妙啊微妙,到了看不出任何形迹的地步;神秘啊神秘,到了听不见任何声响的境地,所以能够成为敌人命运的主宰。

　　进而不可御者,冲其虚也;退而不可追者,速而不可及也①。故我欲战,敌虽高垒深沟,不得不与我战者,攻其所必救也②;我不欲战,画地而守之③,敌不得与我战者,乖其所之也④。

【注释】

①"进而不可御者"四句:曹操曰:"卒往进攻其虚懈,退又疾也。"张

预曰:"对垒相持之际,见彼之虚隙,则急进而捣之,敌岂能御我也? 获利而退,则速还壁以自守,敌岂能追我也? 兵之情主速,风来电往,敌不能制。"御,抵御。冲,冲击,袭击。速,迅速。汉简本、《太平御览》卷三一七"速"作"远"。李筌曰:"退者必辎重在先,行远而大军始退,是以不可追……此筌以'速'字为'远'者也。"可供参考。及,赶上,追上。

②"故我欲战"四句:何氏曰:"如魏将司马宣王征公孙文懿,泛舟潜济辽水,作长围,忽弃贼而向襄平。诸将言:'不攻贼,而作长围,非所以示众也。'宣王曰:'贼坚营高垒,欲以老吾兵也。古人言曰:敌虽高垒,不得不与我战者,攻其所必救也。贼大众在此,则窟穴虚矣。我直指襄平,必人怀内惧;惧而求战,破之必矣。'遂整陈而过。贼见兵出其后,果邀之。宣王谓诸将曰:'所以不攻其营,正欲致此,不可失也。'乃纵兵逆击,大破之。三战皆捷。唐马燧讨田悦,时军粮少,悦深壁不战。燧令诸军持十日粮,进次仓口,与悦夹洹水而军。李抱真、李芄问曰:'粮少而深入,何也?'燧曰:'粮少,利速战。兵法:善于致人,不致于人。今田悦与淄、青、兖三军为首尾,计欲不战,以老我师。若分兵击其左右,兵少未必可破,悦且来救,是前后受敌也。兵法所谓攻其必救,彼固当战也。燧为诸军合而破之。'燧乃造三桥,道逾洹水,日挑战。悦不敢出。桓州兵以军少,惧为燧所并,引军合于悦。悦与燧明日复挑战,乃伏兵万人,欲邀燧。燧乃引诸军半夜皆食,先鸡鸣时,击鼓吹角,潜师傍洹水,径赴魏州,令曰:'闻贼至,则止为陈。'又令百骑吹鼓角,皆留于后,仍抱薪持火,待军毕发,止鼓角,匿其旁,伺悦军毕渡,焚其桥。军行十数里,乃率淄、青、兖州步骑四万余人,逾桥掩其后,乘风纵火,鼓噪而进。燧乃坐甲,令无动,命前除草、斩荆棘,广百步以为陈。募勇力得五千余人,分为前列,以俟贼至。比悦军至,则火止,气乏,力少衰,乃

纵兵击之,悦军大败。悦走桥,桥已焚矣。悦军乱,赴水,斩首二万,淄、青军殆尽。"张预曰:"我为客,彼为主,我兵强而食少,彼势弱而粮多,则利在必战。敌人虽有金城汤池之固,不得守其险,而必来与我战者,在攻其所顾爱,使之相救援也。若楚人围宋,晋将救之,狐偃曰:'楚始得曹,而新婚于卫;若伐曹卫,楚必救之,则宋免矣。'从之而解。又,晋宣帝讨公孙文懿,忽弃贼而走襄平,讨其巢穴。贼果出邀之,遂逆击,三战皆捷,亦其义也。"赵本学曰:"必救者,如腹心主君所在,巢穴妻子所居,或所恃以为救援,或所依以为唇齿,或喉咽往来之路,或所仰给之野,或所积聚之城,或粮饷所由之道,皆是也。攻其所救,不得不因兵迎我,虽欲为守计难也。"朱军说:"'攻其所必救'的目的,第一在于迫使敌人在不利的情况下同己交战;第二在于把敌主力诱骗离开己将主攻的地点,即彼之主力防守点,以便己能乘虚而入。假若所选的佯攻点不是敌之所必救,便达不到调动敌人的目的。"

③我不欲战,画地而守之:孟氏曰:"以物画地而守,喻其易也。盖我能戾敌人之心,不敢至也。"画地,指在地上画出界限,即可作为防守之地,不用沟垒城池。

④敌不得与我战者,乖其所之也:曹操曰:"乖,戾也。戾其道,示以利害,使敌疑也。"张预曰:"我为主,彼为客。我粮多而卒寡,彼食少而兵众,则利在不战。虽不为营垒之固,敌必不敢来与我战者,示以疑形,乖其所往也。若楚人伐郑,郑悬门不发,效楚言而出,楚师不敢进而遁。又,司马懿欲攻诸葛亮,亮偃旗卧鼓,开门却洒,懿疑有伏兵,遂引而去,亦其义也。"朱军说:"1938年9月,英国首相张伯伦对希特勒实行怀柔政策搞臭名昭著的慕尼黑协定,意图将德国进攻矛头指向东方的苏联,就是乖其所之。另根据'乖'字有奇异的意思,'乖其所之'就不只是诱导敌方走向错误的方向,而且还包括诱使敌方采取错误的决心,挫败其意图。

在现代尖端武器被广泛应用的时代,同样可以'乖其所之'。如在反导弹措施中,便有诱饵、杂波干扰等系统,诱使敌导弹偏离其预定的攻击目标,可见以现代科技手段反现代武器,只是手段的差异,而'乖其所之'的目的是一样的。"乖,违,相反,指诱导敌人产生错误的思想。

【译文】

部队前进而敌人不能抵御,是因为袭击了敌人的空虚之处;部队撤退而敌人无法追击,是因为行军速度很快而敌人追赶不上。所以我方想要开战,敌人即使有高垒深沟,也不得不与我军作战,是因为进攻了敌人必定要救援的地方;我方不想作战,在地上画出界限便可作为防守之地,敌人也无法与我作战,是因为诱导敌人产生并实施了错误的思想。

故形人而我无形,则我专而敌分①。我专为一,敌分为十,是以十攻其一也②,则我众而敌寡③;能以众击寡者,则吾之所与战者,约矣④。吾所与战之地不可知⑤,不可知,则敌所备者多⑥;敌所备者多,则吾所与战者,寡矣⑦。故备前则后寡,备后则前寡,备左则右寡,备右则左寡⑧。无所不备,则无所不寡⑨。寡者,备人者也;众者,使人备己者也⑩。

【注释】

①故形人而我无形,则我专而敌分:意谓使敌人暴露形迹,而我方却隐蔽实情,没有显示形迹,这样我方就能集中兵力,而敌人却分散兵力。梅尧臣曰:"他人有形,我形不见,故敌分兵以备我。"张预曰:"吾之正,使敌视以为奇;吾之奇,使敌视以为正,形人者也。以奇为正,以正为奇,变化纷纭,使敌莫测,无形者也。敌

形既见，我乃合众以临之；我形不彰，彼必分势以防备。"赵本学曰："形人，是虚张掩袭埋伏之形，使敌多防多备也。如古人疏旗扬尘，结草列炬，皆形人之术。无形，是自秘其形不露，使敌人但疑我掩攻之形，而不测我啸聚之意也。若术疏计浅，为敌所窥，遂以所形于彼者，反形之于我，则我反听命之矣。此所以形人又贵于无形也。"钱基博曰："孙子之所谓专者，近世战术之所谓集中也。拿破仑大帝有言：欧洲名将尽有，然注意之端不一，而思虑以纷。我独注意一事，曰敌人之集中。苟敌人集中，而我不及集中，以为所乘，则敌专而我分，敌众而我寡，而我败矣。倘我集中，而敌人未集中，则我专而敌分，以众击寡，而吾之所与战者约矣。"毛泽东在《中国革命战争的战略问题》一文中说："中国红军以弱小者的姿态出现于内战的战场，其迭挫强敌震惊世界的战绩，依赖于兵力集中使用者甚大。……无论在反攻或进攻，我们总是集结大力打敌一部。……我们的战略是'以一当十'，我们的战术是'以十当一'，这是我们致胜敌人的根本法则之一。"郭化若说："《孙子》提出了用'形人而我无形'的方法，造成敌人兵力分散，使我转为优势而敌人相对地转为劣势。这样，就是以众击寡，以优势兵力打败劣势之敌了。在分散敌人的方法上孙子提出'形人而我无形'，亦即我形人而不使敌形我，使敌有形而我无形。这在战略思想上是难得的，而在哲学思想上则含有朴素辩证法的因素。"形人，使敌人暴露形迹。形，作动词讲，暴露形迹的意思。我无形，我方没有显示形迹。形，作名词讲，形迹。专，指集中兵力。分，指分散兵力。

②我专为一，敌分为十，是以十攻其一也：杜佑曰："我料见敌形，审其虚实，故所备者少，专为一屯。以我之专，击彼之散卒，为十共击一也。"梅尧臣曰："离一为十，我常以十分击一分。"

③则我众而敌寡：杜佑曰："我专为一，故众；敌分为十，故寡。"张预

曰:"见敌虚实,不劳多备,故专为一屯。彼则不然,不见我形,故分为十处。是以我之十分击敌之一分也。故我不得不众,敌不得不寡。"赵本学曰:"扬声张形,使敌人不测我必攻之处,必分兵置守。如此,则处处皆虚,我以全锋而攻其所欲攻之处,无不破矣。故曰:心疑者北,力分者弱,能分人之兵,疑人之心,则铢镏有余。不能分人之兵,疑人之心,则数倍不足。此知兵之要也。"钱基博曰:"此近世战术之所谓机动也。拿破仑之集中,无不以机动,而注意敌人之集中,即虞敌人之机动。法国步兵操典曾有明析之指示曰:机动者,盖运用应有之方法,而出其不意以对敌人集中之谓也。使集中而不出以机动,则我集中,敌亦集中,而为主力之对抗,安能吾所与战者寡乎!惟出其不意而为机动之集中,然后吾所与战之地不可知,敌所备者多,而吾所与战者寡耳。"

④能以众击寡者,则吾之所与战者,约矣:意谓我方能做到以优势兵力攻击敌人的劣势兵力,那么有能力与我方作战的敌人就少了。杜牧曰:"约,犹少也。我深堑高垒,灭迹韬声,出入无形,攻取莫测。或以轻兵健马冲其空虚,或以强弩长弓夺其要害。触左履右,突后惊前。昼日误之以旌旗,暮夜惑之以火鼓。故敌人畏慑,分兵防虞。譬如登山瞰城,垂帘视外,敌人分张之势,我则尽知;我之攻守之方,敌则不测。故我能专一,敌则分离。专一者力全,分离者力寡。以全击寡,故能必胜也。"又,与今本作"我众而敌寡。能以众击寡者"不同,汉简本作"我寡而敌众,能以寡击[众者]"。《银雀山汉墓竹简孙子兵法》"前言"作者詹立波认为:"两者相同之处,都是说在作战指导上要集中自己的兵力,分散敌人的兵力,以集中对分散。问题在于交战双方兵力多少的不同。如果单就这一点说,两者皆有道理。今本说'我专为一','敌分为十',那就能形成以十对一,以优势兵力战胜敌人。简本

说：集中自己的兵力，使敌分散，就能在某一局部上形成以十击一的优势，这样就能达到总体上的以寡胜众。我所以能以寡敌众，是因为敌'所备者多'，与我作战的兵力就少了。两说都通，但从前后文对照以及从吴国当时的情况看，似以简本更合孙武的思想。如本篇后段说：'越人之兵虽多，亦奚益于胜败哉?'这里且不管当时越国在兵力上是否比吴国多，但总的意思是说，胜败不在于兵力多少，只要我专敌分，'敌虽众，可使无斗'，'故曰，胜可为也'。"

⑤吾所与战之地不可知：意谓我方与敌人作战的地方敌人并不知道。杜佑曰："言举动微密，情不可见，使彼知所出而不知吾所举，知所举而不知吾所集。"

⑥不可知，则敌所备者多：梅尧臣曰："敌不知，则处处为备。"

⑦敌所备者多，则吾所与战者，寡矣：意谓敌人防备的地方多，那么与我方作战的敌人就少了。曹操曰："形藏敌疑，则分离其众备我也，言少而易击也。"张预曰："不能测吾车果何出，骑果何来，徒果何从，故分离其众，所在辄为备，遂致众散而弱，势分而衰，是以吾所与接战之处，以大众临孤军也。"

⑧"故备前则后寡"四句：杜佑曰："言敌之所备者多，则士卒无不分散而少。"

⑨无所不备，则无所不寡：郭化若说："如果到处戒备那就会到处薄弱。那正是我们批评过的到处分兵把守，形成到处兵力薄弱。孙子提出'无所不备，则无所不寡'是军事的名言，对处处顾虑，处处分兵的将领来说是讲得非常深刻的。"

⑩"寡者"四句：曹操曰："上所谓形藏敌疑，则分离其众，以备我也。"杜牧曰："所战之地，不可令敌人知之。我形不泄，则左右、前后、远近、险易，敌人不知，亦不知我何处来攻，何地会战，故分兵彻卫，处处防备。形藏者众，分多者寡。故众者必胜也，寡者

必败也。"张预曰："左右前后，无处不为备，则无处不兵寡也。所以寡者，为兵分而广备于人也；所以众者，为势专而使人备己也。"

【译文】

使敌人暴露形迹，而我方却隐蔽实情，没有显示形迹，这样我方就能集中兵力，而敌人却分散兵力。我军的兵力集中而形成一个合力，敌人的兵力却分散为十，所以就等于是用十倍的兵力攻击敌人，这样我方兵力多而敌人兵力少；我方能做到以优势兵力攻击敌人的劣势兵力，那么有能力与我方作战的敌人就少了。我方与敌人作战的地方敌人并不知道，不知道，那么敌人防备的地方就多；敌人防备的地方多，那么与我方作战的敌人就少了。所以若在前面防守，那么后面的兵力就少了；若在后面防守，那么前面的兵力就少了；若在左边防守，那么右面的兵力就少了；若在右边防守，那么左边的兵力就少了。没有一处不防守，就没有一处不薄弱。兵力薄弱，是分兵防备对方的结果；兵力众多，是调动对方分兵防守自己的结果。

故知战之地，知战之日，则可千里而会战①。不知战地，不知战日，则左不能救右，右不能救左，前不能救后，后不能救前，而况远者数十里，近者数里乎②！以吾度之，越人之兵虽多，亦奚益于胜败哉③！故曰胜可为也④。敌虽众，可使无斗⑤。

【注释】

①故知战之地，知战之日，则可千里而会战：张预曰："凡举兵伐敌，所战之地，必先知之。师至之日，能使敌人如期而来，以与我战。知战地日，则所备者专，所守者固，虽千里之远可以赴战。若塞

叔知晋人御师必于崤,是知战地也;陈汤料乌孙围兵五日必解,是知战日也。又若孙膑要庞涓于马陵,度日暮必至是也。"

②"不知战地"八句:杜牧曰:"《管子》曰:'计未定而出兵,则战而自毁也。'"杜佑曰:"敌已先据形势之地,己方趣利欲战,则左右前后疑惑进退,不能相救,况数十里之间也?"张预曰:"不知敌人何地会兵,何日接战,则所备者不专,所守者不固;忽遇劲敌,则仓遽而与之战,左右前后犹不能相援,又况首尾相去之辽乎?"

③以吾度之,越人之兵虽多,亦奚益于胜败哉:梅尧臣曰:"吴越,敌国也。言越人虽多,亦当为我分之而寡也。"按,由此三句及《九地篇》中的"吴人与越人相恶也"句,可以大致推测《孙子兵法》写定的时间。李零说:"伍子胥、孙武伐楚入郢在公元前506年。越王允常是趁吴师在楚,后方空虚,乘机伐吴。这是吴越相争的序幕。越败吴于檇李在公元前496年,吴灭越在公元前494年,越灭吴在公元前473年。越国变得强大起来,主要在公元前506年后,特别是公元前494年后,事情距孙武见吴王和参与伐楚入郢已经有一段时间。这里说,'以吾度之,越人之兵虽多,亦奚益于胜败哉',似乎越国已经强大,这是后来的事情。我相信,《孙子》十三篇不会是公元前506年以前的作品。"度,估计,推测。奚,何。益,帮助,补益。

④故曰胜可为也:按,《形篇》言"胜可知,而不可为",此处则曰"胜可为也",两者看似矛盾,其实则非。参读本书对《形篇》"胜可知,而不可为"的注释。钱基博曰:"战略之胜不可为,而战术之胜可为。《形篇》所谓胜,知之于未战之先,知彼知己,敌未有隙,则不可胜。见可而进,知难则退,故曰:胜可知而不可为也。此之曰胜,为之于交战之日,形人而我无形,虚虚实实,敌不知所为备,而我得窥其隙,避实击虚,则胜可为矣!然则战略之胜,可知而不可为,战术之胜,则可知而可为也。"陈启天曰:"胜可为,谓

争取主动，运用虚实，使敌兵分散，而我可以众击寡之法胜之也。《形篇》谓胜可知而不可为，而此谓胜可为，似两义相反者。然《形篇》所谓胜不可为，乃谓在未战前，敌之强弱我不能为也。此所谓胜可为，乃谓当战时，战之胜算，我可以致人而不致于人之法，即运用虚实之法以为之也。各明一义，未可徒以字面致疑焉。"冯友兰说："自己可以使自己具有不可被战胜（不可胜）的条件，还不能使敌人有可以被战胜（可胜）的条件。从这一方面看，'胜可知而不可为'。就是说胜利可以预先知道，但还不可必定得到。需要等待时机，才可以使可能变为现实。善用兵的人，不能停止于此。他要的是胜的现实。孙武注重考察、研究战争胜负的客观条件，同时又强调人的主观能动性的作用。他一方面说'胜不可为'，一方面又说'胜可为也'（《虚实篇》）。这不是他自我矛盾。这是他的辩证法思想。孙武的军事思想的可贵，在于他的素朴的唯物主义思想并不是同机械的、形而上学的观点联系起来，而是同生动的辩证法观点联系在一起。"郭化若说："《形篇》说'胜可知，而不可为'，主要指敌我双方主客观条件对比，我占优势的就有了胜利的基础，也就是有了胜利的可能性，所以说'胜可知也'。本篇讲了'形人而我无形'使敌'无所不备'，形成'无所不寡'，左右前后不能相救，这样就使胜利经过正确的战争领导不但可以看到，而且也可以人工取得，所以言'胜可为也'。前面讲了'胜可知'，后面又讲'胜可为'，这是《孙子》的贡献，可惜它对这两者辩证的关系，未能阐述明白，这在逻辑上是个缺点。"

⑤敌虽众，可使无斗：孟氏曰："敌虽多兵，我能多设变诈，分其形势，使不能并力也。"

【译文】

所以能预先了解作战的地点，预先了解作战的时间，那就可以奔赴千里而与敌交战。不预先了解作战的地点，不预先了解作战的时间，那么军队中的左翼就不能救援右翼，右翼不能救援左翼，前部不能救援后部，后部不能救援前部，更何况在远则几十里、近则几里的范围内部署作战呢！按照我的估计，越国的军队虽多，但对于战争胜利的取得又有什么益处！所以说：胜利是可以取得的。敌人即使众多，也可以分散它的兵力而使其无法与我争斗。

故策之而知得失之计①，作之而知动静之理②，形之而知死生之地③，角之而知有余不足之处④。故形兵之极，至于无形；无形，则深间不能窥，智者不能谋⑤。因形而措胜于众，众不能知⑥。人皆知我所以胜之形，而莫知吾所以制胜之形⑦。故其战胜不复，而应形于无穷⑧。

【注释】

①故策之而知得失之计：张预曰："筹策敌情，知其计之得失，若薛公料黥布之三计是也。"策，筹算，用筹策计算。

②作之而知动静之理：杜牧曰："言激作敌人，使其应我，然后观其动静理乱之形也。魏武侯曰：'两军相当，不知其将，如何？'吴起曰：'令贱勇者将锐而击，交合而北，北而勿罚，观敌进退，一坐一起，其政以理，奔北不追，见利不取，此将有谋。若其悉众追北，旗幡杂乱，行止纵横，贪利务得，若此之类，将令不行，击而勿疑。'"郭化若说："触动敌人，以了解敌人的动静规律。"作，兴起，这里是激动、触动的意思。

③形之而知死生之地：赵本学曰："形者，以我之形示之，所以形彼之形也。得彼之形而观之，诈张欲攻之形，以观其有无备防也。有备是其生处，无备是其死处。"吴九龙说："形之，指以伪形示

敌。死生之地,指敌之优势所在处或薄弱致命环节。地,同下文'处',非实指战地。言以佯动示形,以了解敌方的情势等。"形之,指我方有意制造假象,借以了解敌情。

④角(jué)之而知有余不足之处:张预曰:"有余,强也;不足,弱也。角量敌形,知彼强弱之所。唐太宗曰:'凡临陈,常以吾强对敌弱,常以吾弱对敌强。'苟非角量,安得知之?"角,量,较量,这里指对敌人的试探性较量。

⑤"故形兵之极"五句:杜牧曰:"此言用兵之道,至于臻极,不过于无形。无形,则虽有间者深来窥我,不能知我之虚实。强弱不泄于外,虽有智能之士,亦不能谋我也。"张预曰:"始以虚实形敌,敌不能测,故其极致,卒归于无形。既无形可睹,无迹可求,则间者不能窥其隙,智者无以运其计。"赵本学曰:"以形示敌,其出不一,则敌人耳目愈乱狐疑愈多,视我如神仙鬼魅之变幻,惘然而不能测矣。此谓形而至于无形也。深间之与智士,巧得人之情者,不过觇人之形,因微知著而已,我之踪影诡闭,机缄藏伏,彼何所施其心计耶。敌人之疑愈多,则我之形愈密,我形愈密,则敌人之形愈露,此所以攻之彼不知所守,守之彼不知所攻也。"第一个"形",作动词讲,指示敌以伪,制造假象。第二个"形",作名词讲,意即形迹。深间,指隐藏很深的间谍。间,间谍。

⑥因形而措胜于众,众不能知:曹操曰:"因敌形而立胜。"张预曰:"因敌变动之形以置胜,非众人所能知。"因,依据,依靠。措,放置,安置,此处是显示的意思。

⑦人皆知我所以胜之形,而莫知吾所以制胜之形:意谓人们尽管都了解我方战胜敌人的外在形迹,却没有人了解我方战胜敌人的内在的奥秘。张预曰:"立胜之迹,人皆知之。但莫测吾因敌形而制此胜也。"陈启天曰:"因形,谓因敌军虚实之形,以定我军虚实之形。而,犹以也。……谓因敌军虚实之形,以措置胜利于众人之前,众

人不能知也。人,即众人,谓一般之人。胜之形,谓胜利时之情况。制胜之形,谓运用虚实,妥速部署,以求获胜利之兵形。胜之形,亦迹象易见。制胜之形,多存于运用之迅速秘密及变化无穷。"

⑧故其战胜不复,而应形于无穷:曹操曰:"不重复动而应之也。"张预曰:"已胜之后,不复更用前谋,但随敌之形而应之,出奇无穷也。"李零说:"这两句是什么意思? 银雀山汉简《奇正》有段话正好是讲这个问题。它说:'战者,以形相胜者也。形莫不可以胜,而莫知其所以胜之形。形胜之变,与天地相敝而不穷。形胜,以楚越之竹书之而不足。形者,皆以其胜胜者也。以一形之胜胜万形,不可。所以制形壹也,所以胜不可壹也。故善战者,见敌之所长,则知其所短;见敌之所不足,则知其所有余。见胜如见日月。其错胜也,如以水胜火。''形兵'之'形'是以形应形,一物降一物,不可能事先规定,也不可能反复使用。重复是兵家的大忌。"复,重复。应,适应。形,指敌情。

【译文】

所以通过筹策计算,可以了解敌人计谋的得失;通过触动敌人,可以了解敌人的动静规律;通过有意制造假象,可以了解敌人的优势或薄弱致命之处;通过对敌人的试探性较量,可以了解敌人的强弱之处。所以向敌人制造假象的极致,是到达无迹可寻的境界;如果到达无迹可寻的境界,那么隐藏再深的间谍也不能窥探出真相,再智慧的人也不能想出对付我方的计谋。依据敌人的活动迹象而调兵遣将,向众人显示了取胜的结果,但众人却无法了解是如何取胜的。人们尽管都了解我方战胜敌人的外在形迹,却没有人了解我方战胜敌人的内在的奥秘。所以我方每次打胜仗的方法都不会重复,那是因为适应敌情变化而采取了多种多样的战略战术。

夫兵形象水①,水之形,避高而趋下②,兵之形,避实而击虚③。水因地而制流④，兵因敌而制胜⑤。故兵无常势⑥，水无常形⑦。能因敌变化而取胜者，谓之神⑧。故五行无常胜⑨，四时无常位⑩，日有短长，月有死生⑪。

【注释】

①夫兵形象水：孟氏曰："兵之形势如水流，迟速之势无常也。"兵形，指用兵打仗的一般情况。

②水之形，避高而趋下：梅尧臣曰："性也。"形，汉简本、《太平御览》卷二七〇作"行"。趋下，指水往低处流。

③兵之形，避实而击虚：张预曰："水趋下则顺，兵击虚则利。"

④水因地而制流：张预曰："方圆斜直，因地而成形。"制流，指决定水的流向。流，汉简本、《通典》卷一五八、《太平御览》卷二七〇作"行"。

⑤兵因敌而制胜：杜佑曰："言水因地之倾侧而制其流，兵因敌之亏阙而取其胜者也。"刘庆说："根据敌人的不同情况采取相应的战法夺取胜利。这是《孙子兵法》提出的一条重要原则和极高的用兵境界。结合全书的相关论述可知，该条原则主要包括，第一，在作战指导上反对墨守陈规，反对照搬照套以往成功的战法，主张灵活用兵，'战胜不复，而应形于无穷'（《虚实篇》）。变化的关键，要以敌情、地形的变化为转移。第二，在制订作战方案时，要用'五事'、'七计'周密分析敌人的情况，同时还要'因利而制权'，随时根据敌情的变动随时修正原来的方案。第三，在执行作战方案时，要'践墨随敌'，针对不同的作战对象采取不同的战法。比如只知死拼蛮干的敌将，采取诱杀之策；对贪生怕死之辈，可以威严之兵将其俘获；对急躁易怒之敌，可施以凌侮之计；对廉洁好名之敌，可运用烦扰疲敌之法；对军心士气发生变化之敌，要'避其锐气，击其惰归'；对行军路线和作战目标的选择，

要'途有所不由,军有所不归,城有所不攻,地有所不争'(《九地篇》),等等。'因敌制胜'原则的核心是以变制胜,即充分发挥各级将领的主观能动性,赋予其机断处置战场情况的权力。明人说'用兵之术,唯因字最妙'(《阵纪》卷四),宋代名将岳飞言'阵而后战,兵法之常;运用之妙,存乎一心'(《宋史·岳飞传》),从用兵艺术境界的高度对这一原则作出了很高的评价。"制胜,制服敌人取得胜利。

⑥故兵无常势:张预曰:"敌有变动,故无常势。"常势,固定不变的态势。

⑦水无常形:梅尧臣曰:"因地为形。"张预曰:"地有高下,故无常形。"

⑧能因敌变化而取胜者,谓之神:曹操曰:"势盛必衰,形露必败,故能因敌变化,取胜若神。"杜牧曰:"兵之势,因敌乃见,势不在我,故无常势。如水之形,因地乃有,形不在水,故无常形。水因地之下,则可漂石;兵因敌之应,则可变化如神者也。"王皙曰:"兵有常理,而无常势;水有常性,而无常形。兵有常理者,击虚是也;无常势者,因敌以应之也。水有常性者,就下是也;无常形者,因地以制之也。夫兵势有变,则虽败卒,尚复可使击胜兵,况精锐乎?"

⑨故五行无常胜:意谓金、木、水、火、土五种物质间的相克关系不是固定不变的。五行,指金、木、水、火、土五种物质。常,固定不变。胜,指五行相克,即"水胜火,火胜金,金胜木,木胜土,土胜水"。黄朴民说:"古人将金、木、水、火、土视为组成一切物质的最基本要素。始有'相生说',即五行之间相互促进:'木生火,火生土,土生金,金生水,水生木。'而后有'相胜说',即'五行'之间相互排斥,迭次相克:'水胜火,火胜金,金胜木,木胜土,土胜水。'不论'相生'抑或'相克',五行间的关系是固定的。另外,

当时还有'五行不常胜'说,乃墨家后学的观点。《墨子·经下》云:'五行毋常胜,说在宜。'其含义是五行相遇固不免相胜,但并非一定不移。因种种机遇,且能生出变化来,大概是多方可以胜少。《经说》:'五:合水土火。火离然,火烁金,火多也。金靡炭,金多也。'就是无'常胜'之意。《孙子兵法》云'五行无常胜',意近墨家后学'无常胜'之说。这或许表明《孙子兵法》一书有后人增附的现象(墨家后学'五行毋常胜'说所反映的是战国中期以后的思想)。"

⑩四时无常位:意谓一年之中春夏秋冬四季更迭,不会一直停留在某一季节而固定不变。杜佑曰:"四时迭用。"常位,固定不变的位置。

⑪日有短长,月有死生:曹操曰:"兵无常势,盈缩随敌。"张预曰:"言五行之休王,四时之代谢,日月之盈昃,皆如兵势之无定也。"死生,即"生霸"和"死霸"。"生霸"指月亮运转时月光由晦暗而转向光明。"死霸"指月亮运转时由光明而转向晦暗。

【译文】

用兵打仗的一般情况就像流水,流水的特性,是避开高处而往低处流,用兵打仗的特性,是避开敌人兵力集中而强大的地方,而攻击敌人兵力分散而虚弱的地方。水依据地形的变化而决定着水的流向,军队也要依据敌情的变化而制服敌人取得胜利。所以军队没有固定不变的态势,水也没有固定不变的形态。能根据敌情变化而夺取胜利的人,可称为神。所以金、木、水、火、土五种物质间的相克关系不是固定不变的,春夏秋冬一年之内四季更迭,不会一直停留在某一季节而固定不变,白天有长有短,月光有晦有明。

军争篇

【题解】

　　在《孙子兵法》十三篇的整体框架中，《军争篇》堪称一道分界线。刘邦骥曰："此一篇，论两军争胜之道也。庙算已定，财政已足，外交已穷，内政已饬，奇正之术已熟，虚实之情已审，即当授为将者以方略，而从事战争矣。"陈启天曰："本篇以前，如《计》、《作战》、《谋攻》、《形》、《势》、《虚实》等篇，皆泛论尚未实行战斗前之要务，必须预为讲求者。自此以下各篇，乃分论关于实际战争之各事，临敌决胜必须注意者。"可知此前的六篇探讨的是较为抽象的军事理论，从本篇开始，《孙子兵法》进入到对实战问题的研究。自本篇至《九地篇》的五篇，被李零概括为"战斗组"，最后两篇则为"技术组"。"军争"意即两军争利。两军相争有无数环节，本篇聚焦于行军，探究的是军队如何利用行军争夺先机，顺利到达预定战场。

　　孙子一开篇便根据实战经验，指出在两军对垒、即将决战之前，"莫难于军争"，通过行军抢得先机，掌握战场上的主动权，较之其他军事斗争环节，可谓最难实施。作者进而揭示了落实这一环节的难点，所谓"军争之难者，以迂为直，以患为利"。要求决策者在调动部队行军时，需有辩证思维，要懂得"迂"与"直"、"患"与"利"之间的转换规律，以实现"后人发，先人至"的行军效益。

两军各争先机之利,在这一竞争过程中,不要只看到它的好处,还要看到其中潜藏的危害。孙子在第二段首先指出:"军争为利,军争为危。"接下来着重分析了在行军的过程中,如果处理不好速度与粮食辎重、速度与士卒体质等关系,将会导致最后决战的失败。一味追求速度,而丢弃武器装备、后勤物资,这种做法是十分危险的。作者郑重指出:"是故军无辎重则亡,无粮食则亡,无委积则亡。"《孙子兵法》的《作战篇》已充分论述了物资装备的重要性,此处从"军争"的实战角度再次凸显了它的价值。除了《作战篇》的题旨,其他篇章的一些重要思想,也在本篇当中得到了呼应与贯彻。第三段的"不知诸侯之谋者,不能豫交",是对《谋攻篇》"伐交"、"伐谋"思想的运用;"兵以诈立,以利动",是《计篇》"势者,因利而制权也。兵者,诡道也"的回响。

第五段提出了"治气"、"治心"、"治力"、"治变"的"四治"说。如果说其中"避其锐气,击其惰归"的"治气","无邀正正之旗,无击堂堂之陈"的"治变",以及"以近待远,以佚待劳,以饱待饥"的"治力",是落实了《计篇》的"诡道十二法"、《虚实篇》的"避实击虚"等作战原则的话,那么"以治待乱,以静待哗"的"治心",则是对《作战篇》"故杀敌者,怒也"的军事心理思想的深化,明确显示了部队心理建设的重要。"三军可夺气,将军可夺心",将士若无良好的作战心态,则将导致兵败如山倒的严重后果。

本篇篇末的"用兵八戒"——"高陵勿向,背丘勿逆,佯北勿从,锐卒勿攻,饵兵勿食,归师勿遏,围师必阙,穷寇勿迫",分别从地形、计谋、心理、强弱等不同角度研究敌人,指出以上八种状况绝不可用兵。八句之中出现了七个"勿"字,加强了表达的力度,以便将帅牢记"八戒",谨慎用兵。

孙子曰:凡用兵之法,将受命于君①,合军聚众②,交和而舍③,莫难于军争④。军争之难者,以迂为直,以患为利⑤。

故迁其途,而诱之以利,后人发,先人至,此知迂直之计者也⑥。

【注释】

①将受命于君:《左传·闵公二年》曰:"帅师者,受命于庙,受脤于社,有常服矣。"《淮南子·兵略训》曰:"凡国有难,君自宫召将,诏之曰:'社稷之命在将军,即今国有难,愿请子将而应之。'将军受命,乃令祝史太卜斋宿三日,之太庙,钻灵龟,卜吉日,以受鼓旗。"李筌曰:"受君命也。遵庙胜之算,恭行天罚。"

②合军聚众:意谓聚合民众,组成军队。曹操曰:"聚国人,结行伍,选部曲,起营为军陈。"张预曰:"合国人以为军,聚兵众以为陈。"

③交和而舍:意谓两军军门相对,遥相宿营,预示会战一触即发。曹操曰:"军门为和门,左右门为旗门,以车为营曰辕门,以人为营曰人门,两军相对为交合。"舍,止,止宿。

④莫难于军争:曹操曰:"从始受命,至于交和,军争难也。"李零说:"两军争利在'将受命于君,合军聚众'之后,'交和而舍'之前,所争即会战的先机之利,在战争全过程中复杂程度最高。"又说:"从出兵到交战,过程很长。中间是什么?是'走',主要时间都花在'走'上。……战争全过程,不外两个字:'走'和'打'。'走'和'打',哪个更重要?好像是'打'。但'打'有小打,有大打。小打,杀伤敌有生力量,很重要,但不是目的,就像下棋,吃子不是目的,目的是为了决胜。大打是什么?大打就是决胜。决胜靠什么?全靠一个'走'字。这就像下棋。下棋有行棋和吃子,行棋是为了决胜,不是为了吃子。俗话说得好,树挪死,人挪活。下棋,只有走起来,才叫活棋。行棋布子,才是决胜的关键。"军争,指两军在战前争夺于己有利的先机。

⑤军争之难者,以迂为直,以患为利:意谓两军争夺先机之利的难

点，在于如何把看似迂回的路线变得近直，把患害转成便利。曹操曰："示以远，迂其道里，先敌至也。"张预曰："变迂曲为近直，转患害为便利，此军争之难也。"迂，迂回，曲折，

⑥"故迂其途"五句：杜牧曰："上解曰以迂为直，是示敌人以迂远；敌意已怠，复诱敌以利，使敌心不专；然后倍道兼行，出其不意，故能后发先至，而得所争之要害也。秦伐韩，军于阏与，赵王令赵奢往救之。去邯郸三十里，而令军中曰：'有以军事谏者死。'秦军武安西。秦军鼓噪勒兵，武安屋瓦皆震。军中候有一人言急救武安，奢立斩之。坚壁留二十八日不行，复益增垒。秦间来，奢善食而遣之。间以报秦，秦将大喜，曰：'夫去国三十里而军不行，乃增垒，阏与非赵地也。'奢既遣秦间，乃卷甲而趋，二日一夜至，令善射者去阏与五十里而军。秦人闻之，悉甲而至。有一卒曰：'先据北山者胜。'奢使万人据之，秦人来争不得。奢因纵击，大破之，阏与遂得解。"

【译文】

孙子说：大凡用兵打仗的规律是，将领从国君那儿接受命令，聚合民众，组成军队，此后一直到两军军门相对，遥相宿营，即将开始会战，这一期间没有什么与两军各争先机之利更困难的了。两军各争先机之利的难点，在于如何把看似迂回的路线变得近直，把患害转成便利。所以要故意走迂回的道路，并以小利引诱敌人，比敌人晚出发，却比敌人早到达会战地点，这才是懂得了将迂回路线变得近直的奥秘。

　　故军争为利，军争为危①。举军而争利，则不及②；委军而争利，则辎重捐③。是故卷甲而趋，日夜不处④，倍道兼行，百里而争利，则擒三将军⑤，劲者先，疲者后，其法十一而至⑥。五十里而争利，则蹶上将军，其法半至⑦。三十里而争

利,则三分之二至⑧。是故军无辎重则亡,无粮食则亡,无委积则亡⑨。

【注释】

①故军争为利,军争为危:梅尧臣曰:"军争之事,有利也,有危也。"张预曰:"智者争之则为利,庸人争之则为危。明者知迂直,愚者昧之故也。"李零说:"军争是两军争利,拼速度,抢时间,但高速后面有高风险。一是辎重,如果把辎重全部带上,速度肯定上不来。二是协同,速度快了,就会有人掉队。所以军争,既是一种'利',也是一种'危'。"为,有。

②举军而争利,则不及:梅尧臣曰:"举军中所有而行,则迟缓。"张预曰:"竭军而前,则行缓而不能及利。"郭化若说:"全军带着装备、辎重去争利,就不能及时到达预定的地域。"

③委军而争利,则辎重捐:曹操曰:"置辎重,则恐捐弃也。"杜牧曰:"举一军之物行,则重滞迟缓,不及于利;委弃辎重,轻兵前追,则恐辎重因此弃捐也。"委,丢弃,抛弃。辎重,指部队行军时携带的军械、粮草、被服等物资。捐,弃,丢失。

④是故卷甲而趋,日夜不处:曹操曰:"不得休息,罢也。"卷甲,卷起盔甲。趋,急走,急行军。处,止。

⑤倍道兼行,百里而争利,则擒三将军:杜佑曰:"若不虑上二事,欲从速疾,卷甲束仗,潜军夜行;若敌知其情,邀而击之,则三军之将为敌所擒也。若秦伯袭郑,三帅皆获是也。"陈启天曰:"古代交通工具不备,行军速度,以日行三十里为常则,日急行六十里为倍道,夜亦急行为兼行。以如此急行军,趋赴百里远之战地以争利,则三将军皆有被擒之危险。"倍道,使行军路程加倍。兼行,不停地行军。三将军,指上、中、下三军的主帅。

⑥劲者先,疲者后,其法十一而至:李筌曰:"行若如此,则劲健者先

到,疲者后至。军健者少,疲者多,且十人可一人先到,余悉在后,以此遇敌,何三将军不擒哉?魏武逐刘备,一日一夜行三百里,诸葛亮以为强弩之末不能穿鲁缟,言无力也。是以有赤壁之败。庞涓追孙膑,死于马陵,亦其义也。"劲者,指士卒中的强健者。疲者,指士卒中的疲弱者。十一,十分之一。

⑦五十里而争利,则蹶上将军,其法半至:张预曰:"路不甚远,十中五至,犹挫军威,况百里乎?蹶上将,谓前军先行也。或问曰:唐太宗征宋金刚,一日一夜行二百余里,亦能克胜者何也?答曰:此形同而势异也。且金刚既败,众心已沮,迫而灭之,则河东立平。若其缓之,贼必生计,此太宗所以不计疲顿而力逐也。孙子所陈争利之法,盖与此异矣。"蹶,挫败,折损。上将军,指先头部队的将领。

⑧三十里而争利,则三分之二至:杜佑曰:"道近,则至者多,故无死败,古者用师,日行三十里,步骑相须;今走而趋利,三分之二至。"

⑨是故军无辎重则亡,无粮食则亡,无委积则亡:曹操曰:"无此三者,亡之道也。"李筌曰:"无辎重者,阙所供也。袁绍有十万之众,魏武用荀攸计,焚烧绍辎重,而败绍于官渡。无粮食者,虽有金城,不重于食也。夫子曰:'足食、足兵,民信之矣。'故汉赤眉百万众无食,而君臣面缚宜阳。是以善用兵者,先耕而后战。无委积者,财乏阙也。汉高祖无关中,光武无河内,魏武无兖州,军北身道,岂能复振也?"朱军说:"(此处)阐明了战争对于后勤保障和国家军事物资后备的依赖性。孙武时代是以步兵披戴盔甲,使用冷兵器作战,行军距离、作战动机以及对后方物资器材的质量数量的要求等情况,都不能同今日相比;但原理是一样的,各种兵器有其射程(使用)极限,飞机、坦克以及常规动力舰艇有其作战半径的限度,有的战斗工具还具有速度与距离成反

比的特征；雷达侦察也受发现距离的限制……。所有这些装备的使用，也不能超越其战术技术性能的有效范围，超过了限度就将遭受损失或者失败。现代军队的武器、装备器材以及运载工具，类别繁多，造价昂贵，战时消耗量大，维修困难。因之前方对后方的依赖，不仅要求各类成品有较充足的储备，而且要求能及时进行运补和维修，并须在战时大量生产，对后方勤务的要求大大超过了旧时代战争的要求。所有这些，如果在战前考虑不周，便会使战争导致失败。"委积，指物资储备。

【译文】

两军各争先机之利既有好处，也有危害。如果军队带着全部装备物资去争夺先机之利，反而会因行动迟缓而不能及时到达会战地点；如果丢下物资装备而去争夺先机之利，那么物资装备就会损失。因此卷起盔甲，急速行进，日夜兼程，不停下休息，走上一百里去争夺利益，那么上、中、下三军的主帅就会被擒获，士卒中的强健者走在前面，疲弱者落后掉队，这种情况下的规律是只有十分之一的士卒能到达会战地点。走五十里去争夺利益，就会使先头部队的将领遭受挫败，这种情况下的规律是只有一半的士卒能到达会战地点。走三十里去争夺利益，其规律是只有三分之二的士卒能到达会战地点。所以军队没有军械装备就会失败，没有粮食就会失败，没有物资储备就会失败。

故不知诸侯之谋者，不能豫交①；不知山林、险阻、沮泽之形者，不能行军②；不用乡导者，不能得地利③。故兵以诈立④，以利动⑤，以分合为变者也⑥。故其疾如风⑦，其徐如林⑧，侵掠如火⑨，不动如山⑩，难知如阴⑪，动如雷震⑫，掠乡分众⑬，廓地分利⑭，悬权而动⑮。先知迂直之计者胜，此军争之法也⑯。

【注释】

① 故不知诸侯之谋者,不能豫交:曹操曰:"不知敌情谋者,不能结交也。"张预曰:"先知诸侯之实情,然后可与结交;不知其谋,则恐翻覆为患。其邻国为援,亦军争之事。故下文云'先至而得天下之众者,为衢地'是也。"李零说:"不了解各诸侯国的想法,就没法做好战前的外交工作。春秋战国时期,各诸侯国,领土犬牙交错,关系错综复杂。你要打一个国家,一定要注意周边国家的态度,特别是在国界交错的地带。当时的国际关系,都是'螳螂捕蝉,黄雀在后','鹬蚌相争,渔翁得利','远交'才能'近攻'。'交'和'攻'经常分不开。《九地篇》讲开进,有两国交界的地方(交地),有三国交界的地方(衢地)。有时,你要打一个国家,还要借道第三国。关系如此复杂,不知'诸侯之谋'怎么行。"豫交,指结交诸侯。豫,通"与",参与。

② 不知山林、险阻、沮泽之形者,不能行军:曹操曰:"高而崇者为山,众树所聚者为林,坑堑者为险,一高一下者为阻,水草渐洳者为沮,众水所归而不流者为泽。不先知军之所据及山川之形者,则不能行师也。"《九地篇》曰:"山林、险阻、沮泽,凡难行之道者,为圮地。"沮泽,指水草丛生的沼泽湿地。

③ 不用乡导者,不能得地利:李筌曰:"入敌境,恐山川隘狭,地土泥泞,井泉不利,使人导之以得地利。《易》曰'即鹿无虞',则其义也。"杜牧曰:"管子曰:'凡兵主者,必先审知地图。辕辕之险,滥车之水,名山通谷,经川陵陆丘阜之所在,苴草林木蒲苇之所茂,道里之远近,城郭之大小,名邑废邑园殖之地,必尽知之,地形出入之相错者尽藏之,然后不失地利。'卫公李靖曰:'凡是贼徒,好相掩袭,须择勇敢之夫,选明察之士,兼使乡导,潜历山林,密其声,晦其迹。或刻为兽足,而却履于中途;或上冠微禽,而幽伏于丛薄。然后倾耳以远听,竦目而深视,专智以度事机,注心而

视气色。睹水痕,则知敌济之早晚;观树动,则可辨来寇之驱驰。故烽火莫若谨而审,旌旗莫若齐而一。赏罚必重而不欺,刑戮必严而不舍。敌之动静,而我有备也;敌之机谋,而我先知也。'"乡导,即向导。乡,通"向"。

④故兵以诈立:郑友贤《孙子遗说》曰:"《司马法》以仁为本,孙武以诈立;《司马法》以义治之,孙武以利动;《司马法》以正,正不获意则权,孙武以分合为变。"吴如嵩说:"'兵以诈立'与'兵者诡道'同意,是'兵不厌诈'(《韩非子·难一》)的词源。'兵以诈立'就是说战争的胜利是凭借诡诈欺骗建立起来的,虚虚实实,真真假假,互相保密,施计用谋乃是军事斗争的一条普遍规律。"黄朴民说:"孙子这一思想,具有重要的时代意义。这就是从根本上划清了同《司马法》为代表的旧'军礼'的界限,正确揭示了军事斗争的基本规律。在中国古代兵学理论发展史上,《孙子兵法》是一次革命性的变革,这种变革的核心,其实便是观念更新。其基本特色就是对西周以来旧的军礼传统的彻底否定,全书上下贯穿着理论创新、与时俱进的基本精神,具体表现为它揭去了温情脉脉的'礼乐'面纱,毫不掩饰地把'兵以诈立,以利动,以分合为变'的原则公之于世,不讳言'功利'是用兵打仗的出发点,从而放开手脚,理直气壮地在军事行动中进行算计,进行欺骗。"

⑤以利动:梅尧臣曰:"非利不可动。"刘庆说:"(作战)要根据是否对自己有利来决定如何行动。在西周时期,受当时社会环境和礼乐文明的影响,盛行仁义礼让之兵;春秋时代又不乏迁怒泄愤的黩武战和得不偿失的消耗战。《孙子兵法》则提出,第一,从功利主义的立场出发,把利益作为思考战争问题的基本出发点,强调国家利益对战争的关键制约作用;立足于国家安全的高度,以'安国全军'为目的,以'唯人是保,而利合于主'(《地形篇》)为标准评价战争得失,主张将帅要审慎地对待战争,'合于利而动,

合于利而止'(《火攻篇》),不能单凭一己私利或一时愤懑而发动战争。第二,在战略决策时要讲求战争效益,要权衡利弊,反复运筹,'因利而制权'(《计篇》),不因贪图小利而遭受祸患,不因一时困难而放弃根本利益。要极力避免'战胜攻取而不修其功'(《火攻篇》)的虚假胜利,避免久暴师于外,'钝兵挫锐,屈力殚货,则诸侯乘其弊而起'(《作战篇》)的持久消耗战争。第三,在作战时要深刻认识到利与害等因素的影响及其转化机制。设饵兵,佯败北,'以利动之',使敌军倍道兼行,孤军深入,营造擒将歼敌的战机;识别各种战场环境、地势地形、军事行动对己方士卒心理、部队士气的利害影响,趋利避害,化害为利,取得战场上的胜利。由于'兵以利动'的思想反映了战争是敌对双方利益冲突发展的最高形式,战争行为是实现一定的政治经济利益的最后手段这一基本规律,因此为后世兵家所普遍遵守。"黄朴民说:"说的是从事战争当以利害关系为最高标准。有利则打,无利则止,……一切以利益的大小为转移。……这实际上反映了孙子的战争宗旨,是其新兴阶级功利主义立场在军事斗争原则上的具体体现。"

⑥以分合为变者也:意即处理兵力分散与集中的问题,要根据战场实际采取灵活变通的战术思想。分合,分别指兵力的分散与集中。《虚实篇》曰:"故形人而我无形,则我专而敌分。"曹操曰:"兵一分一合,以敌为变也。"杜牧曰:"分合者,或分或合,以惑敌人;观其应我之形,然后能变化以取胜也。"杨杰在《孙子兵学新论》一书中说:"如何在决战地点和决战时间造成敌人的'虚'与自己的'实',完全是兵力的分合问题。孙子在二千四百年前说出'分合为变'四个字,真是兵学界的大发现。凡是历史上的名将,没有不懂得分合原理的;只要善于运用分合原理于战场上的,都可以成为历史上的名将。"又说:"现代的战争,不只是兵力

的分合问题,而是整个国力的大分合。战斗力的物质力与精神力、技术力是分,国家这架战争机器中的政治组织、外交组织、经济组织、文化组织、军事组织也是分,但打起仗来,却要使政治、外交、经济、文化等统统和军事行动密切配合,实行国家总动员,并且要和利害相同的国家成立联合战线。分合的宽度、深度、密度,随着科学的进步,已经发展到其大无外,其小无内的阶段。"

吴如嵩说:"我想着重谈谈几种情况下的'分合为变'的行军方法。一是开赴战场的分合之法。由于已知战日、已知战地,目的明确,任务清楚,因而一般应采取首先把兵力集中起来再向战场开进的方法。二是战场上的分合之法。在战争过程中,按照上级指定的时间和到达的地点,分散于不同地域的参战部队为着达成既定的作战任务,须同时抵近目标,完成对敌包围。三是设伏歼敌的分合之法。按照上级赋予的歼敌任务,在预定设伏地域隐蔽集中,待敌进入伏击圈,然后突然行动,发起攻击。此种情形的分合之法关键是要求部队在向设伏地域开进过程中,要十分注意伪装和隐蔽。四是内线作战的分合之法。当敌强我弱,遭敌围攻时,为了保存军力,收缩阵地,待敌破敌,须将分散不同方向的我军各部,向上级指定的预置地域实行求心退却,以便集中兵力。"

⑦故其疾如风:意谓部队行军迅速犹如急风。张预曰:"其来疾暴,所向皆靡。"

⑧其徐如林:意谓部队行军缓慢,严整不乱如树林。梅尧臣曰:"如林之森然不乱也。"

⑨侵掠如火:意谓侵略敌国时,就像熊熊烈火般无可阻遏。贾林曰:"侵掠敌国,若火燎原,不可往复。"张预曰:"《诗》云:'如火烈烈,莫我敢遏。'言势如猛火之炽,谁敢御我!"

⑩不动如山:意谓部队驻守时,就像巍峨山岳般不可动摇。李筌

曰:"驻军也。"杜牧曰:"闭壁屹然,不可动摇也。"张预曰:"所以
持重也。《荀子·议兵篇》云:'圆居而方正,则若磐石然,触之者
角摧。'言不动之时,若山石之不可移;犯之者,其角立毁。"不动,
指部队驻守的时候。

⑪难知如阴:意谓部队的状态如阴云蔽天般难以把握。李筌曰:
"其势不测如阴,不能睹万象。"张预曰:"如阴云蔽天,莫睹
辰象。"

⑫动如雷震:意谓部队发起冲击时,如雷击般无可躲避。张预曰:
"如迅雷忽击,不知所避,故太公曰:'疾雷不及掩耳,迅电不及
瞬目。'"

⑬掠乡分众:意谓掠夺乡间财物,将掳掠来的民众分给有功者。郭
化若说:"掠夺'乡'间的粮食财物,把掳掠来的奴隶和农奴等分
赐给有功的将领官吏。"朱军说:"'侵掠如火'、'掠乡分众'的
'掠'字,还有'重地则掠'、'掠于饶野,三军足食'以及'重地,吾
将继其食','掠'字揭示了战争的本质,战争就是掠夺的行为。不
管掠夺的目的物是一国,是一域、一城,是政权,是土地,是海洋,
是原料,是廉价劳动力,侵略者一方就是掠夺,反侵略者一方则
是反掠夺,争霸者是互为掠夺。孙武时代的'重地则掠'、'重地
吾将继其食'、'掠于饶野,三军足食',看来掠的目的物主要是粮
食,这是'因粮于敌'原则的实施。在深入敌境作战时属于一般
的征集活动,即使在革命战争中,部队在敌区作战也需要征集粮
食。假设群众受敌欺骗宣传,抗拒供粮,也会采取强行征集的手
段。'掠'即含有强行征集之意。"

⑭廓地分利:意谓开疆拓土后,把土地分给有功者。杜牧曰:"开土
拓境,则分割与有功者。韩信言于汉王曰:'项王使人有功当封
爵者,刻印刓忍不能与;今大王诚能反其道,以天下城邑封功臣,
天下不足取也。'《三略》曰:'获地裂之。'"廓地,扩大土地。

⑮悬权而动：意谓权衡利弊得失后再采取行动，即孙武在《九地篇》、《火攻篇》一再强调的"合于利而动，不合于利而止"。张预曰："如悬权于衡，量知轻重然后动也。尉缭子曰：'权敌审将而后举。'言权量敌之轻重，审察将之贤愚，然后举也。"悬权，原指悬挂秤锤以称物，此处的意思是权衡利害。

⑯先知迂直之计者胜，此军争之法也：杜牧曰："言军争者，先须计远近迂直，然后可以为胜。其计量之审，如悬权于衡，不失锱铢，然后可以动而取胜，此乃军争胜之法也。"张预曰："凡与人争利，必先量道路之迂直，审察而后动，则无劳顿寒馁之患，而且进退迟速不失其机，故胜也。"

【译文】

　　所以，不了解一个诸侯国的战略谋划，便不能与其结交；不了解山林、险阻、沼泽的地形，便不能行军；不用向导带路，便不能利用地形。因此，用兵打仗是凭借诡诈手段获得成功的，是依据获利多少来决定是否行动的，处理兵力分散与集中的问题，要根据战场实际采取灵活变通的战术思想。所以，部队行军迅速犹如急风；行军缓慢则严整不乱如树林；侵略敌国时，就像熊熊烈火般无可阻遏；部队驻守时，就像巍峨山岳般不可动摇；部队的状态如阴云蔽天般难以把握；部队发起冲击时，如雷击般无可躲避；掠夺乡间财物，将掳掠来的民众分给有功者；开疆拓土后，将土地分给功臣；权衡利弊得失后再采取行动。谁预先掌握了将迂回路线变得近直的奥秘，谁就能取胜，这就是获得先机之利的方法。

　　《军政》曰①："言不相闻，故为金鼓②；视不相见，故为之旌旗③。"夫金鼓旌旗者，所以一人之耳目也④。人既专一，则勇者不得独进，怯者不得独退，此用众之法也⑤。故夜战多火鼓，昼战多旌旗，所以变人之耳目也⑥。

【注释】

①《军政》：早于《孙子兵法》的一本古代兵书，已亡佚。梅尧臣曰：
"军之旧典。"王晢曰："古军书。"

②言不相闻，故为金鼓：意谓将官的言语号令，士卒听不见，所以设
置了金鼓以指挥行动。金鼓，古代用以指挥联络的通讯工具。
《周礼·夏官·大司马》曰："辨鼓铎镯铙之用，王执路鼓，诸侯执
贲（鼖）鼓，军将执晋鼓，师帅执提，旅帅执鼙，卒长执铙，两司马
执铎，公司马执镯，以教坐作进退疾徐疏数之节。"杜佑曰："金，
钲铎也。听其音声，以为耳候。"王晢曰："鼓鼙、钲铎之属。坐
作、进退、疾徐、疏数，皆有其节。"

③视不相见，故为之旌旗：意谓将官的动作指令，士卒看不见，所以
设置了旌旗以指挥打仗。《周礼·春官·司常》："凡军事，建旌
旗。"《周礼·夏官·大司马》曰："辨旗物之用，王载大常，诸侯
载旂，军吏载旗，师都载旜，乡遂载物，郊野载旐，百官载旞，各书
其事与其号焉。"杜佑曰："瞻其指麾，以为目候。"梅尧臣曰："以
威目也。目威于色，不得不明。"

④夫金鼓旌旗者，所以一人之耳目也：李筌曰："鼓进铎退，旌赏而
旗罚。耳听金鼓，目视旌旗，故不乱也。勇怯不能进退者，由旗
鼓正也。"张预曰："夫用兵既众，占地必广，首尾相辽，耳目不接，
故设金鼓之声，使之相闻，立旌旗之形，使之相见。视听均齐，则
虽百万之众，进退如一矣，故曰：'斗众如斗寡，形名是也。'"一，
统一。按，金鼓的用法，《周礼》《尉缭子》有记载。《周礼·夏
官·大司马》曰："中军以鼙令鼓，鼓人皆三鼓，司马振铎，群吏
作旗，车徒皆作；鼓行，鸣镯，车徒皆行，及表乃止；三鼓，摝铎，群
吏弊旗，车徒皆坐。又三鼓，振铎，作旗，车徒皆作。鼓进，鸣镯，
车骤徒趋，及表乃止，坐作如初。乃鼓，车驰徒走，及表乃止。鼓
戒三阕，车三发，徒三刺。乃鼓退，鸣铙且却，及表乃止，坐作如

初。"《尉缭子·勒卒令》曰:"金、鼓、铃、旗,四者各有法:鼓之则进,重鼓则击;金之则止,重金则退。铃,传令也。旗,麾之左则左,麾之右则右,奇兵则反是。一鼓一击而左,一鼓一击而右。一步一鼓,步鼓也。十步一鼓,趋鼓也。音不绝,骛鼓也。商,将鼓也。角,帅鼓也。小鼓,伯鼓也。三鼓同,则将帅伯其心一也。奇兵则反是。"

⑤"人既专一"四句:杜牧曰:"旌以出令,旗以应号。盖旗者,即今之信旗也。《军法》曰:'当进不进,当退不退者,斩之。'吴起与秦人战,战未合,有一夫不胜其勇,前获双首而返,吴起斩之。军吏进谏曰:'此材士也,不可斩。'吴起曰:'信材士,非令也。'乃斩之。"梅尧臣曰:"一人之耳目者,谓使人之视听齐一而不乱也。鼓之则进,金之则止;麾右则右,麾左则左,不可以勇怯而独先也。"张预曰:"士卒专心一意,惟在于金鼓旌旗之号令。当进则进,当退则退,一有违者,必戮。故曰:令不进而进,与令不退而退,厥罪惟均。尉缭子曰:'鼓鸣旗麾,先登者未尝非多力国士也,将者之过也。'言不可赏先登获俊者,恐进退不一耳。"

⑥故夜战多火鼓,昼战多旌旗,所以变人之耳目也:梅尧臣曰:"多者,欲以变惑敌人耳目。"张预曰:"凡与敌战,夜则火鼓不息,昼则旌旗相续,所以变乱敌人之耳目,使不知其所以备我之计。越伐吴,夹水而陈。越为左右句卒,使夜或左或右,鼓噪而进。吴师分以御之,遂为越所败。是惑以火鼓也。晋伐齐,使司马斥山泽之险,虽所不至,必旆而疏陈之。齐侯畏而脱归。是惑以旌旗也。"火鼓,汉简本作"鼓金"。变人之耳目,扰乱敌人的视听。一说,使人们交替使用他们的耳朵和眼睛;一说,为了适应人们的视听而变动使用不同的通讯信号。

【译文】

《军政》说:"将官的言语号令,士卒听不见,所以设置了金鼓以指挥行动；将官的动作指令，士卒看不见，所以设置了旌旗以指挥打仗。"金鼓与旌旗，是用来统一军队行动的视听工具。士卒的行为如果已经做到了步调一致，那么勇敢的就不敢单独前进，怯懦的也不敢单独后退，这就是指挥大部队的方法。所以，夜间作战多使用火光和金鼓，白天作战多使用旌旗，这是为了扰乱敌人视听的缘故。

故三军可夺气①，将军可夺心②。是故朝气锐，昼气惰，暮气归③。故善用兵者，避其锐气，击其惰归，此治气者也④。以治待乱，以静待哗，此治心者也⑤。以近待远，以佚待劳，以饱待饥，此治力者也⑥。无邀正正之旗，无击堂堂之陈，此治变者也⑦。

【注释】

①故三军可夺气：何氏曰："《淮南子》曰：'将充勇而轻敌，卒果敢而乐战，三军之众，百万之师，志厉青云，气如飘风，声如雷霆，诚积逾而威加敌人，此谓气势。'《吴子》曰：'三军之众，百万之师，张设轻重，在于一人，是谓气机。'故夺气者有所待，有所乘，则可矣。"张预曰："气者，战之所恃也。夫含生禀血，鼓作斗争，虽死不省者，气使然也。故用兵之法，若激其士卒，令上下同怒，则其锋不可当。故敌人新来而气锐，则且以不战挫之，伺其衰倦而后击，故彼之锐气可以夺也。尉缭子谓'气实则斗，气夺则走'者，此之谓也。曹刿言'一鼓作气'者，谓初来之气盛也；'再而衰，三而竭'者，谓陈久而人倦也。又，李靖曰：'守者，不止完其壁、坚其陈而已，必也守吾气而有待焉。'所谓守其气者，常养吾之气，使锐盛而不衰，然后彼之气可得而夺也。"赵本学曰："三军以气为主，故有乘胜之锐气者，有持众之骄气者，有决死之怒气者，有

理直之壮气者。夺之如坚壁固守不与之战。或巧设奇伏挫折其锋；或可以思信怀之者，彼众不直其主而气亦怯；或可以辞令屈之者，彼无以激其众而气亦馁；或杀其所恃腹心之人；或破其所恃之援，皆可以夺敌之气也。彼气既衰，然后鼓吾之盛气，以乘之胜之道矣。"夺气，指士卒失去战胜敌人的锐气。

②将军可夺心：李筌曰："怒之令愤，挠之令乱，间之令疏，卑之令骄，则彼之心可夺也。"杜牧曰："心者，将军心中所倚赖以为军者也。后汉寇恂征隗嚣，嚣将高峻守高平第一。峻遣军将皇甫文出谒恂，辞礼不屈，恂怒斩之，遣其副。峻惶恐，即日开城门降。诸将曰：'敢问杀其使而降其城，何也？'恂曰：'皇甫文，峻之腹心，其所取计者。今来，辞气不屈，必无降心。全之，则文得其计；杀之，则峻亡其胆，是以降耳。'后燕慕容垂遣子宝率众伐后魏。始宝之来，垂已有疾。自到五原，道武帝断其来路，父子问绝。道武乃诡其行人之辞，令临河告之曰：'父已死，何不遽还？'宝兄弟闻之，忧惧以为信然，因夜遁去。道武袭之，大破于参合陂。"张预曰："心者，将之所主也。夫治乱、勇怯，皆主于心。故善制敌者，挠之而使乱，激之而使惑，迫之而使惧，故彼之心谋可以夺也。《传》曰'先人有夺人之心'，谓夺其本心之计也。又，李靖曰：'攻者，不止攻其城、击其陈而已，必有攻其心之术焉。'所谓攻其心者，常养吾之心，使安闲而不乱，然后彼之心可得而夺也。"赵本学曰："将军可夺心者，主帅以心为主，心静而逸则思虑精专，间谍多而利害明。故或激之使怒，或卑之使骄，或烦之使躁，或间之使疑，或震之使怖。凡人之心，有一于此，则神明之地不虚而机谋自浅矣。此理势之必然也，盖夺气、夺心二者军争之要旨也。"朱军说："中国古人把心作为思维器官，所以把思想状况、感情都叫做'心'。夺心，指控制敌军指挥员的思维活动。将军是指挥部队的核心，他们的思想状况对部队作战有直接影响，

所以对他施行攻心战术，动摇他的决心，扰乱他的思维程序；经常采取出敌意表的行动，引诱敌之将领犯错误。如《计篇》的'利而诱之，卑而骄之，怒而挠之'，以及《九变篇》的'忿速可侮也，廉洁可辱也，爱民可烦也'，都是夺心的方法。要求指挥员应具备以治待乱，以静待哗的本领。"夺心，指将领失去战胜敌人的良好心理、坚强意志等。

③是故朝气锐，昼气惰，暮气归：意谓士气始而锐不可当，继而士气怠惰，终则士气衰竭。朝气、昼气、暮气，指士卒在作战开始、中间与最后不同阶段的士气。孟氏曰："朝气，初气也；昼气，再作之气也；暮气，衰竭之气也。"梅尧臣曰："朝，言其始也；昼，言其中也；暮，言其终也。谓兵始而锐，久则惰而思归，故可击。"一说，朝、昼、暮，意即早晨、白天、傍晚。归，止息，此处是衰竭的意思。一说，指思归之情。

④"故善用兵者"四句：何氏曰："夫人情，莫不乐安而恶危，好生而惧死，无故驱之就卧尸之地，乐趋于兵战之场，其心之所畜，非有忿怒欲斗之气，一旦乘而激之，冒难而不顾，犯危而不畏，则未尝不悔而怯矣。今天天下懦夫，心有所激，则率尔争斗，不啻诸、刿。至于操刃而求斗者，气之所乘也；气衰则息，恻然而悔矣。故三军之视强寇如视处女者，乘其忿怒而有所激也。是以即墨之围，五千人击却燕师者，乘燕剿降掘冢之怒也。秦之斗士倍我者，因三施无报之怒，所以我怠而秦奋也。二者，治气有道，而所用乘其机也。"张预曰："朝喻始，昼喻中，暮喻末，非以早晚为辞也。凡人之气，初来新至则勇锐，陈久人倦则衰。故善用兵者，当其锐盛，则坚守以避之；待其惰归，则出兵以击之。此所谓善治己之气，以夺人之气者也。前赵将游子远之败伊余羌，唐武德中太宗之破窦建德，皆用此术。"治气，掌握了敌我双方士气变化的规律。

⑤以治待乱，以静待哗，此治心者也：杜牧曰："《司马法》曰：'本心固。'言料敌制胜，本心已定，但当调治之，使安静坚固，不为事挠，不为利惑，候敌之乱，伺敌之哗，则出兵攻之矣。"何氏曰："夫将以一身之寡，一心之微，连百万之众，对虎狼之敌，利害之相杂，胜负之纷揉，权智万变，而措置于胸臆之中，非其中廓然，方寸不乱，岂能应变而不穷，处事而不迷，卒然遇大难而不惊，案然接万物而不惑？吾之治足以待乱，吾之静足以待哗，前有百万之敌，而吾视之，则如遇小寇。亚夫之御寇也，坚卧而不起，栾箴之临敌也，好以整，又好以暇。夫审此二人者，蕴以何术哉？盖其心治之有素，养之有余也。"治，严整有序。哗，喧哗骚动。治心，掌握了敌我双方的心理特点，即在具备了良好心理素质的同时，也了解敌人的心理。

⑥以近待远，以佚待劳，以饱待饥，此治力者也：杜牧曰："上文云'致人而不致于人'是也。"张预曰："近以待远，佚以待劳，饱以待饥，诱以待来，重以待轻，此所谓善治己之力，以困人之力者也。"治力，指掌握了敌我双方的战斗力情况。

⑦无邀正正之旗，无击堂堂之陈，此治变者也：意谓不要截击旗帜齐整的敌人，不要攻击军容壮大的敌人，这是采取了灵活变通的战术思想。曹操曰："正正，齐也；堂堂，大也。"张预曰："正正，谓形名齐整也；堂堂，谓行陈广大也。敌人如此，岂可轻战？《军政》曰：'见可而进，知难而退。'又曰：'强而避之。'言须识变通。此所谓善治变化之道，以应敌人者也。"邀，阻截，截击，阻击。正正，严整的样子。堂堂，壮大的样子。陈，同"阵"。治变，指采取了灵活变通的战术思想。

【译文】

可以使三军士卒失去战胜敌人的锐气，也可以使将军失去战胜敌人的心理意志。在打仗过程中，士气始而锐不可当，继而士气怠惰，终则士气衰竭。所以善于用兵的将领，应避开敌人锐不可当的时候，而在敌人士气衰落时出击，这是掌握了敌我双方士气变化的规律。用自己的严整有序对付敌人的混乱不堪，用自己的安宁镇静，对付敌人的喧哗骚动，这是掌握了敌我双方的心理特点。用自己的近道便捷对付敌人的远途奔波，用自己的安逸对付敌人的疲劳，用自己的饱食对付敌人的饥饿，这是掌握了敌我双方的战斗力情况。不要截击旗帜齐整的敌人，不要攻击军容壮大的敌人，这是采取了灵活变通的战术思想。

　　故用兵之法：高陵勿向，背丘勿逆①，佯北勿从②，锐卒勿攻③，饵兵勿食④，归师勿遏⑤，围师必阙⑥，穷寇勿迫⑦。此用兵之法也。

【注释】

①高陵勿向，背丘勿逆：意谓敌人如果占据了高地就不要仰攻，敌人如果背靠高地就不要迎击。杜牧曰："向者，仰也。背者，倚也。逆者，迎也。言敌在高处，不可仰攻；敌倚丘山下来求战，不可逆之。此言自下趋高者力乏，自高趋下者势顺也。故不可向迎。"何氏曰："秦伐韩，赵王令赵奢救之。秦人闻之，悉甲而至。军士许历请以军事谏，曰：'秦人不意赵师至此，其来气盛，将军必厚集其陈以待之，不然必败。今先据北山上者胜，后至者败。'奢从之，即发万人趋之。秦兵后至，争山不得上，奢纵兵击之，大破秦军。后周遣将伐高齐，围洛阳，齐将段韶御之，登邙坂，聊欲观周军形势。至太和谷，便值周军，即遣驰告请营，与诸将结陈以待之。周军以步人在前，上山逆战。韶以彼步我骑，且却且引，得其力弊，乃遣下马击之。短兵始交，周人大溃，并即奔遁。"

②佯北勿从：贾林曰："敌未衰，忽然奔北，必有奇伏要击我兵，谨勒

将士，勿令逐追。"何氏曰："如战国秦师伐赵，赵奢之子括代廉颇将，据秦于长平。秦阴使白起为上将军。赵出兵击秦，秦军佯败而走，张二奇兵以劫之。赵军逐胜，追造秦壁，壁坚不得入。而秦奇兵二万五千人绝赵军后，又一军五千骑绝赵壁间。赵军分而为二，粮道绝。而秦出轻兵击之。赵战不利，因筑壁坚守，以待救至。秦闻赵食道绝，王自之河内，发卒遮绝赵救及粮食。赵卒不得食四十六日，阴相杀食。括中射而死。"佯，假装，伪装。北，败逃，败走。从，跟随，这里是追击的意思。

③锐卒勿攻：意谓敌人有锐气时不要进攻。陈皞曰："盖言士卒轻锐，且勿攻之，待其懈惰，然后击之。所谓千里远斗，其锋莫当，盖近之尔。"张预曰："敌若乘锐而来，其锋不可当，宜少避之，以伺疲挫。晋楚相持，楚晨压晋军而陈，军吏患之。栾书曰：'楚师轻窕，固垒以待之，三日必退，退而击之，必获胜焉。'又，唐太宗征薛仁杲，贼兵锋甚锐，数来挑战，诸将咸请战，太宗曰：'当且闭垒以折之，待其气衰，可一战而破也。'果然。"

④饵兵勿食：王晳曰："饵我以利，必有奇伏。"张预曰："《三略》曰：'香饵之下，必有悬鱼。'言鱼贪饵，则为钓者所得；兵贪利，则为敌人所败。夫饵兵，非止谓置毒于饮食，但以利留敌，皆为饵也。若曹公以畜产饵马超，以辎重饵袁绍；李矩以牛马饵石勒之类，皆是也。"饵兵，指敌人抛出的诱饵。

⑤归师勿遏：意谓对退归本国的敌军不可阻截。李筌曰："士卒思归，志不可遏也。"张预曰："兵之在外，人人思归，当路邀之，必致死战。韩信曰：'从思东归之士，何所不克？'曹公既破刘表，谓荀彧曰：'虏遏吾归师，吾是以知胜。'又，吕弘攻段业，不胜，将东走。业欲击之，或谏曰：'归师勿遏，兵家之戒；不如纵之，以为后图。'业不从，率众追之，为弘所败。古人似此者多，不可悉陈。"郭化若说："敌军退归本国，不宜去遏止它，这大概只是指当时的

军队,归心似箭,遏止它,就会遇到拼命的反击。"遏,拦阻,阻截。

⑥围师必阙:意谓对已被包围的敌人,应给他们留下一个缺口,以避免其负隅顽抗。曹操曰:"《司马法》曰:'围其三面,阙其一面。所以示生路也。'"张预曰:"围其三面,开其一角,示以生路,使不坚战。后汉朱儁讨贼帅韩忠于宛,急攻不克,因谓军吏曰:'贼今外围周固,所以死战;若我解围,势必自出,出则意散,易破之道也。'果如其言。又,曹公围壶关,谓之曰:'城破,皆坑之。'连攻不下。曹仁谓公曰:'夫围城,必示之活门,所以开其生路也。今公许之必死,令人自守,非计也。'公从之,遂拔其城是也。"刘庆说:"春秋时期,大多数战争并不是要完全摧毁敌国、歼灭敌军,而是以有限的军事行动达成称霸的目的,因此不主张或不能进行歼灭作战,攻克敌人城邑营垒手段也嫌简陋。考虑到敌军'甚陷则不惧,无所往则固,入深则拘,不得已则斗'(《孙子·九地篇》)的心理状态,从涣散敌军斗志、瓦解敌军防御的角度考虑,'围师必阙'的原则受到兵家的普遍遵守。《司马法》中即有'围其三面,阙其一面,所以示生路也'(《宋本十一家注孙子》曹操注引)的说法。后世兵家总结历代战争实践经验,进一步充实细化它的内容。如杜牧说:'示以生路,令无必死之心,因而击之'(杜牧注《孙子》)。杜佑认为'若围敌平陆之地,必空其一面,以示其虚,欲使战守不固,而有去留之心。若敌临危据险,强救在表,当坚固守之,未必阙也'(杜佑注《孙子》)。《百战奇法·围战》则从诱敌出洞的角度,提倡'凡围城之道,须开一角,而伏兵于远,则贼有生路,思出奔,其志不坚,乃可克也',使这一用兵原则的内涵更加丰富。"阙,缺口。

⑦穷寇勿迫:杜牧曰:"春秋时,吴伐楚,楚师败走,及清发,阖闾复将击之。夫概王曰:'困兽犹斗,况人乎? 若知不免而致死,必败我。若使半济,而后可击也。'从之,又败之。汉宣帝时,赵充国讨先

零羌。羌睹大军，弃辎重，欲渡湟水，道厄狭，充国徐行驱之。或曰：'逐利行迟。'充国曰：'穷寇也，不可迫。缓之则走不顾，急之则还致死。'诸将曰：'善。'虏果赴水，溺水者数万，于是大破之也。"又，赵本学认为"迫"字误，当作"追"。毛泽东写有"宜将剩勇追穷寇，不可沽名学霸王"（《七律·人民解放军占领南京》）的诗句。李零说："毛泽东的诗，似乎透露出一点，他读的《孙子兵法》，可能是赵注本。因为《孙子》古本都是'穷寇勿迫'，只有赵注本是'穷寇勿追'。"穷寇，陷入绝境的敌人。迫，逼迫。

【译文】

用兵打仗的原理是：敌人如果占据了高地就不要仰攻；敌人如果背靠高地就不要迎击；敌人如果假意败逃就不要追击；敌人有锐气时不要进攻；敌人抛出的诱饵不要吞食；对退归本国的敌军不可阻截；对已被包围的敌人，应给他们留下一个缺口，以避免其负隅顽抗；对陷入绝境的敌人不要逼迫。这些就是用兵打仗的原理。

九变篇

【题解】

在《孙子兵法》十三篇中,《九变》是内容编排得较为混乱的一篇。此篇的篇题,以及篇中"五利"等词语,由于作者语焉不详,注释者难免聚讼纷纭。围绕着篇题"九变",长期以来主要形成了以下五种意见:

第一种是"五变"说,以梅尧臣、张预等为代表。曹操在本篇"虽知五利,不能得人之用"的后面,注曰:"谓下五事也。'九变'一云'五变'。"张预曰:"曹公言'下五事'为五利者,谓'九变'之下五事也,非谓'杂于利害'已下五事也。"认为"九变"实为"五变",指的是本篇开头"圮地无舍,衢地交合,绝地无留,围地则谋,死地则战"五句,意谓军队在以上五种地形下机变灵活的作战原则。

第二种是"九变"说,以李筌、贾林、何延锡为代表。贾林在"故将通于九变之地利者,知用兵矣"的后面,注曰:"九变,上九事。将帅之任机权,遇势则变,因利则制,不拘常道,然后得其通变之利。变之则九,数之则十。故君命不在常变例也。"认为"九变"指的是"圮地无舍,衢地交合,绝地无留,围地则谋,死地则战,途有所不由,军有所不击,城有所不攻,地有所不争"九事,"君命有所不受"一句不在"九变"之列。《银雀山汉墓竹简孙子兵法》的整理者亦支持此说。汉简有佚篇《四变》,整理者认为该篇"在解释'途有所不由'等四句以后说:'君令有所不行者,君令有反此四变者,则弗行也。'据此,九变当指'圮地无舍'至'地有所不争'九事而言。"

第三种是"错简"说,以张贲、刘寅、赵本学为代表。他们认为《军争篇》与本篇"简编错乱",《军争篇》的末尾"高陵勿向,背丘勿逆,佯北勿从,锐卒勿攻,饵兵勿食,归师勿遏,围师必阙,穷寇勿迫"八句,与本篇开头"圮地无舍"一句,句型相近,原本蝉联一体,却被割裂措置。"高陵勿向"八句与"圮地无舍"一句合在一起,即为"九变"。

第四种是"泛指"说,以郭化若、杨丙安为代表。郭化若认为本篇讲各种特殊情况的机断措施,"九"泛指多,"变"指不按正常原则处置。

第五种是"九地之变"说,以李零为代表。他指出:"今按'九变'实即《九地》'九地之变'。"怀疑《九地》可能是《孙子》各篇大体编定后,最后剩下来的材料,整理工作有点差,因此结构松散,前后重复。《九变》又是从《九地》分出来的一部分。

如果本篇文字确实源自《九地篇》,那么"九变"应该指的是兵家在熟知各种地形的前提下,机动灵活地变换战法以战胜敌人。本篇的第二段有言:"将通于九变之利者,知用兵矣;将不通于九变之利者,虽知地形,不能得地之利矣。"只有通晓"九变"原则的好处,才算懂得用兵,否则即使了解地形,也不能利用地形之利。由此可知:依托不同的军事地形,强调灵活多变的战术原则,当是《九变篇》的主旨所在。

战术原则运用得当,便能实现既定的利益诉求。在追求战争利益的过程中,如果一味求"利"而不知"害",便会导致亡国丧家的危险。孙子在本篇的第三段提出了"智者之虑,必杂于利害"的观点,要求战争决策者辩证地看待"利"与"害",不仅做到两者兼顾,还要能够化害为利,始终掌握战争的主导权。本篇最后一段概括出了军事将领有可能存在的"五危",即五种致命的缺陷。"五危"是"兵家之灾",能导致"覆军杀将"的恶果。显然,只有了解"五危",克服"五危",军事将领在人格建设方面,才能更好地领悟《计篇》中的"智"、"信"、"仁"、"勇"、"严"等各项标准的丰富内涵。

　　孙子曰：凡用兵之法，将受命于君，合军聚众[1]。圮地无舍[2]，衢地交合[3]，绝地无留[4]，围地则谋[5]，死地则战[6]，途有所不由[7]，军有所不击[8]，城有所不攻[9]，地有所不争[10]，君命有所不受[11]。

【注释】

[1] 凡用兵之法，将受命于君，合军聚众：按，此三句与《军争篇》开篇三句相同。刘寅曰："张贲注以上篇'高陵勿向'以下八句通此篇'绝地无留'一句共为九变，甚是有理。"赵本学引刘寅曰："愚自十八九岁先人授读张贲刊定注板，则以上篇'高陵勿向'一段八句，通此篇'绝地勿留'一句，共为九变。其'圮地无舍，衢地交合，围地则谋，死地则战'四句为《九地篇》文，断为错简，甚为有理。"赵氏认为："然愚犹以为'将受命于君，合军聚众'九字，盖亦误因上篇之文而重出也，今只截自上篇'高陵勿向，背丘勿逆，佯北勿从，锐卒勿攻，饵兵勿食，归师勿遏，围师必阙，穷寇勿迫'八句，以合于'绝地勿留'一句为九变，只为全文更尤简净，其此篇'将受命于君，合军聚众'，凡九字归诸《军争篇》下，四句归诸《九地篇》，则孙子之书无一言之不足，亦无一言之有余矣。"李零说："《九变》篇的这段文字有问题，不是重出，就是残缺。"

[2] 圮地无舍：按，孙子对"圮地"的认识亦见于《九地篇》。该篇曰："山林、险阻、沮泽，凡难行之道者，为圮地。""圮地则行。"张预曰："以其无所依，故不可舍止。"圮地，指难以行走的地区。舍，止，这里指宿营。

[3] 衢地交合：按，孙子对"衢地"的认识亦见于《九地篇》。该篇曰：

"衢地则合交。""诸侯之地三属,先至而得天下之众者,为衢地。""四达者,衢地也。"曹操曰:"结诸侯也。"梅尧臣曰:"夫四通之地,与旁国相通,当结其交也。"顾福棠曰:"衢地合交者,《九地篇》云:'四达者,衢地也。'盖四达之地邻交我则助我,邻交敌则助敌,何以不曰邻而曰交?盖本与我和好之国也。但四达之地,非止一邻,四邻相错,吾当悉与之交,故曰合交。"朱军说:"现在,大国对于处于战略位置的小国、岛国,凡能以军事控制的,就控制它;凡能施加政治影响的,就影响它;凡能以军援、经援拉拢的,就拉拢它。就是利用各种手段交结同盟者。直布罗陀、苏伊士运河、马六甲海峡、巴士海峡、巴拿马运河,都具有衢地的性质。"衢地,指四通八达之地。交和,指结交诸侯。

④绝地无留:按,孙子对"绝地"的认识亦见于《九地篇》。该篇曰:"去国越境而师者,绝地也。"李筌曰:"地无泉井、畜牧、采樵之处,为绝地,不可留也。"绝地,指军队与后方隔绝、难以生存之地。

⑤围地则谋:按,孙子对"围地"的认识亦见于《九地篇》。该篇曰:"所由入者隘,所从归者迂,彼寡可以击吾之众者,为围地。""背固前隘者,围地也。"张预曰:"居前隘后固之地,当发奇谋,若汉高为匈奴所围,用陈平奇计得出,兹近之。"顾福棠曰:"《九地篇》云:所由入者隘,所从归者迂,彼寡可以击吾之众者,曰围地。明处此围地之势,当令人不测,速发奇谋,然后可以出险而免祸。"围地,指难以出入、容易包围之地。

⑥死地则战:按,孙子对"死地"的认识亦见于《九地篇》。该篇曰:"疾战则存,不疾战则亡者,为死地。""无所往者,死地也。"张预曰:"走无所往,当殊死战,淮阴背水陈是也。从'圮地无舍'至此为九变,止陈五事者,举其大略也。《九地篇》中说九地之变,唯言六事,亦陈其大略也。凡地有势有变,《九地篇》上所陈者,

是其势也,下所叙者,是其变也。何以知九变为九地之变?下文云:'将不通九变,虽知地形,不能得地利。'又,《九地篇》云:'九地之变,屈伸之利,不可不察。'以此观之,义可见也。下既说'九地',此复言'九变'者,孙子欲叙五利,故先陈九变,盖九变、五利相须而用,故兼言之。"顾福棠曰:"《九地篇》云:'疾战则存,不疾战则亡者,为死地。'明其地形有当死之势,非我欲置兵于必死之地也,我军至此不过适逢其地耳。死地则战者,言既适逢其地,前不能进,后不能退,战则生,不战则死,我能速战则必勇气百倍以求生。若至旷日持久,粮道断绝,兵心不固,我虽欲战亦不可得矣。故此二句变文曰'则谋'、'则战',言围地当急谋,迟则为敌击灭也;死地当疾战,迟则欲战而不能战也。"郭化若说:"这里讲的五种地区,《地形篇》讲的六种地形,《九地篇》讲的九种地区,六种地区和《九地篇》九种地形上的行动方针都是古代'兵要地理'的萌芽的论述,有许多重复,疑是《孙子》流传中不同笔记者的综合。但其中也有杰出的命题,如'围地则谋'、'死地则战'。以上论述可看作《孙子》地形观的一种表现。"

⑦途有所不由:意谓有的道路不要经过。王皙曰:"途虽可从而有所不从,虑奇伏也。若赵涉说周亚夫,避崤黾厄狭之间,虑置伏兵,请走蓝田,出武关,抵洛阳,间不过差一二日是也。"

⑧军有所不击:意谓有的军队不要攻击。曹操曰:"军虽可击,以地险难,久留之失前利,若得之,则利薄。困穷之兵,必死战也。"杜牧曰:"盖以锐卒勿攻,归师勿遏,穷寇勿迫,死地不可攻。或我强敌弱,敌前军先至,亦不可击,恐惊之退走也。言有如此之军,皆不可击。斯统言为将须知有此不可击之军,即须不击,益为知变也。故列于《九变篇》中。"张预曰:"纵之而无所损,克之而无所利,则不须击也。又若我弱彼强,我曲彼直,亦不可击。如晋楚相持,士会曰:'楚人德行、政事、典礼不易,不可敌也,不为

是征。'义相近也。"陈启天曰："谓凡敌军,有时因须变通,而不可甚或不必全行攻击之也。凡敌军皆我所当攻击者,然敌之实者,如《军争篇》所谓正正之旗,堂堂之陈,则须斟酌变通,暂取守势,待机进攻也。即进攻时机已到,为节约兵力,用于主力作战,以争全局之胜负计,亦须于若干方面采取守势。其采取守势之方面,虽敌人极意挑战,亦不可轻于还击,是亦军有所不击也。至于张预所谓纵之而无所损,克之而无所利之敌,应在军有所不击之列,自更明矣。凡兵力皆有限,有所不击,然后能有所击。若凡敌即击之,处处而击之,时时而击之,未有不力竭而败者。善用兵者,能知变通,有所不击,击则胜矣。军有所不击之时义,大矣哉!"

⑨ 城有所不攻:意谓有的城池不要攻打。曹操曰："城小而固,粮饶,不可攻也。操所以置华、费而深入徐州,得十四县也。"杜牧曰："操舍华、费不攻,故能兵力完全,深入徐州,得十四县也。盖言敌于要害之地,深峻城隍,多积粮食,欲留我师;若攻拔之,未足为利,不拔,则挫我兵势,故不可攻也。宋顺帝时,荆州守沈攸之反,素蓄士马,资用丰积,战士十万,甲马二千。军至郢城,功曹臧寅以为:攻守异势,非旬日所拔;若不时举,挫锐损威。今顺流长驱,计日可捷;既倾根本,则郢城岂能自固? 故兵法曰'城有所不攻'是也。攸之不从。郢郡守柳世隆拒攸之,攸之尽锐攻之,不克,众溃走,入林自缢。"陈启天曰："谓凡敌所据守之城塞,不可全行攻击,亦不必全行攻取也。城塞最利于防守,而不利于攻击,故《谋攻篇》以'攻城为不得已'。所谓不得已者,谓其城塞或为战略要点,或与决胜大局有关,而不得不攻取之也。非战略要点,或与决胜大局无关之城塞,则不可攻之,亦不必攻之。曷为不可攻? 以其既耗兵力,稽时日,而结局又未必能拔,于我极不利也。曷为不必攻? 以拔之而不能守,或守之而无大益,而

委之又不足为患也。城塞何者为不得已而必须攻之？何者为不可攻或不必攻？是非深通变通之道者，不能定焉。"

⑩ 地有所不争：意谓有的地方不要争夺。曹操曰："小利之地，方争得而失之，则不争也。"杜牧曰："言得之难守，失之无害。伍子胥谏夫差曰：'今我伐齐，获其地，犹石田也。'东晋陶侃镇武昌，议者以武昌北岸有邾城，宜分兵镇之。侃每不答，而言者不已。侃乃渡水猎，引诸将佐语之曰：'我所以设险而御寇，正以长江耳。邾城隔在江北，内无所倚，外接群夷；夷中利深，晋人贪利，夷不堪命，必引寇虏，乃致祸之由，非御寇也。且今纵有兵守之，亦无益于江南；若羯虏有可乘之会，此又非所资也。'后庾亮戍之，果大败也。"陈启天曰："谓凡敌军所在之地，不可或不必全行争夺而占领之也。敌军所在之地，有必须力争者，亦有不可争或不必争者。辽远广阔险阻及坚守之地，不可轻争。无益于决胜之地，不必轻争。不可或不必轻争之地，即不争之，是地有所不争也。若争不可争之地，则力竭而败矣。又若争不必争之地，则兵分力薄，反易为敌所制矣。其常胜而不败者，惟善知变通，集中兵力，以争必争之地者能然焉。"

⑪ 君命有所不受：意谓国君有的命令不必接受。曹操曰："苟便于事，不拘于君命也。"张预曰："苟便于事，不从君命。夫概王曰'见义而行，不待命'是也。自'途有所不由'至此，为五利。或曰：自'圮地无舍'至'地有所不争'为九变，谓此九事皆不从中覆，但临时制宜，故统之以'君命有所不受'。"刘寅曰："此五者即所谓五利也。盖途必由，军必击，城必攻，地必争，君命必受者，常法也。今曰途有所不由，军有所不击，城有所不攻，地有所不争，君命有所不受者，亦变法耳。此所以继于九变之下，以不由、不击、不攻、不争、不受，而有便于军，故以五利言之。"郭化若认为"君命有所不受"是这一段话的重点，是《孙子》的特殊命题，

应当是在战国初期将相开始分工,孙子要求相对的集中,反对"于军不利"的"中枢遥控"时才提出来的。

【译文】

孙子说:大凡用兵打仗的规律是,将领从国君那儿接受命令,聚合民众,组成军队。在"圮地"不要宿营,在"衢地"要结交诸侯,在"绝地"不要停留,在"围地"要巧施计谋,在"死地"要拼死战斗,有的道路不要经过,有的军队不要攻击,有的城池不要攻打,有的地方不要争夺,国君有的命令不必接受。

故将通于九变之利者,知用兵矣[①];将不通于九变之利者,虽知地形,不能得地之利矣[②];治兵不知九变之术,虽知五利,不能得人之用矣[③]。

【注释】

[①] 故将通于九变之利者,知用兵矣:贾林曰:"九变,上九事。将帅之任机权,遇势则变,因利则制,不拘常道,然后得其通变之利。"何氏曰:"孙子以《九变》名篇,解者十有余家,皆不条其九变之目者何也? 盖自'圮地无舍'而下,至'君命有所不受',其数十矣,使人不得不惑。愚熟观文意,上下止述其地之利害尔;且十事之中,'君命有所不受'且非地事,昭然不类矣。盖孙子之意,言凡受命之将,合聚军众,如经此九地,有害而无利,则当变之,虽君命使之舍、留、攻、争,亦不受也。况下文言'将不通于九变之利者,虽知地形,不能得地之利',其君命岂得与地形而同算也? 况下之《地形篇》云:'战道必胜,主曰无战,必战可也;战道不胜,主曰必战,无战可也。'厥旨尽在此矣。"将,将领。九变,李零说:"作者说的'九变'应该就是上文第一段摘述的五种'九地之变'。"九变,指各种不同的地形条件下对战术的变换。

②将不通于九变之利者，虽知地形，不能得地之利矣：贾林曰："虽知地形，心无通变，岂惟不得其利，亦恐反受害也。将贵适变也。"朱军说："指挥员通晓战况是多变的，只有根据情况的变化适时而正确地变革决心、部署，使之有利于作战任务的完成，争取战争的胜利，才可以称得起懂得用兵作战的规律。如果指挥员不懂得战争情况是在不停顿地变动着，不根据变化了的情况采取新的决心，虽然了解地形，也不能发挥地形之利。因为地形有利只是争取胜利条件之一，正如孙武说的'夫地形者，兵之助也'。取得战争的胜利还有其他若干条件，而且这些条件不像地形那样比较固定，它们不断变化着，只有随着形势的变化而变化，才可以争取胜利。指挥员如果不知在瞬息多变的战争过程中，采取应有的应变对策，就不能充分发挥部队的战斗力。"

③治兵不知九变之术，虽知五利，不能得人之用矣：王晢曰："虽知五地之利，不通其变，如胶柱鼓瑟耳。"李零说："'五利'应该就是上文列举的五种'有所不'。'有所不'是说要有伸缩余地。"赵本学曰："此篇多错文，'五'字当作'地'，上文言不知变者，虽知地之形，无以得地之利，亦无以得人之用也。以见用兵以知变为先，而地利人为之次耳。盖尝论之地不过兵之助，兵不过为术之助，不知九变之利，九变之术，于不可击者固击之，于不可攻者固攻之，此谓之瞀可也。诚虽有高阳险固之地，反化为覆尸之所，虽有熊罴百万之众，亦适为润草之膏而已，安能求胜于人哉？"术，方法，手段。

【译文】

所以将领能够通晓各种不同的地形条件下变换战术的好处，算是懂得用兵了；将领没有通晓各种不同地形条件下变换战术的好处，即使了解地形，也不能得到地形之利；指挥军队却不懂得各种不同的地形条件下变换战术的方法，即使懂得"五利"，也不能充分发挥官兵的作用。

是故智者之虑,必杂于利害①。杂于利,而务可信也②;杂于害,而患可解也③。是故屈诸侯者以害④,役诸侯者以业⑤,趋诸侯者以利⑥。故用兵之法,无恃其不来,恃吾有以待也⑦;无恃其不攻,恃吾有所不可攻也⑧。

【注释】

①是故智者之虑,必杂于利害:曹操曰:"在利思害,在害思利,当难行权也。"张预曰:"智者虑事,虽处利地,必思所以害;虽处害地,必思所以利。此亦通变之谓也。"刘寅曰:"是故智者之虑事必杂于利与害,谓见利必虑其所害,遇害必虑其所利。此亦变通之道也。"郭化若说:"指聪明将帅的思考。看问题不应只看到有利方面,而不考虑有害方面;也不应只看到困难方面,而不看到有利因素。就是说要兼顾到利、害两方面。"刘庆说:"《孙子兵法》认识到战争领域充满着许多矛盾对立的现象,如力量的强弱、人数的众寡、将帅的贤愚、军队的治乱、士卒的勇怯、兵力的专分、人员的劳逸、处境的安危、战势的奇正、战法的攻守、道路的迂直、条件的利害等。在此基础上,它提出了对待利害这类矛盾的两条基本原则,第一,权衡利害,双向思考。研究战争现象不能只顾及一点,只看到一面,而要'在利思害,在害思利'(曹操注《孙子》),兼顾到利害两个方面。和平时期要抓紧战备,'无恃其不来,恃吾有以待也'(《九变篇》);胜利之际不要忘乎所以,'战胜攻取而不修其功者凶,命曰费留'(《火攻篇》);困难之际要充分认识到事物的有利因素,对来势汹汹的强大之敌,要看到其饥疲劳困等不利因素;双方争夺致胜条件时要看到'军争为利,军争为危'(《军争篇》);防御部署时要考虑到'备前则后寡,备后则前寡,备左则右寡,备右则左寡,无所不备,则无所不寡'(《虚实篇》)。认识到战争的方方面面,才能抓住矛盾的主导方面,进行

正确的处置。第二，要善于化害为利。'杂于利而务可信也，杂
于害而患可解也。'（《九变篇》）看到利的方面就可以增强信心，
增强抗敌的斗志；看到有害的方面就能够对祸患和困难预有准
备，可以积极发挥人的主观能动作用，创造矛盾转化的必要条
件，促使形势向有利于自己的方向发展。"杂，掺杂，这里是兼顾
的意思。

② 杂于利，而务可信也：意谓在不利的情况下看到有利的一面，作
战目的才可达到。曹操曰："计敌不能依五地为我害，所务可信
也。"杜牧曰："言我欲取利于敌人，不可但见取敌人之利，先须
以敌人害我之事参杂而计量之，然后我所务之利，乃可申行也。"
务，事情，事物，这里指作战目的。信，通"伸"，伸展，达到。

③ 杂于害，而患可解也：意谓在有利的情况下看到有害的一面，祸
患才可解除。曹操曰："既参于利，则亦计于害，虽有患可解也。"
杜牧曰："我欲解敌人之患，不可但见敌能害我之事，亦须先以
我能取敌人之利，参杂而计量之，然后有患乃可解释也。故上文
云'智者之虑，必杂于利害'也。譬如敌人围我，我若但知突围
而去，志必懈怠，即必为追击；未若励士奋击，因战胜之利以解围
也。举一可知也。"陈启天曰："谓参酌于害之一方而沉思之，然
后其事之患害，乃可预为解免也。凡事之利害，本多相杂者。利
之所在，害即随之，故虑事定计，能一面思利而力图之，又一面思
患而预防之，则应变之道尽矣。虑必杂于利害，然后乃能深明利
害之道，以应变制敌焉。"

④ 屈诸侯者以害：意谓用一些有害于诸侯的事情施加压力使其屈
服。曹操曰："害其所恶也。"杜牧曰："言敌人苟有其所恶之事，
我能乘而害之，不失其机，则能屈敌也。"贾林曰："为害之计，理
非一途，或诱其贤智，令彼无臣；或遗以奸人，破其政令；或为巧
诈，间其君臣；或遗工巧，使其人疲财耗；或馈淫乐，变其风俗；或

与美人，惑乱其心。此数事，若能潜运阴谋，密行不泄，皆能害人，使之屈折也。"

⑤役诸侯者以业：意谓用一些事情驱使诸侯为我所用。曹操曰："业，事也。使其烦劳，若彼入我出，彼出我入也。"张预曰："以事劳之，使不得休。或曰：压之以富强之业，则可役使。若晋、楚国强，郑人以牺牲玉帛奔走以事之是也。"役，役使。业，事情。

⑥趋诸侯者以利：意谓用一些小利诱惑诸侯使其被动奔走。曹操曰："令自来也。"杜牧曰："言以利诱之，使自来至我也，堕吾画中。"趋，奔走。

⑦恃吾有以待也：梅尧臣曰："所恃者，不懈也。"

⑧无恃其不攻，恃吾有所不可攻也：曹操曰："安不忘危，常设备也。"何氏曰："《吴略》曰：'君子当安平之世，刀剑不离身。'古诸侯相见，兵卫不彻警，盖虽有文事，必有武备，况守边固围，交刃之际欤？凡兵所以胜者，谓击其空虚，袭其懈怠；苟严整终事，则敌人不至。《传》曰：'不备不虞，不可以师。'昔晋人御秦，深垒固军以待之，秦师不能久。楚为陈，而吴人至，见有备而返。程不识将屯，正部曲行伍营陈，击刁斗，吏治军簿，虏不得犯。朱然为军师，虽世无事，每朝夕严鼓兵，在营者咸行装就队，使敌不知所备，故出辄有功。是谓能外御其侮者乎！常能居安思危，在治思乱，戒之于无形，防之于未然，斯善之善者也。其次莫如险其走集，明其伍候，慎固其封守，缮完其沟隍，或多调军食，或益修战械。故曰：物不素具，不可以应卒。又曰：惟事事乃其有备，有备无患。常使彼劳我佚，彼老我壮，亦可谓'先人有夺人之心'、'不战而屈人之师'也。若夫莒以恃陋而溃，齐以狎敌而歼，虢以易晋而亡，鲁以果邾而败，莫敖小罗而无次，吴子入巢而自轻，斯皆可以作鉴也。故吾有以待、吾有所不可攻者，能豫备之之谓也。"赵本学曰："备而且理，惟深思利害者能知之，盖怯防勇战，用兵

之道也。必斥堠常谨，堡栅常固，行阵常整，法度常申，器械常利，车马常调，视未战如将战，视既战如未战，不以敌去而悔，惧有佯退之理；不以胜敌而骄，惧有必报之心。戒酒省眠，养气寡欲，忍寒耐暑，服劳分苦。虽经年积月之后，无异于始集之时；虽暴雨严霜之夜，无间于风高马嘶之辰。一心周流乎万里之外，监戒不离于几席之前。如此则常有所恃，万无可攻，仓卒意外之变，何为而起耶？苟无自固之本而偷或然之安，则虽极其思虑之精，亦无益于智也。此用兵之要语，学者其可不永言耶？"陈启天曰："当战斗时，吾有以待，吾有所不可攻，是敌无利可趋也。何患其来攻乎？如其贸然来攻，吾亦能以实力害之矣。《形篇》所谓先为不可胜，以待敌之可胜，与此所言义虽相通，然此着重战斗时之实际措置而言，《形篇》则着重未战前之国防准备而言，此须稍加分辨者。"吴如嵩说："孙子在这里用了四个'恃'字，'恃'是依恃。依恃什么，依恃的就是强大的实力，就是充分的准备。有了这样的'恃'，才能有恃无恐。孙子说，不要依恃敌人不来，不要依恃敌人不攻，如果寄希望于敌人的仁慈和善良，而自己毫无战备，毫无实力，那就是机会主义，那就会像卫懿公那样因为好鹤，战备松弛，而亡国破家。"

【译文】

所以聪明人考虑问题，一定会兼顾有利与有害两方面。在不利的情况下看到有利的一面，作战目的才可达到；在有利的情况下看到有害的一面，祸患才可解除。所以用一些有害于诸侯的事情施加压力使其屈服，用一些事情驱使诸侯使其为我所用，用一些小利诱惑诸侯使其被动奔走。所以用兵打仗的法则是，不要寄希望于敌人不来攻打，而要寄希望于我方的不懈备战；不要寄希望于敌人不来进攻，而要寄希望于我方实力强大敌人无法进攻。

　　故将有五危①：必死，可杀也②；必生，可虏也③；忿速，可侮也④；廉洁，可辱也⑤；爱民，可烦也⑥。凡此五者，将之过也，用兵之灾也⑦。覆军杀将，必以五危，不可不察也⑧。

【注释】

①故将有五危：郭化若说："五种将帅性格上的缺陷。"

②必死，可杀也：意谓对一味拼死的敌将，可施计杀死他。曹操曰："勇而无虑，必欲死斗，不可曲挠，可以奇伏中之。"杜牧曰："将愚而勇者，患也。黄石公曰：'勇者好行其志，愚者不顾其死。'《吴子》曰：'凡人之论将，常观于勇；勇之于将，乃数分之一耳。夫勇者必轻合，轻合而不知利，未可将也。'"张预曰："勇而无谋，必欲死斗，不可与力争，当以奇伏诱致而杀之。故《司马法》曰：'上死不胜。'言将无策略，止能以死先士卒，则不胜也。"赵本学曰："言不避险易强弱之势，不计众寡胜败之情，但欲轻生决战，以图侥幸，此其人必无他谋，姑出穷计者耳。若据高坚陈，制其冒突而设伏布奇以杀之，诚不难也。"

③必生，可虏也：意谓对贪生怕死的敌将，可设法俘虏他。曹操曰："见利畏怯不进也。"张预曰："临陈畏怯，必欲生返，当鼓噪乘之，可以虏也。晋楚相攻，晋将赵婴齐，令其徒先具舟于河，欲败而先济是也。"赵本学曰："依恋城堡不敢深入，临阵退缩过自防卫。此其人柔怯无勇，军威不震，遇敌奋击兵败自降。"

④忿速，可侮也：意谓对急躁易怒的敌将，可通过侮辱激怒他而使他中招。曹操曰："疾急之人，可忿怒侮而致之也。"杜牧曰："忿者，刚怒也。速者，褊急也，性不厚重也。若敌人如此，可以陵侮，使之轻进而败之也。十六国姚襄攻黄落，前秦苻生遣苻黄眉、邓羌讨之。襄深沟高垒，固守不战。邓羌说黄眉曰：'襄性刚很，易以刚动；若长驱鼓行，直压其垒，必忿而出师，可一战而擒

也.'黄眉从之。襄怒出战,黄眉等斩之。"赵本学曰:"暴怒褊急
之人,心虑浅狭,智识庸下,侮之则乘怒,轻合不顾成败。"

⑤廉洁,可辱也:意谓对廉洁惜名的敌将,可通过侮辱他而乱其心
曲。曹操曰:"廉洁之人,可污辱致之也。"张预曰:"清洁爱民之
士,可垢辱以挠之,必可致也。"赵本学曰:"廉洁者,狷狭自饰之
人也。矜骄喜色,不受人污,辱之则愧忿交集,邀人求逞。"

⑥爱民,可烦也:意谓对爱护民众的敌将,可不断烦扰他,使他疲于
救援,劳碌不堪。曹操曰:"出其所必趋,爱民者,则必倍道兼行
以救之,救之则烦劳也。"陈皞曰:"兵有须救不必救者,项羽救
赵,此须救也;亚夫委梁,不必救也。"张预曰:"民虽可爱,当审利
害;若无微不救,无远不援,则出其所必趋,使烦而困也。"赵本学
曰:"爱民者,不忍之心胜,煦煦若妇人者也。此人多姑息求全,
才无果断,烦之则心绪杂乱,谋患不精。此五者,皆将军自为之
过,不可以任用,兵之责者也。"

⑦凡此五者,将之过也,用兵之灾也:陈皞曰:"良将则不然。不必
死,不必生,随事而用;不忿速,不耻辱,见可如虎,否则闭户。动
静以计,不可喜怒也。"何氏曰:"将材古今难之,其性往往失于一
偏耳。故孙子首篇言'将者,智、信、仁、勇、严',贵其全也。"张预
曰:"庸常之将,守一而不知变,故取则于己,为凶于兵。智者则
不然,虽勇而不必死,虽怯而不必生,虽刚而不可侮,虽廉而不可
辱,虽仁而不可烦也。"

⑧覆军杀将,必以五危,不可不察也:贾林曰:"此五种之人,不可任为
大将,用兵必败也。"朱军说:"孙武运用辩证观点,提出将的性格有
长有短。短在长之中,两者互相转化,重要的是善于正确处理才能
不致偏激而被敌方所利用。古人有'祸兮福所依,福兮祸所伏',事
物的辩证法,正是如此。将的'五危'性格应该正确解决,也可以
正确解决。解决的办法就是提高指挥员的军政素养。"陈启天曰:

"军之所以覆败,将之所以被杀,皆由于为将者有此五种危及战事之性格,不可不慎加审察,而斟酌变通之也。……将既须能勇,又须能不必死;既须能怯,又须能不必生;既须能刚,又须能不可侮;既须能廉,又须能不可辱;既须能仁,又须能不可烦。诸种性格,互为调融,而各适其宜,共成其用,是非深识生死之道,深通修养之学,并深知变通之法者,莫能几焉。《计篇》曾首揭将须智、信、仁、勇、严五德俱全,为将岂易言哉,为将岂易言哉!"覆军,使军队覆灭。

【译文】

将帅有五种危险的性格缺陷:对一味拼死的敌将,可施计杀死他;对贪生怕死的敌将,可设法俘虏他;对急躁易怒的敌将,可通过侮辱激怒他而使他中招;对廉洁惜名的敌将,可通过侮辱他而乱其心曲;对爱护民众的敌将,可不断烦扰他,使他疲于救援,劳碌不堪。以上这五种,是将帅容易犯的过错,也是用兵的灾祸。军队被覆灭,将领被杀死,必定由于上述五种危险,不可不认真研究。

行军篇

【题解】

"行军"在现代军语中,意即"军队进行训练或执行任务时从一个地点走到另一个地点",而本篇篇题的含义却与此有别,指的是行军过程中的"处军"。"处军",指的是军队在不同地形条件下的作战、驻扎与宿营。赵本学曰:"行军者,军行出境须知之事也。次舍之处,则有水泽山陆之不同,经由之路亦有坑堑阻险之不一,果何择而何避乎?军行见敌,敌人则有动静进退之迹,有障蔽疑似之计,有治乱虚实之形,果何觇而何察乎?处军不得其法,相敌不得其情,皆有败衄之祸。孙子此篇专载其事,上言处军,下言相敌,周悉详尽,无复余蕴矣。"指出了"处军"与"相敌"之术对于战争结果的重要意义,因而被《孙子兵法》充分重视,详加分析。张预曰:"知九地之变,然后可以择利而行军,故次《九变》。"则指出了本篇与《九变篇》在内容上的前后衔接。

本篇前两段谈"处军"。孙子依次分析了在山地、江河、盐碱地和平地等四种地形下的"处军"原则(如在山地"处军",要"绝山依谷,视生处高,战隆无登")——均蕴含着充分利用各种"地利"以达到"致人而不致于人"的旨归。作者还从军需供应与卫生防疫的角度,论证"处军"时为何需遵循"好高而恶下,贵阳而贱阴"的原则。士卒身体的健康与否,亦直接关乎作战成败,因而将帅需掌握卫生保健的基本知识,才能正确

"处军"以使"军无百疾"。作者还提出了我军必须快速离开的"六害之地"——"绝涧、天井、天牢、天罗、天陷、天隙",并提醒将领途经"险阻、潢井、葭苇、山林、蘙荟"之地,需小心谨慎,认真搜索,以防敌人伏兵的袭击。

　　本篇第三段谈"相敌",一共举出了三十二种"相敌"之法。"相敌",即侦察与判断敌情。受军事科技水平所限,孙子时代的人们观察敌情主要依靠眼耳,但这看似原始的"侦察工具",仍能获知各种敌情,高明的将帅透过表象而抵达本质,便能掌握敌人的作战意图、战略部署、士卒心理、官兵关系等,从而因势利导,因敌制胜,在充分"知彼"的前提下战胜敌人。在而今高科技的武装下,侦察工具早已摆脱了孙子时代的原始简陋,但三十二种"相敌"之法所贯穿的"知彼知己,百战不殆"的思想宗旨,以及透过现象看本质的思辨方法,仍极具价值,永不过时。

　　本篇最后一段提出的一些观点,也闪烁着作者睿智的光芒。如"兵非益多也",提出兵员并非多多益善,质量建设常比扩充数量更重要,在吴如嵩看来,这堪称"我国最早提出的精兵思想"。又如"令(应作"合")之以文,齐之以武",提出在治军方面应"文"、"武"兼用,不可偏废。刘庆评价这一原则道:"这一思想比单纯鞭笞杀戮的强制性方法要进步,且与崇尚'中庸'之道的中华民族文化相吻合,故几千年来一直被兵家奉为治兵准则。古代兵书《吴子》提出的'总文武,兼刚柔'的将帅素质要求,近代兵书《曾胡治兵语录》中蔡锷的评语说'带兵如父兄之带子弟一语,最为仁慈贴切。能以此存心,则古今带兵格言,千言万语,皆可付之一炬',都可以看成是对这一思想的发展。"指出了"文"、"武"并用的治军原则对后世兵家的深刻影响。

　　孙子曰:凡处军、相敌[①]:绝山依谷[②],视生处高[③],战隆无登[④],此处山之军也[⑤]。绝水必远水[⑥];客绝水而来[⑦],勿迎之于水内,令半济而击之,利[⑧];欲战者,无附于水而迎客[⑨];

视生处高⑩，无迎水流⑪，此处水上之军也⑫。绝斥泽，惟亟去无留⑬，若交军于斥泽之中，必依水草而背众树⑭，此处斥泽之军也⑮。平陆处易⑯，而右背高，前死后生⑰，此处平陆之军也⑱。凡此四军之利⑲，黄帝之所以胜四帝也⑳。

【注释】

①凡处军、相敌："处军"与"相敌"是本篇前三段的关键词。刘寅曰："孙子言：凡处军之法有四，相敌之法有三十二。下文自'绝山依谷'至'伏奸之所'，皆处军之法也。自'敌近而静'至'必谨察之'，皆相敌之法也。"吴九龙解释"处军"道："指在各种地形条件下，军队行军、战斗、驻扎的处置方法。"相敌，侦察敌情，判断敌情。张预曰："自'绝山依谷'至'伏奸之所处'，则处军之事也；自'敌近而静'至'必谨察之'，则相敌之事也。"

②绝山依谷：意谓行军经过山地，要靠近山谷。曹操曰："近水草利便也。"张预曰："绝，犹越也。凡行军越过山险，必依附溪谷而居，一则利水草，一则负险固。后汉武都羌为寇，马援讨之。羌在山上，援据便地，夺其水草，不与战。羌穷困，悉降。羌不知依谷之利也。"

③视生处高：意谓部队驻扎时要选择向阳的高地。杜牧曰："言须处高而面南也。"视，看。生，这里指向阳的地带。曹操曰："生者，阳也。"处高，居高，居于地势高的地带。

④战隆无登：意谓与地势高的敌人作战，我军不可采用仰攻。曹操曰："无迎高也。"杜牧曰："隆，高也。言敌人在高，我不可自下往高，迎敌人而接战也。"隆，高，这里指高地。登，攀登，这里指仰攻。

⑤此处山之军也：意谓这是在山地指挥部队时要掌握的原则。梅尧臣曰："处山，当知此三者。"

⑥绝水必远水：意谓我军渡过河流后，一定要在远离河流的地方宿营。杜牧曰："魏将郭淮在汉中，蜀主刘备欲渡汉水来攻，诸将议众寡不敌，欲依水为陈以拒之。淮曰：'此示弱而不足挫敌，不如远水为陈，引而致之，半济而后击，备可破也。'既列陈，备疑，不敢渡。"张预曰："凡行军过水，欲舍止者，必去水稍远，一则引敌使渡，一则进退无碍。郭淮远水为陈，刘备悟之而不渡是也。"绝，横渡。

⑦客绝水而来：意谓敌军渡水来进攻。客，指前来进攻的敌军。刘庆说："《孙子兵法》所说的'客'，最初是指进入敌境作战的军队；与之相对应的是'主'，即指在本土作战的军队。一般说来，主方有以逸待劳之利，客方有深入敌境、全力拼死作战的优势。在此基础上，古代兵家将帅也常将己方或防御的一方称为'主'，将敌方或进攻的一方称为'客'，并由此引申出'兵贵为主，不贵为客'的理论，主张深入敌境作战的客军，虽然有运输线长、补给困难等诸多不利因素，但为了变被动为主动，可以采取因粮于敌、围城打援等战法，迫使凭借坚城以逸待劳的敌人出城寻战，使主客之势发生根本性的变化。主客无定势，将帅指挥得法，可以反客为主，指挥不当也可以失主为客。也就是《唐太宗李卫公问对》一书所说的'主客之事，则有变客为主，变主为客之术'（卷中）。《三十六计》第三十计'反客为主'，就是根据这个理论演绎而成的，其计云：'乘隙插足，扼其主机，渐之进也。'所以兵不拘主客，重要的是要善于因利制变，使作战行动符合客观实际。在战争中由弱变强，由被动变主动，往往需要一个渐变的过程。在战略形势不利之时，要甘居客位，以便争取时间，扩充实力，逐步转化战略形势，而后进行战略决战。而在战役战斗中，则要善于以攻为守，以迂为直，乘隙突破，更具有机动灵活、时间短促、乘势突发的特点。"

⑧勿迎之于水内，令半济而击之，利：杜牧曰："楚汉相持，项羽自击彭越，令其大司马曹咎守成皋。汉军挑战，咎涉汜水战。汉军候半涉，击，大破之。"张预曰："敌若引兵渡水来战，不可迎之于水边，俟其半济，行列未定，首尾不接，击之必胜。公孙瓒败黄巾贼于东光，薛万均破窦建德于范阳，皆用此术也。"

⑨欲战者，无附于水而迎客：郭化若说："附水，照现在的军语说：就是'直接配备'，即把防御的军队紧靠河边配置，可以直接箭射渡河中的敌兵，以阻止敌军渡河。如果想放敌人过河再打，就不要'附水'，而作'后退配置'，让出一定的地方让敌人渡河过来，等过了一半而后迎击它。孙子时代虽还没有把沿江河的防御分为如同我们现在所说的'直接配备'和'后退配备'，但他从'半济而击之利'的思想出发，提出'欲战者，无附水而迎客'，实际上就是今天所说的'后退配备'。这就是他高明的地方。"

⑩视生处高：此处意谓我军要处于江河的上游。曹操曰："水上亦当处其高也。前向水，后当依高而处之。"

⑪无迎水流：意谓不要驻扎在江河的下游。曹操曰："恐溉我也。"杜牧曰："水流就下，不可于卑下处军也，恐敌人开决，灌浸我也。上文云'视生处高'也。诸葛武侯曰：'水上之陈，不逆其流。'此言我军舟船亦不可泊于下流，言敌人得以乘流而薄我也。"

⑫此处水上之军也：意谓这是在水边指挥部队时要掌握的原则。梅尧臣曰："处水上，当知此五者。"

⑬绝斥泽，惟亟去无留：意谓部队经过盐碱沼泽地带，应迅速离开，不要停留。陈皞曰："斥，咸卤之地，水草恶，渐洳不可处军。《新训》曰'地固斥泽，不生五谷'者是也。"亟，赶快，迅速。去，离开。

⑭若交军于斥泽之中，必依水草而背众树：曹操曰："不得已与敌会于斥泽中。"张预曰："不得已而会兵于此地，必依近水草，以便樵汲；背倚林木，以为险阻。"交军，指两军交战。

⑮此处斥泽之军也：意谓这是在盐碱沼泽地带指挥部队时要掌握的原则。梅尧臣曰："处斥泽，当知此二者。"

⑯平陆处易：意谓在平原地带应选择平坦之地安营扎寨。曹操曰："车骑之利也。"杜牧曰："言于平陆，必择就其中坦易平稳之处以处军，使我车骑得以驰逐。"平陆，指平原地带。易，指平坦之地。

⑰而右背高，前死后生：意谓部队的右面和背面为高地，前为低地后为高地。死、生，分别指低地与高地。《淮南子·墬形训》曰："高者为生，下者为死。"《兵略训》曰："所谓地利者，后生而前死。"张预曰："虽是平陆，须有高阜，必右背之，所以恃为形势者也。前低后高，所以便乎奔击也。"

⑱此处平陆之军也：意谓这是在平原地带指挥部队时要掌握的原则。梅尧臣曰："处平陆，当知此二者。"

⑲凡此四军之利：李筌曰："四者，山、水、斥泽、平陆也。"张预曰："山、水、斥泽、平陆之四军也。诸葛亮曰：'山陆之战，不升其高，水上之战，不逆其流；草上之战，不涉其深；平地之战，不逆其虚，此兵之利也。'"李零说："《孙子》论地，不是讲纯自然的'地'，而是和'人'有关的'地'。每篇的讲法都不一样，主要是人的活动不一样。它讲地，主要有三种讲法：一种和行军有关，最具体，有地形、地貌，如本篇的'四地'，就是这样。一种和作战有关，则只讲地势，主要是远近、险易、广狭、高下这一套，如下一篇的《地形》就是讲地势。一种是综合的讲法，侧重的是区域，是更大的空间概念，讲如何带领士兵，从本国开进敌国，由表及里，由浅入深，如后面的《九地》，就是侧重区域。"

⑳黄帝之所以胜四帝也：曹操曰："黄帝始立，四方诸侯无不称帝，以此四地胜之也。"李零说："中国古代帝系传说有代表各族姓所出的太皞（伏羲）、少皞、黄帝、炎帝、颛顼等。春秋战国以来五行之说盛行，这些帝名形成与五方、五色相配的系统，即东方青帝

太皞、南方赤地炎帝、西方白帝少昊、北方黑帝颛顼、中央黄帝。
'黄帝胜四帝'之说,见简本佚篇《黄帝伐赤帝》、《大戴礼记·五
帝德》、《御览》卷七九引《蒋子万机论》、《太白阴经·人谋下·善
师》、《路史·后记》卷五等。据《黄帝伐赤帝》,黄帝胜四帝是靠
'右阴,顺术,倍(背)冲',应即左前为阳、右背为阴的处军之法。"
黄帝,传说中的华夏民族始祖,又称轩辕氏。四帝,泛指炎帝等周
边部落的首领。

【译文】

孙子说:概括说来在不同地形条件下指挥部队与观察敌情要遵循
的原则是:行军经过山地,要靠近山谷;驻扎时要选择向阳的高地;与地
势高的敌人作战,我军不可采用仰攻,这是在山地指挥部队时要掌握的
原则。我军渡过河流后,一定要在远离河流的地方宿营;敌军渡水来进
攻,不要在水上与敌人迎战,要等敌人渡过一半再出击,这才有利;要想
与敌决战,不要贴靠水边抗击敌人;我军要处于江河的上游,不要驻扎
在江河的下游,这是在水边指挥部队时要掌握的原则。部队经过盐碱
沼泽地带,应迅速离开,不要停留;如果与敌军在盐碱沼泽地带交战,必
须依傍水草而背靠树林,这是在盐碱沼泽地带指挥部队时要掌握的原
则。在平原地带应选择平坦之地安营扎寨,部队的右面和背面为高地,
前为低地后为高地,这是在平原地带指挥部队时要掌握的原则。以上
四种"处军"原则的好处,是黄帝战胜四帝的原则所在。

凡军好高而恶下^①,贵阳而贱阴^②,养生而处实^③,军无
百疾,是谓必胜^④。丘陵堤防,必处其阳,而右背之^⑤,此兵之
利,地之助也^⑥。上雨,水沫至,欲涉者,待其定也^⑦。凡地,
有绝涧、天井、天牢、天罗、天陷、天隙^⑧,必亟去之,勿近也^⑨。
吾远之,敌近之;吾迎之,敌背之^⑩。军行有险阻、潢井、葭

苇、山林、翳荟者⑪，必谨覆索之，此伏奸之所处也⑫。

【注释】

①凡军好高而恶下：梅尧臣曰："高则爽垲，所以安和，亦以便势；下则卑湿，所以生疾，亦以难战。"军，指安营扎寨。

②贵阳而贱阴：王晳曰："久处阴湿之地，则生忧疾，且弊军器也。"阳，指向阳的地方。阴，指背阴的地方。

③养生而处实：意谓在水草丰茂、便于放牧且地势高的地方宿营。曹操曰："恃满实也。养生，向水草，可放牧，养畜乘。实，犹高也。"张预曰："养生，谓就善水草放牧也；处实，谓倚隆高之地以居也。"

④军无百疾，是谓必胜：梅尧臣曰："能知上三者，则势胜可必，疾气不生。"张预曰："居高面阳，养生处厚，可以必胜。地气干燥，故疾疠不作。"

⑤丘陵堤防，必处其阳，而右背之：意谓在丘陵堤防地域，必须居于它的阳面，背靠着它。李零说："古代方位概念，一般以南为前，北为后，东为左，西为右。'右背之'是说要以西、北的丘陵或堤防为依托。"

⑥此兵之利，地之助也：梅尧臣曰："兵所利者，得形势以为助。"助，辅助。

⑦上雨，水沫至，欲涉者，待其定也：曹操曰："恐半涉而水遽涨也。"上雨，水沫至，汉简本作"上雨水，水流至"。上雨，指上流有雨。涉，渡水。定，指水势平稳。

⑧有绝涧、天井、天牢、天罗、天陷、天隙：指六种险恶地形。绝涧，指两山壁立，中间夹有一水的地形。梅尧臣曰："前后险峻，水横其中。"天井，指四面高峻，中间低洼的地形。曹操曰："四方高、中央下者为天井。"天牢，指高山环绕、形同牢狱的地形。梅尧臣

曰:"三面环绝,易入难出。"天罗,指草盛林密,进入其中犹如身
陷罗网的地形。梅尧臣曰:"草木蒙密,锋镝莫施。"天陷,指地势
低、泥泞难行、车马易陷的地形。梅尧臣曰:"卑下污泞,车骑不
通。"天隙,指两山相对、道路窄如裂缝的地形。梅尧臣曰:"两山
相向,洞道狭恶。"

⑨必亟去之,勿近也:贾林曰:"此六害之地,不可近背也。"

⑩吾远之,敌近之;吾迎之,敌背之:意谓对这六种险恶地形,我军
远离它,让敌军接近它;我军面向它,让敌军背靠它。曹操曰:
"用兵常远六害,令敌近背之,则我利敌凶。"

⑪军行有险阻、潢井、葭苇、山林、蘙荟者:指行军遇到的地形及其
植被情况。险阻,指险峻难行的丘阜之地。潢井,指低下积水之
地。曹操曰:"潢者,池也;井者,下也。"葭苇,即芦苇。山林,汉
简本作"小林"。蘙荟,指草木茂盛,可供遮蔽。汉简本在"蘙荟"
两字后有"可伏匿"三字。

⑫必谨覆索之,此伏奸之所处也:梅尧臣曰:"险阻,隘也,山林之所
产;潢井,下也,葭苇之所生。皆蘙荟足以蒙蔽,当掩搜,恐有伏
兵。"覆,审察。索,搜索。伏奸,指敌人的伏兵。

【译文】

　　一般说来军队安营扎寨,喜好干爽的高地,厌恶潮湿的低地,重视
向阳的地方,避免向阴的地方,在水草丰茂、便于放牧且地势高的地方
宿营,军中没有各种疾病流行,这是必胜的重要前提。在丘陵堤防地
域,必须居于它的阳面,背靠着它,这种情况下用兵获利,是地形辅助的
结果。上流有雨,洪水突至,要过河的军人,须等水势平稳下来。凡是
从绝涧、天井、天牢、天罗、天陷、天隙这六种地形经过,必须赶快离开,
不要接近。对这六种险恶地形,我军远离它,让敌军接近它;我军面向
它,让敌军背靠它。行军途中遇到险峻难行的丘阜之地或低下积水之
地,若上面长有水草、林木,茂盛密集,可供遮蔽,一定要谨慎小心,审察

搜索，因为这里可能有敌人的伏兵。

　　敌近而静者，恃其险也①；远而挑战者，欲人之进也②；其所居易者，利也③；众树动者，来也④；众草多障者，疑也⑤；鸟起者，伏也⑥；兽骇者，覆也⑦；尘高而锐者，车来也⑧；卑而广者，徒来也⑨；散而条达者，樵采也⑩；少而往来者，营军也⑪；辞卑而益备者，进也⑫；辞强而进驱者，退也⑬；轻车先出，居其侧者，陈也⑭；无约而请和者，谋也⑮；奔走而陈兵车者，期也⑯；半进半退者，诱也⑰；杖而立者，饥也⑱；汲而先饮者，渴也⑲；见利而不进者，劳也⑳；鸟集者，虚也㉑；夜呼者，恐也㉒；军扰者，将不重也㉓；旌旗动者，乱也㉔；吏怒者，倦也㉕；粟马肉食，军无悬缶，不返其舍者，穷寇也㉖；谆谆翕翕，徐与人言者，失众也㉗；数赏者，窘也㉘；数罚者，困也㉙；先暴而后畏其众者，不精之至也㉚；来委谢者，欲休息也㉛。兵怒而相迎，久而不合，又不相去，必谨察之㉜。

【注释】

①敌近而静者，恃其险也：意谓敌人离我军很近却保持安静，是因为有险要地形可依靠。梅尧臣曰："近而不动，依险故也。"陈启天曰："自'敌近而静者'以下，所举十七种征候，皆论战斗开始前侦察敌情之法。自'倚杖而立者'以下，所举十五种征候，皆论战斗进行中侦察敌情之法。在战斗开始前，最忌不知敌军之动静，而预为防备之计，故前十七种征候，皆举当备之事。在战斗进行中，最宜发现敌军之弱点，以定进攻之计，故后十五种征候，多举可击之事。惟最后一种征候，乃属敌情不甚明了者，则

宜慎而应之。""在战斗开始前，首须侦察敌军之营阵地如何，此
可从三种征候以侦察之。如敌军与我相距甚近，然彼仍安静不
动者，必其营阵地有险阻可恃也。我若轻于进攻，则为险阻所厄
而败矣。又如敌军之主力与我军相距甚远，然彼以轻兵前来挑
战者，乃欲诱我轻进也。我若受诱轻进，则适堕其计中而为所败
矣。又如敌之营阵地不择险阻之地，而据平坦之地者，必以平坦
之地，利于彼之攻守也。我若以其平坦易于进攻而轻进，必又堕
其计中而败矣。"恃，依赖，依靠。

②远而挑战者，欲人之进也：张预曰："两军相远而数挑战者，欲诱
　我之进也。尉缭子曰：'分险者，无战心。'言敌人先分得险地，则
　我勿与之战也。又曰：'挑战者，无全气。'言相去远，则挑战，而
　延诱我进，即不可以全气击之，与此法同也。"

③其所居易者，利也：意谓敌人住在平坦之地，这样做必定有利可
　图。曹操曰："所居利也。"张预曰："敌人舍险而居易者，必有利
　也。或曰：敌欲人之进，故处于平易，以示利而诱我也。"其所居
　易者，汉简本作"其所居者易"。易，平，这里指平坦之地。

④众树动者，来也：曹操曰："斩伐树木，除道进来，故动。"张预曰：
　"凡军，必遣善视者登高觇敌，若见林木动摇者，是斩木除道而来
　也。或曰：不止除道，亦将为兵器也。若晋人伐木益兵是也。"

⑤众草多障者，疑也：意谓敌人在草木丛中设置了许多障碍物，这
　样做是为了迷惑我们。曹操曰："结草为障，欲使我疑也。"张预
　曰："或敌欲追我，多为障蔽，设留形而遁，以避其追；或欲袭我，
　丛聚草木，以为人屯，使我备东而击西。皆所以为疑也。"

⑥鸟起者，伏也：曹操曰："鸟起其上，下有伏兵。"

⑦兽骇者，覆也：意谓野兽惊骇奔逃，说明旁边有伏兵。梅尧臣曰：
　"兽惊而奔，旁有覆。"覆，伏兵。《左传·隐公九年》："君为三覆
　以待之。"

⑧尘高而锐者,车来也:意谓尘土高扬锐直,说明敌人的战车正向
　我们驶来。锐,直。张预曰:"车马行疾而势重,又辙迹相次而
　进,故尘埃高起而锐直也。凡军行,须有探候之人在前,若见敌
　尘,必驰报主将。如潘党望晋尘,使骋而告是也。"

⑨卑而广者,徒来也:意谓尘土低飞而宽广,说明敌人正徒步向我
　们走来。杜牧曰:"步人行迟,可以并列,故尘低而阔也。"

⑩散而条达者,樵采也:意谓尘土分散,断续不连,说明敌人正遣人
　砍柴。杜牧曰:"樵采者,各随所向,故尘埃散衍。条达,纵横断
　绝貌也。"樵采,砍柴。

⑪少而往来者,营军也:意谓尘土少,此起彼落,说明敌人在安营扎
　寨。张预曰:"凡分栅营者,必遣轻骑四面近视其地,欲周知险易
　广狭之形,故尘微而来。"

⑫辞卑而益备者,进也:意谓敌人来使言辞谦卑,却在加强战备,说
　明要向我们进攻。曹操曰:"其使来辞卑,使间视之,敌人增备
　也。"杜牧曰:"言敌人使来,言辞卑逊,复增垒涂壁,若惧我者,是
　欲骄我使懈怠,必来攻我也。赵奢救阏与,去邯郸三十里,增垒
　不进,秦间来,必善食遣之。间以报秦将,秦将果大喜,曰:'阏与
　非赵所有矣。'奢既遣秦间,乃倍道兼行,掩秦不备,击之,遂大破
　秦军也。"

⑬辞强而进驱者,退也:意谓敌人来使措辞强硬,部队显示出要挥
　师进攻的架势,说明他们要撤退了。张预曰:"使来辞壮,军又前
　进,欲胁我而求退也。秦行人夜戒晋师曰:'两军之士,皆未憖
　也。来日请相见。'晋臾骈曰:'使者目动而言肆,惧我也。'秦果
　宵遁。"赵本学曰:"使者语辞卑屈,若甚怯弱,觇其守备愈益严
　谨,此必有进兵之计,特设诈以缓我之心、骄我之气耳,当防其掩
　袭也。使来语辞傲慢,固示我以强矣,而且进军不止,此必有他
　故,欲阴遁去而惧见追,以诈胁我令之不觉耳。此相使命。"陈启

天曰："古时交战,亦偶有军使往还于两军之间。如敌使言辞卑谦以骄我,而阴增兵以备我者,必将进攻也。如敌使言辞诡诈以胁我,而敌军又勉强前进者,必将退却也。欲进攻而先示以退却,欲退却而先示以进攻,皆欲以诡道误我耳,不可不察也。"

⑭轻车先出,居其侧者,陈也:意谓敌人的战车先出动,部署在大军的侧翼,说明敌人正在布阵,要开战了。张预曰:"轻车,战车也。出军其旁,陈兵欲战也。按:鱼丽之陈,先偏后伍,言以车居前,以伍次之;然则是欲战者,车先出其侧也。"陈,同"阵",布阵。

⑮无约而请和者,谋也:意谓敌人无缘无故而请求和解,说明其中藏有阴谋。无约,没有约定,这里是无缘无故的意思。张预曰:"无故请和,必有奸谋。汉高祖欲击秦军,使郦食其持重宝啖其将贾竖,秦将果欲连和。高祖因其怠而击之,秦师大败。又,晋将李矩守荥阳,刘畅以三万人讨之。矩遣使奉牛酒请降,潜匿精兵,见其弱卒。畅大飨士卒,人皆醉饱。矩夜袭之,畅仅以身免。"赵本学曰:"先无合约,临阵之时骤使来请,此必有奸谋也。为主将者,当谨其言语,闭其形势,增其守备,行其计谋,不可轻信而自怠也。"

⑯奔走而陈兵车者,期也:意谓敌人士卒奔走,兵车布好阵形,说明敌人期待与我们决战。杜牧曰:"上文'轻车先出,居其侧者,陈也',盖先出车定战场界,立旗为表,奔走赴表,以为陈也。旗者,期也,与民期于下也。《周礼·大蒐》曰'车骤徒趋,及表乃止'是也。"

⑰半进半退者,诱也:张预曰:"诈为乱形,是诱我也。若吴子以囚徒示不整,以诱楚师之类也。"

⑱杖而立者,饥也:意谓敌人倚靠着兵器站立,说明他们处于饥饿状态。杜佑曰:"倚仗矛戟而立者,饥之意。"

⑲汲而先饮者,渴也:意谓士卒去取水,自己先饮用,说明敌军干

渴。杜牧曰:"命之汲水,未及而先取者,渴也。睹一人,三军可知也。"

⑳ 见利而不进者,劳也:意谓见到好处,却不愿进取,说明敌军疲劳。杜佑曰:"士疲劳也。敌人来,见我利而不能击进者,疲劳也。"

㉑ 鸟集者,虚也:意谓敌营上方群鸟飞集,说明敌营已空。陈皞曰:"此言敌人若去,营幕必空;禽鸟既无畏,乃鸣集其上。楚子元伐郑,将奔,谍者告曰:'楚幕有乌。'乃止。则知其是设留形而遁也。此篇盖孙子辨敌之情伪也。"

㉒ 夜呼者,恐也:意谓士卒夜晚呼叫,说明军心恐慌。曹操曰:"军士夜呼,将不勇也。"张预曰:"三军以将为主,将无胆勇,不能安众,故士卒恐惧而夜呼,若晋军终夜有声是也。"

㉓ 军扰者,将不重也:意谓军中士卒惊扰,说明将领没有威望。张预曰:"军中多惊扰者,将不持重也。张辽屯长社,夜,军中忽乱,一军尽扰。辽谓左右勿动,是必有造变者,欲以动乱人耳。乃令军士安坐,辽中陈而立,有顷即定。此则能持重也。"

㉔ 旌旗动者,乱也:意谓敌军旗帜乱摇,说明他们阵形已乱。张预曰:"旌旗所以齐众也,而动摇无定,是部伍杂乱也。"

㉕ 吏怒者,倦也:意谓军士乱发脾气,说明敌人已倦怠。张预曰:"政令不一,则人情倦,故吏多怒也。晋楚相攻,晋裨将赵旃、魏锜怒而欲败晋军,皆奉命于楚。郤克曰'二憾往矣,弗备必败'是也。"

㉖ "粟马肉食"四句:意谓拿粮食喂马,让士卒吃肉,军中吊着的铁锅被打烂,部队不返回军营,说明这是陷入绝境的敌人。张预曰:"捐粮谷以秣马,杀牛畜以飨士,破釜及缶不复炊爨,暴露兵众不复反舍,兹穷寇也。孟明焚舟,楚军破釜之类是也。"缶,一种肚大口小的瓦器,这里泛指炊具。

㉗谆谆（zhūn）翕翕（xī），徐与人言者，失众也：意谓絮絮叨叨、低声
下气，语调和缓地与士卒说话，说明敌将已失去人心。谆谆，意
即絮絮不休。《左传·襄公三十一年》："且年未盈五十，而谆谆
焉如八九十者，弗能久也。"翕翕，态度温和的样子，这里是低声
下气的意思。曹操曰："谆谆，语貌；翕翕，失志貌。"人，指士卒。

㉘数（shuò）赏者，窘也：杜牧曰："势力穷窘，恐众为叛，数赏以悦
之。"数，数次，多次。窘，窘迫，困窘。

㉙数罚者，困也：杜牧曰："人力困弊，不畏刑罚，故数罚以惧之。"

㉚先暴而后畏其众者，不精之至也：意谓先是粗暴地对待部下，而
后又害怕部下叛离，说明敌将不精明到了极点。王晳曰："敌先
行刻暴，后畏其众离，为将不精之甚也。"

㉛来委谢者，欲休息也：意谓敌人前来送礼道歉，说明他们希望停
战。杜牧曰："所以委质来谢，此乃势已穷，或有他故，必欲休息
也。"委，委质，送礼。谢，道歉。休息，指停战，休兵。

㉜"兵怒而相迎"四句：曹操曰："备奇伏也。"杜牧曰："盛怒出陈，久
不交刃，复不解去，有所待也，当谨伺察之，恐有奇伏旁起也。"黄
朴民说："在今天看来，孙子在本篇中所总结的三十二'相敌'之
法，是非常古老、简单、直观的东西，属于直观经验的粗浅判断和
预测，原始、粗浅、简陋得很，同当今先进的军事侦察技术与手段
相比，它的陈旧、落后真是不可以道里计。……但是，在当时的历
史条件下，孙子主张'相敌'，把它作为战争指挥者达到'知彼
知己'、'知天知地'目的的主要手段之一，是具有特殊意义的，反
映了孙子本人对作战规律孜孜探求的可贵努力，我们不能因为
它今天的过时而否定它当时的实用。同时，我们也应该看到，孙
子有关'相敌'方法的概括，虽然直观粗浅，但却包含着深厚的哲
理价值。这就是，任何事物都是现象与本质的统一，作为高明的
人，最大的课题是如何在实际生活中透过各种表象，去解释事物

的本质属性,从而在社会实践活动中洞察先机,建功立业。这种朴素辩证的思想方法,永远不会过时,永远能给后人以启迪,孙子的价值其实体现在这个方面。"

【译文】

敌人离我军很近却保持安静,是因为有险要地形可依靠;敌人离我军很远却发出挑战,是因为想引诱我军进兵;敌人住在平坦之地,这样做必定有利可图;许多树木摇动不停,说明有敌隐蔽前来;敌人在草木丛中设置了许多障碍物,这样做是为了迷惑我们;鸟儿惊飞,说明下面藏有伏兵;野兽惊骇奔逃,说明旁边有伏兵;尘土高扬锐直,说明敌人的战车正向我们驶来;尘土低飞而宽广,说明敌人正徒步向我们走来;尘土分散,断续不连,说明敌人正遣人砍柴;尘土少,此起彼落,说明敌人在安营扎寨;敌人来使言辞谦卑,却在加强战备,说明要向我们进攻;敌人来使措辞强硬,部队显示出要挥师进攻的架势,说明他们要撤退了;敌人的战车先出动,部署在大军的侧翼,说明敌人正在布阵,要开战了;敌人无缘无故而请求和解,说明其中藏有阴谋;敌人士卒奔走,兵车布好阵形,说明敌人期待与我们决战;敌人半进半退,这样做是想诱骗我军上当;敌人倚靠着兵器站立,说明他们处于饥饿状态;士卒去取水,自己先饮用,说明敌军干渴;见到好处,却不愿进取,说明敌军疲劳;敌营上方群鸟飞集,说明敌营已空;士卒夜晚呼叫,说明军心恐慌;军中士卒惊扰,说明将领没有威望;敌军旗帜乱摇,说明他们阵形已乱;军士乱发脾气,说明敌人已倦怠;拿粮食喂马,让士卒吃肉,军中吊着的铁锅被打烂,部队不返回军营,说明这是陷入绝境的敌人;絮絮叨叨、低声下气,语调和缓地与士卒说话,说明敌将已失去人心;多次实行奖励,说明敌军处境困窘;不断实行处罚,说明敌军陷入困境;先是粗暴地对待部下,而后又害怕部下叛离,说明敌将不精明到了极点;敌人前来送礼道歉,说明他们希望停战。敌人盛怒前来迎战,却久久不与我军交锋,也不撤退,这种情况一定要仔细观察。

兵非益多也①,惟无武进②,足以并力、料敌、取人而已③。夫惟无虑而易敌者,必擒于人④。卒未亲附而罚之,则不服,不服,则难用也⑤;卒已亲附而罚不行,则不可用也⑥。故令之以文,齐之以武⑦,是谓必取⑧。令素行以教其民,则民服⑨;令不素行以教其民,则民不服⑩。令素行者,与众相得也⑪。

【注释】

①兵非益多也:意谓兵力并非越多越好。曹操曰:"权力均。"王晳曰:"权力均足矣,不以多为益。"吴如嵩说:"孙子在这里提出了一个重要的思想,即我国最早提出的精兵思想。""兵贵精不贵多,兵贵质不贵量。在孙子看来,一支军队如果能做到作战行动不刚武轻进,作战过程始终注意集中兵力,作战决心建立在准确判断敌情的基础之上,官吏士卒又都是经过严格挑选的人才,那就称得上是精兵了。自孙子提出精兵思想之后,自春秋至战国这一思想愈来愈明晰。'杀士'一词,即是精兵之意。'杀'并非斩杀,也不是牺牲,而是减省,减裁,'杀士'如同今之裁军。"《孙膑兵法》有《杀士》残篇;《尉缭子·兵令下》有云:'臣闻古之善用兵者,能杀卒之半,其次杀其十三,其下杀其十一。能杀其半者,威加海内;杀十三者,力加诸侯;杀十一者,令行士卒。'"

②惟无武进:意谓不可一味迷信武力,轻举妄动。王晳曰:"不可但恃武也,当以计智料敌而行。"

③足以并力、料敌、取人而已:曹操曰:"厮养足也。"王晳曰:"善分合之变者,足以并力乘敌间取胜人而已。故虽厮养之辈可也,况精兵乎? 曹说是也。"张预曰:"兵力既均,又未见便,虽未足刚进,足以取人于厮养之中,以并兵合力,察敌而取胜,不必假他兵以助

己。故尉缭子曰:'天下助卒,名为十万,其实不过数万。其兵来者,无不谓其将曰:无为天下先战。'此言助卒无益,不如己有兵法也。"并力,集中兵力。料敌,观察分析敌情。取人,战胜敌人。

④夫惟无虑而易敌者,必擒于人:杜牧曰:"无有深谋远虑,但恃一夫之勇,轻易不顾者,必为敌人所擒也。"易,轻视,蔑视。《左传·僖公二十二年》曰:"国无小,不可易也。"

⑤"卒未亲附而罚之"四句:张预曰:"骤居将帅之位,恩信未加于民,而遽以刑法齐之,则怒恚而难用。故田穰苴曰:'臣素卑贱,士卒未附,百姓不信。'又,伍参曰'晋之从政者新,未能行令'是也。"施子美曰:"人不可使之无所爱,亦不可使之无可畏。畏而不爱,力胁之也;爱而不畏,姑息之也。爱与畏虽不可偏废而用之,则有先后焉。方其卒未亲附之时,则恩在所先,威在所后,当是时而先之以罚,以使之畏,则人必不服,不服则必不为吾用,故难用。"

⑥卒已亲附而罚不行,则不可用也:曹操曰:"恩信已洽,若无刑罚,则骄惰难用也。"

⑦故令之以文,齐之以武:曹操曰:"文,仁也;武,法也。"赵本学曰:"文,谓恩惠;武,谓刑罚。必以文令之于先,而以法齐之于后,是谓攻则必取之道也。盖处军、相敌,行军之庶务,恩威必用者,行军之大本。徒知其事而不知其本,则虽有其具而不可徒行也。孙子语上不遗下,语粗不遗精,类如此,此所以为兵之圣也。"黄朴民说:"这里所谓的'文',指的是精神教育、物质奖励,是'胡萝卜';这里所谓的'武',是军纪军法,重刑严罚,是'大棒'。……在孙子看来,只有真正做到教罚并用,宽严结合,胡萝卜与大棒一样不缺,方可'与众相得',才能有效地控御全军上下,驱使广大官兵在沙场上视死如归,英勇杀敌,从而赢得战争。"令,教育。汉简本"令"作"合"。《淮南子·兵略训》、《北堂书钞》、《太平御览》亦引作"合"。吴九龙说:"以作'合'为是。'文'、'武'对文,

'合'、'齐'亦对文。'合'亦'齐'义。《易·乾文言》'与日月合其明',即言'齐'。'令'或因与'合'形似而讹,或涉下'令素行'、'令素不行'而改,均非是。"齐,整饬,规范,约束。

⑧是谓必取:张预曰:"文恩以悦之,武威以肃之;畏爱相兼,故战必胜,攻必取。或问曰:《书》云:'威克厥爱,允济;爱克厥威,允罔功。'言先威也。孙武先爱何也? 曰:《书》之所称,仁人之兵也。王者之于民,恩德素厚,人心已附,及其用之,惟患乎寡威也。武之所陈,战国之兵也。霸者之于民,法令素酷,人心易离,及其用之,惟患乎少恩也。"

⑨令素行以教其民,则民服:梅尧臣曰:"素,旧也。威令旧立,教乃听服。"令,法令规章。素,平常,平时。

⑩令不素行以教其民,则民不服:何氏曰:"人既失训,安得服教?"

⑪令素行者,与众相得也:杜牧曰:"言为将,居常无事之时,须恩信威令先著于人,然后对敌之时,行令立法,人人信伏。韩信曰:'我非素得拊循士大夫,所谓驱市人而战也。所以使之背水,令其人人自战。'以其非素受恩信威令之从也。"陈启天曰:"实施教育与齐整军纪,须自平时至战时始终一致,不可仓卒取办,亦不可偶尔为之也。……令者,政府之命令也。素者,平素也,平时也。行者,实行也,非徒托空言也。信著者,谓命令之实行,信而有征,昭著于人人之耳目也。……政府平时实行命令,始终一致,以教育国民,则国民自必心服。若政府之实行,与其命令不符,或虽实行,而朝令夕改,则国民自不心服。惟政府之实行命令始终一致,信而有征,昭著于世者,始能深得民众之心,而令之效死作战也。"刘庆说:"《孙子兵法》认为,将吏爱抚士卒是凝聚军心的重要手段,而军队'上下同欲',内部和谐,是取得战争胜利的基础。为此,除了国君要政治开明,具有强大的民心凝聚力外,将吏们也要把和军爱兵作为治军的主要内容。其要点是,第一,爱

抚士卒。该书所倡导的'将之五德'之一的'仁',就是对士卒宽厚仁慈,要'视卒如婴儿','视卒如爱子',使得士卒心甘情愿地'与之赴深溪','与之俱死'。第二,既要爱抚士卒又要令行禁止。爱兵的目的在于用兵,不能为了施恩而不约束士卒,使其成为'厚而不能使,爱而不能令,乱而不能治'(《地形篇》)的骄兵悍卒。要把道义上的感化教育与组织纪律上的严格军法军纪有机结合起来,使将吏既取得士卒拥戴,又有令出必行的威信。第三,爱抚士卒要注意方式方法。切忌在爱抚士卒之前,单凭暴虐刑罚而立威;切忌先对士卒施以暴虐,在失去军心后又害怕部下,将吏的这种做法是最愚蠢的,容易造成军心动荡,队伍崩溃;切忌在士卒亲附将帅后,即使违犯律条也不依法论处,要做到爱抚而不娇宠,亲附而不放纵。同时,对士卒的爱抚仁慈、文德教化与军令畅通、信赏明罚要长期贯彻执行,以养成军队的内部和谐一致、令行禁止的良好风气。'与众相得'是古代兵家将帅治军的重要原则之一,许多优秀将领为团结部众都十分关心士卒饥苦,抚伤问疾,渴不先饮,饥不先食,与普通士卒共度危难,以振士气、固军心。历史上流传下来的许多将帅爱兵故事堪称'与众相得'原则最有力的注脚。"

【译文】

兵力并非越多越好,不可一味迷信武力,轻举妄动,而是要足以做到集中兵力、查明敌情、战胜敌人罢了。既无深谋远虑又一味轻敌的人,一定会被敌人擒获。如果士卒还未倾心拥护就施加刑罚,他们会不服,不服,就难以使用;如果已经获得士卒的倾心拥护,却未对士卒施加刑罚,那也不能使用。所以要用仁义之道教育他们,用法令规章约束他们,这样才能必胜。法令平时得到执行,用来训练民众,那么民众就会信服;法令平时未能得到执行,用来训练民众,那么民众就不会信服。法令平时得到执行,说明将领与士卒之间建立起了相互信任的关系。

地形篇

【题解】

本篇第一句的前两个字是"地形",作者遂"首章标其目",以"地形"二字名篇。"知地"是本篇的重要题旨之一。赵本学曰:"上篇水陆山泽,险阻潢井,牢罗隙陷之类,乃军行在途所经所处之地耳,所经所处亦当设备,是以处之各有其道。此篇《地形》乃论战场之形势,安营布阵之所也。"可知《行军篇》与本篇虽均研究地形,但却角度有别,前者是从行军过程中"处军"的角度,而本篇则是从战场上"对敌作战"的角度。

第一段首先提出了"通者"、"挂者"、"支者"、"隘者"、"险者"、"远者"六种地形概念,继而揭示了在不同地形条件下所应采用的战术原则。前三种地形是从敌我双方进出往来方便与否加以区分命名的;后三种则分别是从狭窄、安危、远近的角度命名的。作者强调,以上六种地形的探究,实属"将之至任,不可不察也"。第三段进而指出:"夫地形者,兵之助也。料敌制胜,计险厄远近,上将之道也。"若在制定对敌战术时,用兵者不知"地",不懂得地形作为"兵之助"的重要价值,不能根据地形"险厄远近"的不同,机智灵活地运用相应的战术,便难免沦为败军之将。"知此而用战者必胜,不知此而用战者必败",这是孙子对军事将领的谆谆告诫。"地"是《计篇》中的"五事"之一,在战前"庙算"环节,"天地孰得"是考量一个国家军事实力的重要指标。然而,关于"天地孰得"的具体考量内容,《计篇》却语焉不详。本篇、《行军篇》以及《九地篇》对各类地形的研究,为人们筹算"地"之"孰得"提供了各种路径,可视为是对《计篇》"地"论的展开与深化。

　　本篇末尾有警句曰:"知彼知己,胜乃不殆;知天知地,胜乃不穷。"要求将领具备"四知",即知彼、知己、知天、知地的能力。陈启天曰:"本篇始终以将为言焉。""为将者能先知此四者,然后乃可开始战斗,以求全胜,此则本篇之要义也。"他还指出:对于以上"四知",本篇并不是平均用力,而是有所侧重,"知彼与知天之事,已见于他篇,故本篇不甚详。本篇所详论者,则以知地为主,而知己次之。虽以'地形'名篇,而实不仅论地形也"。的确,除了"知地"之外,本篇的另外一大题旨是"知己"。对于将领而言,"知己"的关键是清楚自己的弱项,极力避免"六败"。"兵有走者,有弛者,有陷者,有崩者,有乱者,有北者",以上"六败"的出现,究其缘由,"非天之灾,将之过也",是将领用兵不当,特别是治军带兵出现重大失误造成的。将领既要关心爱护士卒,"视卒如婴儿"、"视卒如爱子",但又不能过分宽松,以免陷入"厚而不能使,爱而不能令"的窘境。将领带兵用兵素质的提高,与其是否具备高尚品德有关。本篇对将帅的政治品格提出了一个重要标准,即"进不求名,退不避罪,唯人是保,而利合于主",若将其中的"主"改成"国",去掉其中的忠君思想,而替之以爱国情操,那么这一标准便应成为当代用兵者须臾不能忘记的座右铭。

　　孙子曰:地形有通者、有挂者、有支者、有隘者、有险者、有远者①。我可以往,彼可以来,曰通②。通形者,先居高阳,利粮道,以战则利③。可以往,难以返,曰挂④。挂形者,敌无备,出而胜之;敌若有备,出而不胜,难以返,不利⑤。我出而不利,彼出而不利,曰支⑥。支形者,敌虽利我,我无出也;引而去之,令敌半出而击之,利⑦。隘形者,我先居之,必盈之以待敌⑧;若敌先居之,盈而勿从,不盈而从之⑨。险形者,我先居之,必居高阳以待敌⑩;若敌先居之,引而去之,勿从也⑪。远形者,势均难以挑战,战而不利⑫。凡此六者,地之道也,将之至任,不可不察也⑬。

【注释】

①通者:指四通八达之地。梅尧臣曰:"道路交达。""通形"与"交地"的概念相近。《九地篇》曰:"我可以往,彼可以来者,为交地。"李零说:"'通形'的定义与《九地篇》的'交地'相同,都是'我可以往,彼可以来',但其实不一样。'交地'是国与国彼此相邻、互相接壤的地区,往来都很方便,不涉及作战地点的形势特点。"挂者:指易入难出之地。梅尧臣曰:"网罗之地,往必挂缀。"挂,挂碍,牵阻。支者:指两军对峙之地。梅尧臣曰:"相持之地。"吴九龙说:"指敌对双方皆可据险对峙,不易于发动进攻的地区。"支,支撑,支持。隘者:指两山峡谷之间的狭隘地带。梅尧臣曰:"两山通谷之间。"险者:指山峻谷深之地。梅尧臣曰:"山川丘陵也。"远者:指路途遥远之地。曹操曰:"此六者,地之形也。"杜佑曰:"此六地之名,教民居之,得便利则胜也。"李零说:"《地形》和《行军》不一样,《行军》是讲'走',《地形》是讲'打',两者都讲地,但讲法完全不一样。前面讲'四地'(山、水、斥泽、平陆),和行军有关,属于'走'。这里讲'六地'(通、挂、支、隘、险、远),和作战有关,属于'打'。"

②我可以往,彼可以来,曰通:杜佑曰:"谓俱在平陆,往来通利也。"

③"通形者"四句:杜牧曰:"通者,四战之地,须先据高阳之处,勿使敌人先得,而我后至也。利粮道者,每于津厄或敌人要冲,则筑

垒或作甬道以护之。"杜佑曰："己先据高地,分为屯守于归来之路,无使敌绝己粮道也。"张预曰："先处战地以待敌,则致人而不致于人。我虽居高面阳,坐以致敌,亦虑敌人不来赴战,故须使粮饷不绝,然后为利。"高阳,指地势高、向阳之地。利粮道,指有利于保持粮道的畅通。

④可以往,难以返,曰挂:李筌曰："往不宜返曰挂。"

⑤"挂形者"七句:杜牧曰："挂者,险阻之地,与敌共有,犬牙相错,动有挂碍也。往攻敌,敌若无备,攻之必胜,则虽与险阻相错,敌人已败,不得复邀我归路矣;若往攻敌人,敌人有备,不能胜之,则为敌人守险阻,邀我归路,难以返也。"张预曰："察知敌情,果为无备,一举而胜之,则可矣;若其有备,出而弗克,欲战则不可留,欲归则不得返,非所利也。"

⑥我出而不利,彼出而不利,曰支:张预曰："各守险固,以相支持。"

⑦"支形者"六句:梅尧臣曰："各居所险,先出必败。利而诱我,我不可爱,伪去引敌,半出而击。"张预曰："利我,谓佯背我去也,不可出攻。我舍险,则反为所乘,当自引去。敌若来追,伺其半出,行列未定,锐卒攻之,必获利焉。李靖《兵法》曰:'彼此不利之地,引而佯去,待其半出而邀击之。'"

⑧隘形者,我先居之,必盈之以待敌:曹操曰："隘形者,两山间通谷也,敌势不得挠我也。我先居之,必前齐隘口,陈而守之,以出奇也。"盈,指用重兵守住隘口。

⑨若敌先居之,盈而勿从,不盈而从之:曹操曰："敌若先居此地,齐口陈,勿从也。即半隘陈者从之,而与敌共此利也。"张预曰："左右高山,中有平谷,我先至之,必齐满山口以为陈,使敌不得进也。我可以出奇兵,彼不能以挠我。敌若先居此地,盈塞隘口而陈者,不可从也。若虽守隘口,俱不齐满者,入而从之,与敌共此险阻之利。吴起曰:'无当天灶。'天灶者,大谷之口,言不可迎隘

口而居之也。"

⑩ 险形者，我先居之，必居高阳以待敌：杜佑曰："居高阳之地以待
敌人；敌人从其下阴而来，击之则胜。"

⑪ 若敌先居之，引而去之，勿从也：曹操曰："地形险隘，尤不可致
于人。"张预曰："平陆之地，尚宜先据，况险厄之所，岂可以致于
人？故先处高阳，以佚待劳，则胜矣。若敌已据此地，宜速引退，
不可与战。裴行俭讨突厥，尝际晚下营，堑垒方周，忽令移就崇
冈。将士不悦，以谓不可劳众。行俭不从，速令徙之。是夜风雨
暴至，前设营所，水深丈余，将吏惊服。以此观之，居高阳不惟战
便，亦无水潦之患也。"

⑫ 远形者，势均难以挑战，战而不利：陈皞曰："夫与敌营垒相远，兵
力又均，难以挑战，战则不利。故下文云'势均，以一击十曰走'
是也。夫挑战，先须料我兵众强弱，可以加敌则为之；不然，则不
可轻进，自取败也。"

⑬ 凡此六者，地之道也，将之至任，不可不察也：李筌曰："此地形之
势也，将不知者以败。"赵本学曰："言处地之形，其任至重，皆责
之在将，不可以此为缓，而不之察也。愚谓六地之要，一言以蔽
之曰：致人而不致于人而已。"李零说："这六种地形，前三种和
后三种不一样，其实是分为两组。前三种是从敌我进退、出入往
来方便不方便讲，它是先下定义，再讲对策；后三种是从地势的
远近、险易、广狭讲，侧重的是维度（长宽高和坡度），不下定义，
只讲对策。"黄朴民说："孙子的军事地理学思想主要包括两个方
面：一是对兵要地理（现今时髦的叫法是'战略地理'）的论述。
他撰写《九地篇》，对这一问题集中进行了探讨，提出了军队在九
种不同的战略地理环境当中展开行动的指导原则。二是对战术
地理的论述，主要内容见于本篇以及前面的《行军篇》。概括地
说，孙子本篇的中心思想是集中揭示了巧妙利用地形的重要性，

列举了战术地形的主要类型和不同特点，提出了在不同地形条件下军队行军作战的若干要领，辩证地分析了判断敌情与利用地形之间的相互关系等。作为中国历史上最早的军事地形学的系统化、规范化理论，它的学术价值是怎么评估也不为过的。"至任，重大的责任。

【译文】

孙子说：地形有通、挂、支、隘、险、远六种。我军可以前往，敌军可以过来，这样的地形叫做"通"。在"通形"地带，应先占据地势高、向阳的地方，有利于保持粮道的畅通，这样对敌作战才有利。可以前往，难以返回，这样的地形叫做"挂"。在"挂形"地带，敌人如果没有防备，可以出击战胜它；敌人如果有防备，出击就不会获胜，难以返回，是不利的。我军出击而不能获利，敌军出击也不能获利，这样的地形叫做"支"。在"支形"地带，敌人即使用小利诱惑我，我军也不要出击；应引兵假装撤退，让敌人出击一半后再出击，这才有利。在"隘形"地带，我军应先占据，用重兵守住隘口以等待敌人；如果敌人先占据，隘口被敌人重兵守住，就不要与敌作战，敌人如果没有完全守住隘口，就可与之接战。在"险形"地带，我军先占据，必须驻扎在地势高、向阳的地方以等待敌人；如果敌人先占据，应该撤军离开，不要与敌接战。在"远形"地带，敌我双方势均力敌，难以向敌挑战，与敌作战则不利。以上六点，是利用地形的关键，这是将军的重大责任，不可不认真研究。

故兵有走者、有弛者、有陷者、有崩者、有乱者、有北者①。凡此六者，非天之灾，将之过也②。夫势均，以一击十，曰走③；卒强吏弱，曰弛④；吏强卒弱，曰陷⑤；大吏怒而不服，遇敌怼而自战，将不知其能，曰崩⑥；将弱不严，教道不明，吏卒无常，陈兵纵横，曰乱⑦；将不能料敌，以少合众，以弱击强,兵无选锋,曰北⑧。凡此六者,败之道也⑨,将之至任,不可不察也⑩。

【注释】

①故兵有走者、有弛者、有陷者、有崩者、有乱者、有北者:意谓军队一般有"走"、"弛"、"陷"、"崩"、"乱"、"北"六种失败的情况。贾林曰:"走、弛、陷、崩、乱、北,皆败坏大小变易之名也。"

②凡此六者,非天之灾,将之过也:张预曰:"凡此六败,咎在人事。"又,赵本学认为"非天之灾"应作"非地之灾",理由是:"上文言地有六形六法矣,然有不干于地之为灾,覆败由于自取者,其过亦有六,与地法相当,无以异也,以明为将固不可不知地形之为助,亦不可不知治兵之为重也。"

③夫势均,以一击十,曰走:曹操曰:"不料力。"梅尧臣曰:"势虽均而兵甚寡,以寡击众,必走之道也。"张预曰:"势均,谓将之智勇、兵之利钝一切相敌也。夫体敌势等,自不可轻战,况奋寡以击众,能无走乎?"走,跑,溃逃,败逃。

④卒强吏弱,曰弛:曹操曰:"吏不能统卒,故弛坏。"杜牧曰:"言卒伍豪强,将帅懦弱,不能驱率,故弛坼坏散也。国家长庆初,命田布帅魏以伐王廷凑。布长在魏,魏人轻易之,数万人皆乘驴行营,布不能禁。居数月,欲合战,兵士溃散,布自刭身死。"张预曰:"士卒豪悍,将吏懦弱,不能统辖约束,故军政弛坏也。吴楚相攻,吴公子光曰:'楚军多宠,政令不一;帅贱而不能整,无大威命。楚可败。'果大败楚师也。"

⑤吏强卒弱,曰陷:曹操曰:"吏强欲进,卒弱辄陷,败也。"张预曰:"将吏刚勇欲战,而士卒素乏训练,不能齐勇同奋,苟用之,必陷于亡败。"

⑥"大吏怒而不服"四句:曹操曰:"大吏,小将也。大将怒之,心不

厌服,忿而赴敌,不量轻重,则必崩坏。"杜牧曰:"春秋时,楚子伐郑,晋师救之。伍参言于楚子曰:'晋之从政者新,未能行令;其佐先縠刚愎不仁,未肯用命;其三帅者,专行不获,听而无上,众无适从。此行也,晋师必败。'晋魏锜求公族未得而怒,欲败晋师。请致师,不许;请使,许之,遂往请战而还。赵旃求卿未得,请挑战,不许;召盟,许之。与魏锜皆命而往。郤克曰:'二憾往矣,弗备必败。'随会曰:'若二子怒楚,楚人乘我,丧师无日矣,不如备之。'先縠曰:'不可。'随会使巩朔、韩穿帅七覆于敖前,故上军不败,而中军、下军果败。七覆,七处伏兵也。敖,山名也。"张预曰:"大凡百将一心,三军同力,则能胜敌。今小将恚怒,而不服于大将之令,意欲俱败,逢敌便战,不量能否,故必崩覆。晋伐秦,荀偃行令是也。曰:'鸡鸣而驾,唯余马首是瞻。'栾书怒曰:'晋国之命,未是有也。'遂弃之归。又,赵穿恶臾骈而逐秦,魏锜怒晋师而乘楚。"赵本学曰:"此不能御将之过也。大吏,裨副偏将也。恝,怨也。自上坠下曰崩。大吏忿怒不服主将之节制,遇敌辄以怨恝之心各自为战,此其人必赋性刚愎,耻受人言者;或必负狭怨望失志侥功者;或必交恶不和谋议矛盾者,为其主将最宜体察而钤束之。若不知其能否而听其战,崩之道也。"大吏,指偏将。恝,怨恨。

⑦"将弱不严"五句:曹操曰:"为将若此,乱之道也。"贾林曰:"威令既不严明,士卒则无常禀,如此军幕,不乱何为?谓将无严令,赏罚不行之故。"张预曰:"将弱不严,谓将帅无威德也;教道不明,谓教阅无古法也;吏卒无常,谓将臣无久任也;陈兵纵横,谓士卒无节制也。为将若此,自乱之道。"陈启天曰:"将弱不严,谓将帅懦弱,不能严格执行军纪也。教道不明,谓将帅无识,不知确切实施军队教育也。将帅既不能严格整齐军纪,又不知确切实施教育,则其所统帅之军队,必至官不成官,卒不成卒,毫无秩

序可言。……待至临战布阵时，又各将兵器任意执持，甚或四处弃置，或横或纵，或东或西，不成行列。此之谓陈兵纵横。如此之军队，是上下俱乱，不可以战，战则必败，故称为乱。《行军篇》云：'令之以文，齐之以武，是以必取。'今乱兵正与之相反。将弱不严，是不能齐之以武也。教道不明，是不能令之以文也。将帅不能令之以文，齐之以武，则是不知统御之术。不知统御之术，致吏卒无常，陈兵纵横，自成乱状，不可以战，战则必败，亦无怪矣。"教道，指对士卒的约束教导。无常，指缺乏法规约束的无序状态。陈，同"阵"。

⑧ "将不能料敌"五句：曹操曰："其势若此，必走之兵也。"杜牧曰："卫公李靖兵法有战锋队，言拣择敢勇之士，每战皆为先锋。《司马法》曰：'选良次兵，益人之强。'注曰：'勇猛劲捷，战不得功，后战必选于前，当以激致其锐气也。'东晋大将军谢玄北镇广陵时，苻坚强盛，玄多募勇劲。刘牢之、何谦、诸葛侃、高衡、刘轨、田洛、孙无终等，以骁猛应募，玄以牢之领精锐，为前锋，百战百胜，号为北府兵。敌人畏之，所向必克也。"张预曰："设若奋寡以击众，驱弱以敌强，又不选骁勇之士，使为先锋，兵必败北也。凡战，必用精锐为前锋者，一则壮吾志，一则挫敌威也。故尉缭子曰：'武士不选，则众不强。'曹公以张辽为先锋而败鲜卑，谢玄以刘牢之领精锐而拒苻坚是也。"赵本学曰："此无选锋之过也。凡军皆有选锋，以骁勇冠军者克之。齐谓之伎击，魏谓之武卒，秦谓之锐士，汉谓之狄客、剑客、奇才，吴谓之解烦，齐谓之决命，唐谓之跳荡，宋谓之拐子马，皆选锋之名也。兵之胜术，莫先于此，别聚为一，卒养之甚厚，仍择腹心健将领之为亲兵，先登陷阵，溃围决胜，无不由之。此言为将者，既不能料敌虚实，妄以寡弱而当彼之强众，且又素无选锋，以备应急之用，则为背北之道也。"料敌，分析判断敌情。选锋，指选择精锐，组成先锋部队。北，

败走。

⑨凡此六者,败之道也:陈皞曰:"一曰不量众寡,二曰本乏刑德,三曰失于训练,四曰非理兴怒,五曰法令不行,六曰不择骁果,此名六败也。"

⑩将之至任,不可不察也:张预曰:"已上六事,必败之道。"陈启天曰:"以上所言六种败兵之情由,不在地形,不在天灾,亦不在敌人,而在我军本身之统御不良与指挥不善,以致于败耳。我军本身究竟有无此六种败兵之情由?乃为将者须自行审查之一要务,以求免于战败焉。"李零说:"这六种情况,似乎可以分为三组:'走'、'北'是一组,属于指挥不当,造成士兵后撤、逃跑。指挥不当,当然是将军的责任。'弛'、'陷'是一组,属于管理不当,或者太松,或者太严,太强太弱都不好。这类问题虽然出在军吏,但卒归吏管,吏归将管,归根结底,责任还在将军。'崩'、'乱'是一组,阵形乱,问题也是综合性的。'大吏怒而不服',问题出在'将不知其能';'吏卒无常,陈兵纵横',俗话说,'兵孬孬一个,将孬孬一窝',问题也出在'将弱不严'。"

【译文】

军队一般有"走"、"弛"、"陷"、"崩"、"乱"、"北"六种失败的情况。造成这六种情况的原因,不是天灾,而是将领的过错。在敌我双方形势均等的环境下,以一击十而造成军队败逃的,叫做"走";士卒强悍而将吏懦弱,因此导致军队失败的,叫做"弛";将吏强横而士卒懦弱,因此导致军队失败的,叫做"陷";偏将对主帅心怀愤怒,不服从指挥,遇到仇敌就擅自作战,将领不了解他们的能力,以致最终造成军队的失败,叫做"崩";将帅懦弱,对部下管束不严,教导不善,官兵关系陷入无序状态,出兵列阵杂乱无章,因此导致军队失败的,叫做"乱";将领不会分析判断敌情,以少击众,以弱击强,没有选择精锐组成先锋部队,因此导致军队失败的,叫做"北"。以上六种情况,是军队失败的原因所在,这是将军的重大责任，不可不认真研究。

夫地形者，兵之助也①。料敌制胜，计险厄远近，上将之道也②。知此而用战者必胜，不知此而用战者必败③。故战道必胜，主曰无战，必战可也；战道不胜，主曰必战，无战可也④。故进不求名，退不避罪⑤，唯人是保，而利合于主，国之宝也⑥。

【注释】

①夫地形者，兵之助也：杜牧曰："夫兵之主，在于仁义节制而已；若得地形，可以为兵之助，所以取胜也。'助'一作'易'。"张预曰："能审地形者，兵之助耳，乃末也；料敌制胜者，兵之本也。"助，辅助，辅佐。

②料敌制胜，计险厄远近，上将之道也：杜牧曰："馈用之费，人马之力，攻守之便，皆在险厄远近也。"张预曰："既能料敌虚实强弱之情，又能度地险厄远近之形，本末皆知，为将之道毕矣。"上将，指贤能之将、高明之将。一说，指将之最尊者。

③知此而用战者必胜，不知此而用战者必败：梅尧臣曰："将知地形，又知军政，则胜；不知则败。"用战，指挥作战。

④"故战道必胜"六句：杜牧曰："主者，君也。黄石公曰：'出军行师，将在自专；进退内御，则功难成。故圣主明王，跪而推毂曰：阃外之事，将军裁之。'"孟氏曰："宁违于君，不逆士众。"梅尧臣曰："将在军，君命有所不受。"张预曰："苟有必胜之道，虽君命不战，可必战也；苟无必战之道，虽君命必战，可不战也。与其从令而败事，不若违制而成功。故曰：'军中不闻天子之诏。'"战道，指战场情况和战争规律。

⑤故进不求名，退不避罪：王晳曰："皆忠以为国也。"何氏曰："进岂求名也？见利于国家、士民，则进也；退岂避罪也？见其蹙国残

民之害,虽君命使进,而不进,罪及其身不悔也。"

⑥唯人是保,而利合于主,国之宝也:李筌曰:"进退皆保人,非为身也。"杜牧曰:"进不求战胜之名,退不避违命之罪也。如此之将,国家之珍宝,言其少得也。"张预曰:"进退违命,非为己也,皆所以保民命而合主利,此忠臣,国家之宝也。"人,指民众、百姓。

【译文】

地形是用兵的辅助因素。判断敌情,夺取胜利,考察地形险厄远近,这是贤能之将的用兵原则。了解这些原则而去指挥作战,必能取胜,不了解这些原则而去指挥作战,必定失败。所以依据战场情况和战争规律有必胜的前景,但国君却说不要出战,这种情况下坚持出战是可以的;依据战场情况和战争规律并无取胜的把握,但国君却说必须出战,这种情况下不出战也是可以的。所以进不求功名,退不避罪责,只求保护民众,而且有利于君主,这种将领是国家的珍宝。

视卒如婴儿,故可与之赴深谿;视卒如爱子,故可与之俱死①。厚而不能使,爱而不能令,乱而不能治,譬若骄子,不可用也②。

【注释】

①"视卒如婴儿"四句:李筌曰:"若抚之如此,得其死力也。故楚子一言,三军之士皆如挟纩也。"杜牧曰:"战国时,吴起为将,与士卒最下者同衣食,卧不设席,行不乘骑,亲裹赢粮,与士卒分劳苦,卒有病疽,吴起吮之。其卒母闻而哭之。或问曰:'子,卒也,而将军自吮疽,何为而哭?'母曰:'往年,吴公吮其父,其父不旋踵而死于敌;今复吮此子,妾不知其死所矣!'"何氏曰:"如后汉段颎为破羌将军以征西羌,行军仁爱,士卒伤者,亲自瞻省,手为裹疮。在边十余年,未尝一日蓐寝,与将士同苦,故皆乐为死战

也。晋王濬为巴郡太守,郡边吴境,兵士苦役,生男多不举。濬乃严其科条,宽其徭课,其产育者皆与休复,所全活者数千人。及后伐吴,先在巴郡之所全活者,皆堪徭役供军。其父母戒之曰:'王府君生尔,尔必勉之,无爱死也。'故吴子有父子之兵。"张预曰:"将视卒如子,则卒视将如父;未有父在危难,而子不致死。故荀卿曰:'臣之于君也,下之于上也,如子弟之事父兄、手足之捍头目也。'夫美酒泛流,三军皆醉;温言一抚,士同挟纩。信乎,以恩遇下,古人所重也。故《兵法》曰:'勤劳之师,将必先己。暑不张盖,寒不重衣,险必下步,军井成而后饮,军食熟而后饭,军垒成而后舍。'"视,看待,对待。谿,指山涧河沟。

② "厚而不能使"五句:曹操曰:"恩不可专用,罚不可独任。若骄子之喜怒,对目还害,而不可用也。"杜牧曰:"黄石公曰:'士卒可下,而不可骄。'夫恩以养士,谦以接之。故曰'可下';制之以法,故曰'不可骄'。《阴符》曰:'害生于恩。'吴起曰:'夫鼓鼙金铎,所以威耳;旌旗麾章,所以威目;禁令行罚,所以威心。耳威于声,不得不清;目威于色,不得不明;心威于刑,不得不严。三者不立,必败于敌。故曰:将之所拢,莫不从移;将之所指,莫不前死。'卫公李靖曰:'古之善为将者,必能十卒而杀其三,次者十杀其一。十杀其三,威振于敌国;十杀其一,令行于三军。是知畏我者不畏敌,畏敌者不畏我。'善无细而不赏,恶无微而不贬。马谡军败,葛亮对泣而行诛;乡人盗笠,吕蒙垂涕而后斩;马逸犯禾,曹公割发而自刑;两掾辞屈,黄盖诘问而俱斩。故能威克其爱,虽少必济;爱加其威,虽多必败。"张预曰:"恩不可以专用,罚不可以独行。专用恩,则卒如骄子而不能使。此曹公所以割发而自刑,卧龙所以垂泣而行戮,杨素所以流血盈前而言笑自若,李靖所以十杀其三使畏我而不畏敌也。独行罚,则士不亲附而不可用,此古将所以投酒,楚子所以挟纩,吴起所以分衣食,阖闾

所以同劳佚也。在《易》之《师》初六曰'师出以律',谓齐众以
法也;九二曰'师中承天宠',谓劝士以赏也。以此观之,王者之
兵,亦德刑参任而恩威并行矣。尉缭子曰:'不爱悦其心者,不我
用也;不严畏其心者,不我举也。'故善将者,爱与畏而已。"厚,厚
待。令,命令,这里是服从命令的意思。

【译文】

对待士卒像对待婴儿一样,所以可以与之共赴幽深的河涧山谷;对
待士卒像对待爱子一样,所以可以与之一起赴死。厚待士卒却不能使
用,溺爱士卒却不能使其服从命令,局面混乱却不能惩治,好比娇惯的
孩子,是不能用来作战的。

知吾卒之可以击,而不知敌之不可击,胜之半也[1];知敌
之可击,而不知吾卒之不可以击,胜之半也[2];知敌之可击,
知吾卒之可以击,而不知地形之不可以战,胜之半也[3]。故
知兵者,动而不迷,举而不穷[4]。故曰:知彼知己,胜乃不
殆[5];知天知地,胜乃不穷[6]。

【注释】

[1] 知吾卒之可以击,而不知敌之不可击,胜之半也:梅尧臣曰:"知
己而不知彼,或有胜耳。"赵本学曰:"敌兵较我则寡、则弱、则怯、
则虚、则劳、则饥、则气衰、则不登、则不精、则不和、则无备,此固
敌之可击也。若虽寡而常胜,虽弱而有奇,虽怯而阵有法,虽虚
而能备,虽饥而心不求生,虽劳而援兵不远,虽气衰而未遭挫败,
虽不整而用兵简便,虽不精而敢于死战,虽不和而外无隙,虽无
备而间谍未实,是亦不可击也。"

[2] 知敌之可击,而不知吾卒之不可以击,胜之半也:王晳曰:"知己不

知彼，知彼不知己，皆未可以决胜也。"张预曰："或知己而不知彼，或知彼而不知己，则有胜有负也。唐太宗曰：'吾尝临陈，先料敌心与己之心孰审，然后彼可得而知焉；察敌气与己之气孰治，然后我可得而知焉。'言料心审治乱，察气见强弱形也，可战与不可战也。"

③"知敌之可击"四句：杜牧曰："地形者，险易远近，出入迂直也。"梅尧臣曰："知彼知己，而不知地形，亦或不胜。"

④故知兵者，动而不迷，举而不穷：杜牧曰："未动未举，胜负已定，故动则不迷，举则不穷也。一云：'动而不困，举而不顿。'"陈皞曰："穷者，困也，我若识彼此之动否，量地形之得失，则进而不迷，战而不困者也。"动、举，互文见义，指军事行动。迷，迷惑。穷，困窘，困厄。

⑤知彼知己，胜乃不殆：张预曰："晓攻守之术，则有胜而无危。"殆，危险。

⑥知天知地，胜乃不穷：按，《太平御览》卷三二二引此作"知天知地，胜乃可全"；《武经七书》本《孙子》亦作"知天知地，胜乃可全"。李筌曰："人事、天时、地利，三者同知，则百战百胜。"杜佑曰："知地之便，知天之时。地之便，依险阻、向高阳也；天之时，顺寒暑、法刑德也。既能知彼知己，又按地形、法天道，胜乃可全，又何难也？"赵本学曰："此必古语引之，以证上文。"吴如嵩说："从军事地理学的角度说，孙子对他所认识的地理环境，从自然地理和人文地理的结合上论述了其在战争中的地位和作用。他的名言'知彼知己，胜乃不殆；知天知地，胜乃可全'（《地形》），以及他在论述'五事'、'七计'时讲的'天地孰得'都是从战略高度强调地理对于克敌制胜的重要作用的。"

【译文】

了解我方的士卒可以出击，却不了解敌方的士卒不可攻击，获胜的概率只有一半；了解敌方可以攻击，却不了解我方士卒不可以出击，获胜的概率也只有一半；了解敌方可以攻击，也了解我方士卒可以出击，却不了解地形条件不可以作战，获胜的概率也是一半。所以懂得用兵的人，军事行动既不迷惑，也不困窘。所以说：既了解对方也了解自己，就能获胜而不会失败；既了解天时也了解地利，胜利就会无穷无尽。

九地篇

【题解】

本篇是《孙子兵法》十三篇中文字最多的一篇,约一千二百字,篇幅超过了全书的六分之一。同《地形篇》一样,本篇探究的重心也是军事地形,但两篇有所不同的是,前者是从战场作战的角度划分出六种地形,本篇则依据对"人情之理"的深入揣摩,从军队进入敌国的"为客之道"出发而划分出"九地"。赵本学曰:"上篇《地形》之地,排兵布阵之地也,以宽狭险易言之。《九地》之地,侵我所至之地也,以浅深轻重言之。兵之所至,其地有九等,其法不同,大要皆本于人情。善用兵者,深达人情之理,驭之以术,发之以机,则人可用而地不困。《孙子》是篇,首序地法于前,次究人情于后,且复覆说而再申之,详悉周密,毫发无漏,其秘旨隐诀告人尽矣。"可知本篇具有"本于人情"、"详悉周密"的特点。本篇可以第八段开头"九地之变,屈伸之利"为界,分为前后两大部分。后一部分对前一部分的话题,再次给予层层展开、深入论述,故而呈现出赵氏所谓"复覆说而再申之"的特点。

"九地"分别指散地、轻地、争地、交地、衢地、重地、圮地、围地、死地。本篇第一段对"九地"的概念一一定义后,指出了在每种地形条件下应当采取的战术原则,即"散地则无战,轻地则无止,争地则无攻,交地则无绝,衢地则合交,重地则掠,圮地则行,围地则谋,死地则战"。以上原则显然基于作者以下三种可贵认识：其一是重视士卒作战心态。比如为何不宜在散地打仗？是因为在本国土地上作战，士卒易因怀乡恋土而逃散。"散地"这一名称便源于士卒可能出现的这种逃散状况。其二是凸显了趋利避害、化害为利的思想。要抢先占据并充分利用有利的地形如争地、衢地，快速通过不利的地形如圮地，并要善于在不利的地形条件下扭转危局，如"围地则谋，死地则战"，或运用高超的谋略，或激发士卒高昂的斗志，便能冲出包围，脱离险境。其三是军事斗争须辅以外交手段。"衢地"是四通八达的兵家必争之地，用兵者不但要有积极争夺衢地的战略思维，更要在这种争夺战中展开外交攻势，所谓"衢地则合交"，广交外援，争取同盟，以实现战略意图。

显然，在对"衢地"等地形的研究中，作者已脱离战术层面，而进入战略层面。而这种较为宏观的战略视野，在文章其后对"为客之道"的探索中，得到了鲜明突出的呈现。吴如嵩将本篇具有战略高度的用兵原则，依照文脉次序概括为以下八条：第一，面对强敌，必须打敌要害，一战而胜；第二，兵贵神速，攻无备，击不意；第三，投之死地，愚兵激士；第四，同舟共济，齐勇若一；第五，秘密开进，愚卒耳目；第六，威加于敌，其国可毁；第七，并敌一向，千里杀将；第八，秘密决策，隐蔽准备。以上各条，深化并拓展了本书其他篇章的相关论述。尤其是《作战篇》"兵贵胜，不贵久"的战略指导思想，以上第一、二、五、六、七、八等条，多围绕这一思想展开；合而观之，便是一套较为系统的"速胜论"。当然，本篇也有一些必须剔除的糟粕，如"愚兵"思想，正视于此，当无损《孙子兵法》在中国古代兵学领域"前无古人，后无来者"的伟大。

孙子曰：用兵之法：有散地、有轻地、有争地、有交地、有衢地、有重地、有圮地、有围地、有死地①。诸侯自战其地，为散地②；入人之地而不深者，为轻地③；我得则利，彼得亦利者，为争地④；我可以往，彼可以来者，为交地⑤；诸侯之地三属,先至而得天下之众者,为衢地⑥;入人之地深,背城邑多者,为重地⑦;行山林、险阻、沮泽,凡难行之道者,为圮地⑧;所由入者隘,所从归者迂,彼寡可以击吾之众者,为围地⑨;疾战则存,不疾战则亡者,为死地⑩。是故散地则无战⑪,轻地则无止⑫,争地则无攻⑬,交地则无绝⑭,衢地则合交⑮,重地则掠⑯,圮地则行⑰,围地则谋⑱,死地则战⑲。

【注释】

①有散地、有轻地、有争地、有交地、有衢地、有重地、有圮地、有围地、有死地:曹操曰:"此九地之名也。"吴如嵩说:"孙子在军事地理学上采用了两种区分地理门类的标准。第一种分类标准:按照军事斗争内部关系的一般规律区分为战略范围的军事地理与战术范围的军事地形。前者有九种,即散地、轻地、争地、交地、衢地、重地、圮地、围地、死地等'九地';后者有通、挂、支、隘、险、远等'六形'。第二种分类标准:按照自然地理和人文地理环境区分为地表形态类和军事学术类。前者有绝涧、天井、天牢、天罗、天陷、天隙以及山地河川、斥泽平陆;后者即包括前述的'九地'、'六形'。"李零说:"《军争》、《行军》讲'走',《地形》讲'打',进入《九地》,是把这两个问题合起来讲,等于全面总结。《九地》以'地'为名,当然和'地'有关。但它讲'地',不是就地论地,而是强调人地相得。'地'和'兵',两个主旋律,反复变奏。它是把'地'当治兵、用兵的手段。《孙子》论'地',是层层推进。……《军争》论地,只有两处,一处是'不知山林、险阻、沮泽之形者,不能行军;不用乡导者,不能得地利',一处是'高陵勿向,背丘勿逆',前者讲'走',后者讲'打',只是点了一下。《行军》讲行军中的四种处军之地,有地形、地貌,比较具体。《地形》讲六种作战地形,

相反，只讲出入进退之便，和远近、险易、广狭，不讲地形、地貌，只讲地理形势，抽象一点儿。《九地》的讲法，和这几篇都不一样，它是从战线推进和战区划分的概念讲，地形、地貌和地势，是装在这类概念里讲，特点是宏观。"

②诸侯自战其地，为散地：曹操曰："士卒恋土，道近易散。"李筌曰："卒恃土，怀妻子，急则散，是为散地也。"何氏曰："散地，士卒恃土，怀恋妻子，急则散走，是为散地。一曰：地无关键，士卒易散走；居此地者，不可数战。又曰：地远四平，更无要害，志意不坚，而易离，故曰散地。吴王问孙武曰：'散地，士卒顾家，不可与战，则必固守不出；若敌攻我小城，掠吾田野，禁吾樵采，塞吾要道，待吾空虚而急来攻，则如之何？'武曰：'敌人深入吾都，多背城邑，士卒以军为家，专志轻斗。吾兵在国，安土怀生，以陈则不坚，以斗则不胜，当集人合众，聚谷蓄帛，保城备险，遣轻兵绝其粮道。彼挑战不得，转输不至，野无所掠，三军困馁，因而诱之，可以有功。若欲野战，则必因势，依险设伏；无险，则隐于天气阴晦、昏雾，出其不意，袭其懈怠，可以有功。'"张预曰："战于境内，士卒顾家，是易散之地也。郧人将伐楚师，楚斗廉曰：'郧人军其郊，必不诫；恃近其城，莫有斗志。'果为楚所败是也。"

③入人之地而不深者，为轻地：曹操曰："士卒皆轻返也。"何氏曰："轻地者，轻于退也。入敌境未深，往返轻易，不可止息，将不得数动劳人。吴王问孙武曰：'吾至轻地，始入敌境，士卒思还，难进易退；未背险阻，三军恐惧；大将欲进，士卒欲退，上下异心。敌守其城垒，整其车骑，或当吾前，或击吾后，则如之何？'武曰：'军至轻地，士卒未专，以入为务，无以战为。故无近其名城，无由其通路，设疑佯惑，示若将去。选骁骑，衔枚先入，掠其牛马六畜。三军见得，进乃不惧。分吾良卒，密有所伏，敌人若来，击之勿疑；若其不至，舍之而去。'又曰：'军入敌境，敌人固垒不战，

士卒思归,欲退且难,谓之轻地。当选骁兵伏要路,我退敌追,来则击之也。'"

④我得则利,彼得亦利者,为争地:曹操曰:"可以少胜众,弱击强。"李筌曰:"此厄喉守险地,先居者胜,是为争地也。"何氏曰:"争地,便利之地,先居者胜,是以争之。吴王问孙武曰:'敌若先至,据要保利,简兵练卒,或出或守,以备我奇,则如之何?'武曰:'争地之法,先据为利,敌得其处,慎勿攻之,引而佯走,建旗鸣鼓,趣其所爱,曳柴扬尘,惑其耳目;分吾良卒,密有所伏;敌必出救,人欲我与,人弃我取。此争先之道也。若我先至,而敌用此术,则选吾锐卒,固守其所,轻兵追之,分伏险阻;敌人还斗,伏兵旁起。此全胜之道。'"张预曰:"险固之利,彼我得之,皆可以少胜众、弱胜强者,是必争之地也。唐太宗以五千人守成皋之险,坐困窦建德十万之众是也。"

⑤我可以往,彼可以来者,为交地:曹操曰:"道正相交错也。"陈皞曰:"交错是也,言其道路交横,彼我可以来往。如此之地,则须兵士首尾不绝,切宜备之。故下文云'交地,吾将谨其守',其义可见也。"何氏曰:"交地,平原交通也。一曰:可以交结,不可杜绝之,绝之致隙。又曰:交通四远,不可遏绝。吴王问孙武曰:'交地吾将绝敌,使不得来,必令吾边城修其守备,深绝通路,固其隘塞。若不先图之,敌人已备,彼可得而来,吾不得而往,众寡又均,则如之何?'武曰:'既我不可以往,彼可以来,吾分卒匿之,守而易怠,示其不能。敌人且至,设伏隐庐,出其不意,可以有功也。'"

⑥诸侯之地三属,先至而得天下之众者,为衢地:意谓同几个诸侯国的土地接壤,先到达就可以得到多国援助的,叫做衢地。曹操曰:"先至得其国助也。"何氏曰:"衢地者,地要冲,控带数道,先据此地,众必从之,故得之则安,失之则危也。吴王问孙武曰:

'衢地必先,若吾道远发后,虽驰车骤马,至不能先,则如之何?'武曰:'诸侯参属,其道四通。我与敌相当,而旁有他国。所谓先者,必先重币轻使,约和旁国,交亲结恩,兵虽后至,众已属矣。我有众助,彼失其党,诸国掎角,震鼓齐攻,敌人惊恐,莫知所当。'张预曰:"衢者,四通之地。我所敌者,当其一面,而旁有邻国,三面相连属,当往结之,以为己援。先至者,谓先遣使以重币约和旁国也。兵虽后至,已得其国助矣。"

⑦ 入人之地深,背城邑多者,为重地:意谓进入敌国的纵深地带,经过敌人城邑已很多的,叫做重地。曹操曰:"难返之地。"杜牧曰:"入人之境已深,过人之城已多,津梁皆为所恃,要冲皆为所据,还师返旆,不可得也。"何氏曰:"重地者,入敌已深,国粮难应资给,将士不掠何取?吴王问孙武曰:'吾引兵深入重地,多所逾越,粮道绝塞。设欲归还,势不可过;欲食于敌,持兵不失,则如之何?'武曰:'凡居重地,士卒轻勇,转输不通,则掠以继食,下得粟帛,皆贡于上,多者有赏,士卒无归意。若欲还出,即为戒备,深沟高垒,示敌且久。敌疑通途,私除要害之道,乃令轻车,衔枚而行,以牛马为饵。敌人若出,鸣鼓随之;阴伏吾士,与之中期,内外相应,其败可知也。'"

⑧ 行山林、险阻、沮泽,凡难行之道者,为圮(pǐ)地:意谓凡是在山林、险阻、沼泽等难以通行的地带行军,叫做圮地。曹操曰:"少固也。"何氏曰:"圮地者,少固之地也,不可为城垒沟隍,宜速去之。吴王问孙武曰:'吾入圮地,山川险阻,难从之道,行久卒劳;敌在吾前,而伏吾后;营在吾左,而守吾右;良车骁骑,要吾隘道,则如之何?'武曰:'先进轻车,去军十里,与敌相候,接期险阻。或分而左,或分而右;大将四观,择空而取,皆会中道,倦而乃止。'"张预曰:"险阻、渐洳之地,进退艰难,而无所依。"

⑨ 所由入者隘,所从归者迂,彼寡可以击吾之众者,为围地:意谓入

口狭窄，归路迂回，敌人用少量兵力就可以击败我军众多兵力的，叫做围地。杜牧曰："出入艰难，易设奇伏覆胜也。"何氏曰："围地，入则隘险，归则迂回，进退无从，虽众何用？能为奇变，此地可由。吴王问孙武曰：'吾入围地，前有强敌，后有险难，敌绝我粮道，利我走势，敌鼓噪不进，以观吾能，则如之何？'武曰：'围地之宜，必塞其阙，示无所往，则以军为家，万人同心，三军齐力，并炊数日，无见火烟，故为毁乱寡弱之形。敌人见我，备之必轻。则告励士卒，令其奋怒，陈伏良卒，左右险阻，击鼓而出。敌人若当，疾击务突。我则前斗后拓，左右掎角也。'又曰：'敌在吾围，伏而深谋，示我以利，萦我以旗，纷纭若乱，不知所之，奈何？'武曰：'千人操旌，分塞要道，轻兵进挑，陈而勿搏，交而勿去。此败谋之法。'"杨丙安说："入口狭隘而归道迂远，进退艰难，敌若堵塞隘口或断我归路、粮道，则如被围者也，故曰'围地'。"

⑩疾战则存，不疾战则亡者，为死地：曹操曰："前有高山，后有大水，进则不得，退则有碍。"何氏曰："死地力战或生，守隅则死。吴王问孙武曰：'吾师出境，军于敌人之地。敌人大至，围我数重，欲突以出，四塞不通。欲励士激众，使之投命溃围，则如之何？'武曰：'深沟高垒，示为守备。安静勿动，以隐吾能。告令三军，示不得已。杀牛燔车，以飨吾士。烧尽粮食，填夷井灶，割发捐冠，绝去生虑。将无余谋，士有死志。于是，砥甲砺刃，并气一力，或攻两旁，震鼓疾噪，敌人亦惧，莫知所当。锐卒分行，疾攻其后。此是失道而求生。故曰：困而不谋者穷，穷而不战者亡。'吴王曰：'若吾围敌，则如之何？'武曰：'山峻谷险，难以逾越，谓之穷寇。击之之法：伏卒隐庐，开其去道，示其走路。求生透出，必无斗意，因而击之，虽众必破。'《兵法》又曰：'若敌人在死地，士卒勇气，欲击之法：顺而勿抗，阴守其利，必开去道，以精骑分塞要路，轻兵进而诱之，陈而勿战，败谋之法也。'"张预曰："山川

险隘,进退不能,粮绝于中,敌临于外;当此之际,励士决战,而不
可缓也。"

⑪是故散地则无战:梅尧臣曰:"我兵在国,安土怀生,陈则不坚,斗
则不胜,是不可以战也。"

⑫轻地则无止:杜牧曰:"兵法之所谓轻地者,出军行师,始入敌境,
未背险要,士卒思还,难进易退,以入为难,故曰轻地也,当必选
精骑,密有所伏;敌人卒至,击之勿疑;若是不至,逾之速去。"梅
尧臣曰:"始入敌境,未背险阻,士心不专,无以战为,勿近名城,
勿由通路,以速进为利。"

⑬争地则无攻:曹操曰:"不当攻,当先至为利也。"李筌曰:"敌先居
地险,不可攻。"

⑭交地则无绝:曹操曰:"相及属也。"杜牧曰:"川广地平,四面交
战,须车骑部伍,首尾联属,不可使之断绝,恐敌人因而乘我。"

⑮衢地则合交:曹操曰:"结诸侯也。"孟氏曰:"得交则安,失交则
危也。"

⑯重地则掠:曹操曰:"畜积粮食也。"孟氏曰:"因粮于敌也。"梅尧
臣曰:"去国既远,多背城邑,粮道必绝,则掠畜积以继食。"赵本
学曰:"轻地不患粮食之不足,惟患士卒之不战;重地不患士卒之
不战,惟患粮食之不足。"

⑰圮地则行:曹操曰:"无稽留也。"李筌曰:"不可为沟隍,宜急去
之。"梅尧臣曰:"既毁圮不可依止,则当速行,勿稽留也。"

⑱围地则谋:曹操曰:"发奇谋也。"杜牧曰:"难阻之地,与敌相持,
须用奇险诡谲之计。"

⑲死地则战:曹操曰:"殊死战也。"陈皞曰:"陷在死地,则军中人人
自战,故曰'置之死地而后生'也。"

【译文】

孙子说:根据用兵的法则,军事地理可分为如下九种类型:散地、轻

地、争地、交地、衢地、重地、圮地、围地、死地。诸侯在本国土地上作战，叫做散地；进入敌国国境不深的，叫做轻地；我方得到有利，敌人得到也有利的地区，叫做争地；我方可以前往，敌人也可以到来的地区，叫做交地；同几个诸侯国的土地接壤，先到达就可以得到多国援助的，叫做衢地；进入敌国的纵深地带，经过敌人城邑已很多的，叫做重地；凡是在山林、险阻、沼泽等难以通行的地带行军，叫做圮地；入口狭窄，归路迂回，敌人用少量兵力就可以击败我军众多兵力的，叫做围地；速战就能生存，不速战就会灭亡的，叫做死地。所以在散地不要作战，在轻地不要停留，在争地不要进攻，在交地不要让部队首尾不接，在衢地要广交外援，在重地要掠取粮草，在圮地要快速通过，在围地要谋划突围，在死地要拼死战斗。

所谓古之善用兵者，能使敌人前后不相及①，众寡不相恃②，贵贱不相救③，上下不相收④，卒离而不集，兵合而不齐⑤。合于利而动，不合于利而止⑥。敢问：敌众整而将来，待之若何⑦？曰：先夺其所爱，则听矣⑧。兵之情主速，乘人之不及，由不虞之道，攻其所不戒也⑨。

【注释】

①能使敌人前后不相及：梅尧臣曰："设奇冲掩。"郭化若说："能使敌军的前、后部队不能相策应。"

②众寡不相恃：梅尧臣曰："惊扰之也。"郭化若说："能使敌军的主力和小部队不能互相依靠。"

③贵贱不相救：梅尧臣曰："散乱也。"郭化若说："能使敌军的官兵之间不能相互救应。"贵，指将官。贱，指士卒。

④上下不相收：意谓能使敌军上下联系不上。梅尧臣曰："仓惶

也。"收，聚集，联系。

⑤卒离而不集，兵合而不齐：李筌曰："设变以疑之，救左则击其右，惶乱不暇计。"杜牧曰："多设变诈，以乱敌人，或冲前掩后，或惊东击西，或立伪形，或张奇势，我则无形以合战，敌则必备而众分。使其意慑离散，上下惊扰，不能和合，不得齐集。此善用兵也。"郭化若说："能使士卒杂乱集合不起来。能使敌军的队伍集合起来而不能整齐。"

⑥合于利而动，不合于利而止：按，这两句又见于《火攻篇》。梅尧臣曰："然能使敌若此，当须有利则动，无利则止。"杨丙安说："按此二句与上下文意皆不相属，而《火攻篇》'主不可以怒而兴师，将不可以愠而致战'下正有此二句，疑即该篇之文而重录于此者。"

⑦敢问：敌众整而将来，待之若何：意谓试问敌人兵力众多而又阵容严整，将要前来与我决战，我方该如何对付。梅尧臣曰："此设疑以自问，言敌人甚众，将又严整，我何以待之耶？"张预曰："前所陈者，须兵众相敌，然后可为。故或人问武曰：'彼兵众于我，而又整肃，则以何术待之也？'"赵本学曰："苟遇敌兵多而且整，势将来攻；欲守则未备，欲战则畏其锋，若何而为计耶？"整，指阵容严整。

⑧先夺其所爱，则听矣：意谓首先夺取敌人所重视的要件，敌人就会听从我方调遣。曹操曰："夺其所恃之利。若先据利地，则我所欲必得也。"李筌曰："孙子故立此问者，以此为秘要也。所爱，谓敌所便爱也，或财帛子女，吾先困辱之，则敌进退皆听也。"陈皞曰："爱者，不止所恃利，但敌人所顾之事，皆可夺也。"赵本学曰："或积聚所居，或救援所恃，或心腹巢穴，所本者皆是所爱也。"朱军说："在古代作战中，或掳其家人作人质，或据其要冲，或断其粮道，都是夺其所爱。在现代战争中，破坏敌方支持战争

的资源，摧毁敌方的军事工业，断绝敌方的陆、海、空交通，占领敌方的政治经济中心等，凡是运用各种手段控制敌方赖以进行战争的关键或要害，足以迫使其屈从于己方的，都是夺其所爱，也是不战而屈人之兵的手段之一。英国人利德尔·哈特所归纳的'间接战略'就是源于孙子不战而屈人之兵的思想。"爱，珍爱，这里是重视的意思。

⑨"兵之情主速"四句：意谓用兵的原则是贵于神速，神速就能趁敌人尚未赶到，从敌人意料不到的路径，攻击敌人不加戒备的地方。李筌曰："不虞不戒，破敌之速。"陈皞曰："此言乘敌人有不及、不虞、不戒之便，则须速进，不可迟疑也。盖孙子之旨，言用兵贵疾速也。"赵本学曰："言兵以神速为贵，必也乘人仓卒不及为之，时而由其所不料度之路，以攻其所不戒备之处。所谓先夺所爱者，当依此法可也。愚谓人情仓卒则胆易惊，逼迫则心易乱。童子疾呼，勇士为之怵然而回顾；夜卧之人闻失火，懵然不知其门之所出；一虎入市，万人改颜；一蛇入室，举家颤手，此几之所在也。善攻人者，审其几而神之；善自守者，先其几而防之。世之愚将但知其人有可攻之便，而不自虞其不便之处，荡然轻出，为敌所袭，空虚之地不能支而自陷，返救之兵又劳倦而不及，城堕于前，兵偾于后，为天下笑，殆由其心太胜，气太锐，胆太放，而意太略也。孙子此三言者，可谓应人者之第一术，可为远征者之第一患，学兵之士不可不诵之，熟而记之固也。"吴如嵩曰："后世之'兵贵神速'一词，就源于孙子'兵之情主速'。《计篇》'攻其无备，出其不意'的思想在这里又作了进一步表述。'不及'，措手不及；'不虞'，料想不到；'不戒'，没有戒备。这都是为客之道的打法。"情，实情，这里是原则、法理的意思。及，到，赶到。不虞，意料不到。

【译文】

所谓古代善于用兵的人，能使敌人的部队前后不能相互策应，主力和小部队不能相互依靠,官兵之间不能相互救应,能使敌军上下失去联系,能使敌军的士卒散乱而无法集中,队伍集合起来了却不整齐。符合我军利益就行动,不符合我军利益就停止。试问:敌人兵力众多而又阵容严整。将要前来与我决战,我方该如何对付?回答是:首先夺取敌人所重视的要件,敌人就会听从我方调遣。用兵的原则是贵于神速,神速就能趁敌人尚未赶到,从敌人意料不到的路径,攻击敌人不加戒备的地方。

　　凡为客之道:深入则专,主人不克①;掠于饶野,三军足食②;谨养而勿劳,并气积力;运兵计谋,为不可测③。

【注释】

①凡为客之道:深入则专,主人不克:意谓凡是进入敌国,其作战原则是:深入敌境,士卒就会专心作战,敌军因此也就不能取胜。李筌曰:"夫为客,深入则志坚,主人不能御也。"杜牧曰:"言大凡为攻伐之道,若深入敌人之境,士卒有必死之志,其心专一,主人不能胜我也。克者,胜也。"吴如嵩说:"孙子关于'九地'的为客之道主要讲了两个层面上的问题:一个是战术层面,一个是战略层面。战术层面,孙子具体提出并阐述了'九地'之名,'九地'的定义以及在'九地'作战的战术要求;战略层面,孙子从战略的高度宏观地论述了战略进攻作战的若干原则和方法。许多原则极富指导意义,所以,《九地篇》受到后人的普遍重视和赞赏。"为客,指进入敌国,我军便由主而成为客。

②掠于饶野,三军足食:王晳曰:"饶野多稼穑。"张预曰:"兵在重地,须掠粮于富饶之野,以丰吾食。"

③"谨养而勿劳"四句:意谓小心保养士卒的体力而不要让他们劳累,提高士气,积蓄力量;部署兵力,施展计谋,使敌人感到我方

深不可测。杜牧曰："斯言深入敌人之境,须掠田野,使我足食,然后闭壁养之,勿使劳苦,气全力盛,一发取胜,动用变化,使敌人不能测我也。"张预曰："坚壁自守,勤抚士卒,勿任以劳苦。令气盛而力全,常为不可测度之计。伺敌可击,则一举而克。王翦伐荆,常用此术。"谨,小心,谨慎。养,保养,休整。并,合,这里是集中、提高的意思。积,积聚,积蓄。运兵,指部署兵力。

【译文】

凡是进入敌国,其作战原则是:深入敌境,士卒会专心作战,敌军因此就不能取胜;在富饶的原野上掠取粮草,三军就会有充足的粮食;小心保养士卒的体力而不要让他们劳累,提高士气,积蓄力量;部署兵力,施展计谋,使敌人感到我方深不可测。

投之无所往,死且不北①;死焉不得②? 士人尽力③。兵士甚陷则不惧④,无所往则固,深入则拘⑤,不得已则斗⑥。是故,其兵不修而戒,不求而得,不约而亲,不令而信⑦,禁祥去疑,至死无所之⑧。

【注释】

①投之无所往,死且不北:意谓将士卒置于走投无路的境地,他们就会死战而不会败逃。杜牧曰："投之无所往,谓前后进退皆无所之,士以此皆求力战,虽死不北也。"张预曰："置之危地,左右前后皆无所往,则守战至死,而不奔北矣。"北,打了败仗往回跑。

②死焉不得:曹操曰:"士死,安不得也。"杜牧曰:"言士必死,安有不得胜之理?"张预曰:"士卒死战,安不得志? 尉缭子曰:'一贼仗剑击于市,万人无不避之者,非一人之独勇,万人皆不肖也,必死与必生不侔也。'"

③士人尽力：曹操曰："在难地，心并也。"王皙曰："人在死地，岂不尽力？"

④兵士甚陷则不惧：杜牧曰："陷于危险，势不独死，三军同心，故不惧也。"

⑤无所往则固，深入则拘：意谓士卒走投无路就会人心稳固，深入敌境就会军心凝聚。杜牧曰："言深入敌境，走无生路，则人心坚固，如拘缚者也。"拘，拘束，束缚，这里是军心凝聚的意思。

⑥不得已则斗：意谓在万不得已的情况下就会决一死战。曹操曰："人穷则死战也。"杜牧曰："不得已者，皆疑陷在死地，必不生；以死救死，尽不得已也，则人皆悉力而斗也。"

⑦"其兵不修而戒"四句：意谓士卒在死地作战，就会不待治理就有戒敌之心，无须要求就有作战意志，不加约束就能亲近团结，不必严令就会信守纪律。杜牧曰："此言兵在死地，上下同志，不待修整而自戒惧，不待收索而自得心，不待约令而自亲信也。"张预曰："危难之地，人自同力，不修整而自戒慎，不求索而得情意，不约束而亲上，不号令而信命，所谓同舟而济，则吴越何患乎异心也？"修，修治，治理。

⑧禁祥去疑，至死无所之：意谓制止迷信，消除疑虑，士卒就能到死也不会逃脱。曹操曰："禁妖祥之言，去疑惑之计。"杜牧曰："黄石公曰：'禁巫祝不得为吏士卜问军之吉凶，恐乱军士之心。'言既去疑惑之路，则士卒至死无有异志也。"张预曰："欲士死战，则禁止军吏不得言妖祥之事，恐惑众也。去疑惑之计，则至死无他虑。《司马法》曰：'灭厉祥。'此之谓也。傥士卒未有必战之心，则亦有假妖祥以使众者。田单守即墨，命一卒为神，每出入约束，必称神，遂破燕是也。"祥，吉凶的预兆，这里指占卜等迷信活动。之，往，这里是逃脱、逃走的意思。

【译文】

　　将士卒置于走投无路的境地，他们就会死战而不会败逃；士卒死战，哪有不得胜之理？士卒人人尽心竭力。一旦士卒深深陷入危险境地，就能团结一心而不会感到惧怕，士卒走投无路就会人心稳固，深入敌境就会军心凝聚，在万不得已的情况下就会决一死战。所以，士卒在死地作战，就会不待治理而有戒敌之心，无须要求就有作战意志，不加约束就能亲近团结，不必严令就会信守纪律，制止迷信，消除疑虑，士卒就能到死也不会逃走。

　　吾士无余财，非恶货也；无余命，非恶寿也①。令发之日，士卒坐者涕沾襟，偃卧者涕交颐②。投之无所往者，诸、刿之勇也③。

【注释】

①"吾士无余财"四句：意谓我方士卒没有多余的财物，不是因为他们憎恶财货；我方士卒敢于舍弃性命，不是因为他们讨厌长寿。曹操曰："皆烧焚财物，非恶货之多也；弃财致死者，不得已也。"张预曰："货与寿，人之所爱也，所以烧掷财宝、割弃性命者，非憎恶之也，不得已也。"恶，讨厌，憎恶。

②令发之日，士卒坐者涕沾襟，偃卧者涕交颐：意谓作战命令发布之日，坐着的士卒涕泪沾上衣襟，躺着的士卒泪流满面。曹操曰："皆持必死之计。"杜牧曰："士皆以死为约。未战之日，先令曰：'今日之事，在此一举！若不用命，身膏草野，为禽兽所食也！'"偃，躺倒。颐，面颊。

③投之无所往者，诸、刿之勇也：意谓把士卒置于走投无路的境地，他们就会具备专诸、曹刿的勇气。梅尧臣曰："既令以必死，则所往皆有专诸、曹刿之勇。"张预曰："人怀必死，则所向皆有专诸、

曹刿之勇也。专诸，吴公子光使刺杀吴王僚者。刿当为沫。曹
沫以勇力事鲁庄公，尝执匕首劫齐桓公。"诸，即专诸，春秋时期
吴国的勇士。刿，即曹刿，又名曹沫，春秋时期鲁国的武士。

【译文】

我方士卒没有多余的财物，不是因为他们憎恶财货；我方士卒敢于
舍弃性命，不是因为他们讨厌长寿。作战命令发布之日，坐着的士卒涕
泪沾上衣襟，躺着的士卒泪流满面。把士卒置于走投无路的境地，他们
就会具备专诸、曹刿的勇气了。

　　故善用兵者，譬如率然①。率然者，常山之蛇也②，击其
首则尾至，击其尾则首至，击其中则首尾俱至。敢问：兵可
使如率然乎③？曰：可。夫吴人与越人相恶也，当其同舟而
济，遇风，其相救也如左右手④。是故方马埋轮，未足恃也⑤；
齐勇若一，政之道也⑥；刚柔皆得，地之理也⑦。故善用兵者，
携手若使一人，不得已也⑧。

【注释】

①率然：古代传说中的一种蛇。《神异经·西荒经》曰："西方山中
　　有蛇，首尾差大，有色五彩。人、物触之者，中头则尾至，中尾则
　　头至，中腰则头尾并至，名曰率然。"

②常山：即恒山，西汉时为避汉文帝刘恒之讳而改成此名，是五岳
　　中的北岳。现指位于今山西浑源南的恒山。

③兵可使如率然乎：梅尧臣曰："可使兵首尾率然相应如一体乎？"

④"夫吴人与越人相恶也"四句：梅尧臣曰："势使之然。"张预曰：
　　"吴、越，仇雠也，同处危难，则相救如两手，况非仇雠者，岂不犹
　　率然之相应乎？"

⑤是故方马埋轮,未足恃也:意谓将马匹捆绑在一起,将车轮掩埋起来,认为这样就能使军心稳固,而其实这是不值得依靠的。曹操曰:"方马,缚马也。埋轮,示不动也。此言专难不如权巧。"张预曰:"上文历言置兵于死地,使人心专固,然此未足为善也。虽置之危地,亦须用权智,使人令相救如左右手,则胜矣。故曰:虽缚马埋轮,未足恃固以取胜;所可必恃者,要使士卒相应如一体也。"

⑥齐勇若一,政之道也:意谓使士卒齐心协力勇敢作战,团结得就像一个人一样,这说明军队管理得法。梅尧臣曰:"使人齐勇如一心而无怯者,得军政之道也。"张预曰:"既置之危地,又使之相救,则三军之众,齐力同勇如一夫,是军政得其道也。"

⑦刚柔皆得,地之理也:意谓刚强的士卒和柔弱的士卒均能拼出全力,这说明将领能够利用地形之利。王晳曰:"刚柔,犹强弱也。言三军之士,强弱皆得其用者,地利使之然也。"张预曰:"得地利,则柔弱之卒亦可以克敌,况刚强之兵乎? 刚柔俱获其用者,地势使之然也。"刚柔,分别指刚强与柔弱的士卒。一说指性质不同的地理条件。施子美曰:"为将者刚柔得所,此为得地之理也。盖立地之道,曰柔与刚,故刚柔皆得者为得地之理也。或又以刚柔为地有刚柔。刚者,险地也;柔者,易地也。用众务易,用少务溢,此为得地之理也。以齐勇若一为人和。《孟子》曰:地利不如人和。"杨丙安说:"各家多以'刚柔'指强弱,言强弱皆得其用者,地理条件使之然也。按正文明言'地之理',非言地之助,故'刚柔'乃以地言之,指性质不同之地理条件如高下、险夷等。'刚柔皆得,地之理也':言使不同地理条件皆能得其所用,皆能充分发挥其作用,亦即掌握运用地形地势之一般原则要求也。"

⑧故善用兵者,携手若使一人,不得已也:曹操曰:"齐一貌也。"杜牧曰:"言使三军之士,如牵一夫之手,不得已,皆须从我之命,喻易也。"张预曰:"三军虽众,如提一人之手而使之,言齐一也。故

曰：将之所挥，莫不从移；将之所指，莫不前死。"

【译文】

善于指挥作战的人，能使部队做到如同率然。率然是常山的一种蛇，打它的头部，尾部就会来救应，打它的尾部，头部就会来救应，打它的腰部，头部和尾部都会来救应。试问：部队可以做到像率然一样吗？答道：可以。吴国人和越国人彼此相互敌视，但是当他们同船共渡的时候，遇上大风，他们能像左手帮右手一样相互救援。将马匹捆绑在一起，将车轮掩埋起来，认为这样就能使军心稳固，而其实这是不值得依靠的；使士卒齐心协力勇敢作战，就像一个人一样团结，这说明军队管理得法；刚强的士卒和柔弱的士卒均能拼出全力，这说明将领能够利用地形之利。所以善于用兵的将领，能使全军携起手来，就像一个人一样齐心，这是客观形势不得已使然。

将军之事，静以幽，正以治①。能愚士卒之耳目，使之无知②；易其事，革其谋，使人无识③；易其居，迂其途，使人不得虑④。帅与之期，如登高而去其梯⑤；帅与之深入诸侯之地，而发其机，焚舟破釜⑥，若驱群羊，驱而往，驱而来，莫知所之⑦。聚三军之众，投之于险，此谓将军之事也⑧。

【注释】

①将军之事，静以幽，正以治：曹操曰："谓清净、幽深、平正。"张预曰："其谋事，则安静而幽深，人不能测；其御下，则公正而整治，人不敢慢。"赵本学曰："上文言人情必战于死地，死地能使人自战矣。然所以置人于死地者，则又在于将军有颠倒驾驭之术，若使士卒知其为死地，宁可使之就耶？故此复以将军之事言之也。静者，镇重凝定而不燥扰。幽者，沉潜深默而不可测度。正者，

严厉方特人不敢犯。治者,周悉缜密事无遗漏。备此四德,乃可以为大将。下文所云乃静幽、正治者之能事也。"陈启天曰:"(指挥官)其统御指挥,除必须注意上文所言各项要领外,尚须具有四种素养:一、镇静,二、深沉,三、严正,四、整治。态度镇静,计虑深沉,执法严正,做事整治,如此则全军信赖,自可听其统御指挥矣。""将军具有静幽正治之素养,深得全军之信赖,然后乃可应事势之必要,酌行种种权术。"静,冷静。以,相当于"而"。幽,幽深。正,公正。治,治理得好,善于治理。

② 能愚士卒之耳目,使之无知:曹操曰:"愚,误也。民可与乐成,不可与虑始。"张预曰:"士卒懵然无所闻见,但从命而已。"赵本学曰:"有知识则生疑虑,有思虑则生恐惧,故驾虚空不实之言,以愚其耳;张为俎诈不实之形,以愚其目。"陈启天曰:"前途之危险与军机之运用,此不宜使士卒先知者,故宜设计使士卒不知前途之危险,但服从将军之命令而行。"杨丙安说:"此句明言'使人无知',下句又明言'若驱群羊',以及'使人无识','使人不得虑'等等,是孙子愚兵政策甚明,岂止恐其泄密计而已。"杨善群说:"孙子把士卒当作'群羊',要使他们'无知'、'无识',供将帅任意驱使,这就充分反映了剥削阶级对待士兵的愚弄态度。如果以军事行动需要保密来为孙子的上述这些话辩护,显然是有些牵强附会的。孙子这里所论述的治军方法,倒和老子的治民方法很有些相似。《老子》曰:'古之善为道者,非以明民,将以愚之。民之难治,以其智多。'(六十五章)'是以圣人之治,虚其心,实其腹,弱其志,强其骨,常使民无知无欲。'(三章)老子主张'愚民'、'使民无知无欲',从而便于统治者的统治;孙子主张'愚士卒'、'使之无知无识',从而便于将帅的带领。二者的方法和目的是一样的。"愚,蒙蔽,蒙骗。

③ 易其事,革其谋,使人无识:意谓不断变化作战任务,经常改变行

动计划,使人们无法把握将领的进攻方略。杜牧曰:"所为之事,所有之谋,不使知其造意之端,识其所缘之本也。"张预曰:"前所行之事,旧所发之谋,皆变易之,使人不可知也。若裴行俭令军士下营讫,忽使移就崇冈。初,将吏皆不悦,是夜风雨暴至,前设营所水深丈余,将士惊服,因问曰:'何以知风雨也?'行俭笑曰:'自今但依吾节制,何须问我所由知也!'"郭化若说:"战法经常变化,计谋不断更新,使人们无法识破机关。"易,改变,变化。革,变革,变更。

④易其居,迂其途,使人不得虑:意谓不断变换军队的驻地,挑选迂回的路线行军,使人们无法揣测出将领的思绪。梅尧臣曰:"更其所安之居,迁其所趋之途,无使人能虑也。"张预曰:"其居则去险而就易,其途则舍近而从远,人初不晓其旨,及胜乃服。太白山人曰:'兵贵诡道者,非止诡敌也,抑诡我士卒,使由之而不使知之也。'"郭化若说:"驻军常变换地方,进军多绕迂路,使人们推测不出意图。"

⑤帅与之期,如登高而去其梯:梅尧臣曰:"可进而不可退也。"期,约定。

⑥帅与之深入诸侯之地,而发其机,焚舟破釜:杜牧曰:"使无退心,孟明焚舟是也。"张预曰:"去其梯,可进而不可退;发其机,可往而不可返。项羽济河沉舟之类也。"发其机,触动弩机射出箭矢,喻士卒可往而不可返。

⑦"若驱群羊"四句:何氏曰:"士之往来,唯将之令,如羊之从牧者。"张预曰:"群羊往来,牧者之随;三军进退,惟将之挥。"赵本学曰:"三军到此不能自由,姑得从命,有如群羊为我驱遣,驱来驱去不知其将何往也。盖军事尚密,人情又难与之谋,始苟无颠倒之术,士卒得以先事而晓其情,必惊疑畏死,或生他变,犹豫之间机败而事不成矣。且私相告语,则有漏泄之患,惊怖太甚,则

有叛降之患,皆当深虑而豫防之。善哉静幽正治之语,真为将军
至贵之德也欤!"

⑧聚三军之众,投之于险,此谓将军之事也:梅尧臣曰:"措三军于
险难而取胜者,为将之所务也。"张预曰:"去梯发机,置兵于危险
以取胜者,此将军之所务也。"

【译文】

将军处事要做到,冷静而又幽深,公正无私而又善于治理。能蒙骗
士卒的耳目,使他们毫不了解将领的作战意图;不断变化作战任务,经
常改变行动计划,使人们无法把握将领的进攻方略;不断变换军队的驻
地,挑选迂回的路线行军,使人们无法揣测出将领的思绪。将帅与士卒
约定作战任务,要做到如同登上高处而抽掉梯子一样,使军队有进无
退,只好决一死战;将帅与士卒深入诸侯的土地,就像触动弩机射出箭
矢,使士卒明白可往而不可返,要焚烧舟船,砸破炊具,激发士卒义无反
顾的作战勇气,要如同驱赶群羊一样,驱赶过来,驱赶过去,没有人知道
要到哪里去。集合三军官兵,将他们置于危险的境地,使他们人人做到
奋勇杀敌,这就是将军的任务。

九地之变,屈伸之利,人情之理,不可不察①。凡为客之
道,深则专,浅则散②。去国越境而师者,绝地也③。四达者,
衢地也④。入深者,重地也⑤。入浅者,轻地也⑥。背固前
隘者,围地也⑦。无所往者,死地也⑧。是故散地,吾将一其
志⑨;轻地,吾将使之属⑩;争地,吾将趋其后⑪;交地,吾将谨
其守⑫;衢地,吾将固其结⑬;重地,吾将继其食⑭;圮地,吾将
进其途⑮;围地,吾将塞其阙⑯;死地,吾将示之以不活⑰。故
兵之情:围则御⑱,不得已则斗⑲,过则从⑳。

【注释】

①"九地之变"四句：意谓九种地形条件下应敌策略的变化，关乎进退攻防的利弊得失，关乎官兵心理的掌握，这些都不可不考察。杜牧曰："言屈伸之利害，人情之常理，皆因九地以变化。今欲下文重举九地，故于此重言，发端张本也。"张预曰："九地之法，不可拘泥，须识变通，可屈则屈，可伸则伸，审所利而已。此乃人情之常理，不可不察。"屈伸，指部队的进退攻防。

②凡为客之道，深则专，浅则散：梅尧臣曰："深则专固，浅则散归。"专，指精神专一。散，指情绪涣散。

③去国越境而师者，绝地也：张预曰："去己国，越人境而用师者，危绝之地也，若秦师过周而袭郑是也。此在九地之外而言之者，战国时间有之也。"赵本学曰："去国，去己之国；越境，越人之境；绝，绝望之意。此篇无绝地之文，此特因上文'诸侯自战其地为散地'之句，而反言申之也。"

④四达者，衢地也：梅尧臣曰："驰道四出，敌当一面。"张预曰："敌当一面，旁国四属。"

⑤入深者，重地也：梅尧臣曰："士卒以军为家，故心无散乱。"

⑥入浅者，轻地也：梅尧臣曰："归国尚近，心不能专。"

⑦背固前隘者，围地也：意谓背有险要地势而前有狭隘道路的，就是围地。梅尧臣曰："背负险固，前当厄塞。"张预曰："前狭后险，进退受制于人也。"

⑧无所往者，死地也：梅尧臣曰："穷无所之。"

⑨是故散地，吾将一其志：李筌曰："一卒之心。"张预曰："集人聚谷，一志固守，依险设伏，攻敌不意。"

⑩轻地，吾将使之属：意谓在轻地，我军要使部队的营垒紧密相连。曹操曰："使相及属。"杜牧曰："部伍营垒密近联属，盖以轻散之地，一者备其逃逸，二者恐其敌至，使易相救。"属，连接，相连。

⑪争地，吾将趋其后：意谓在争地，我军将让后续部队迅速跟上。曹操曰："利地在前，当速进其后也。"张预曰："争地贵速，若前驱至而后不及，则未可。故当疾进其后，使首尾俱至。或曰：趋其后，谓后发先至也。"

⑫交地，吾将谨其守：杜牧曰："严壁垒也。"张预曰："不当阻绝其路，但严壁固守，候其来，则设伏击之。"谨其守，汉简本作"固其結（结）"。

⑬衢地，吾将固其结：意谓在衢地我军要巩固与诸侯的结盟。杜牧曰："结交诸侯，使之牢固。"张预曰："财币以利之，盟誓以要之，坚固不渝，则必为我助。"固其结，汉简本作"谨其恃"。

⑭重地，吾将继其食：意谓在重地我军要从敌国掠取粮食，补充供给。曹操曰："掠彼也。"梅尧臣曰："道既退绝，不可归国取粮，当掠彼以食军。"

⑮圮地，吾将进其途：意谓在圮地我军要快速通过。曹操曰："疾过去也。"张预曰："遇圮毁之地，宜引兵速过。"

⑯围地，吾将塞其阙：意谓在围地我军要堵住活路，以激励士兵决一死战。曹操曰："以一士心也。"张预曰："吾在敌围，敌开生路，当自塞之，以一士心。齐神武系牛马以塞路，而士卒死战是也。"

⑰死地，吾将示之以不活：意谓在死地我军要显示拼死一搏的决心。曹操曰："励士心也。"贾林曰："禁财弃粮，埋井破灶，示必死也。"

⑱围则御：李筌曰："敌围，我则御之。"

⑲不得已则斗：曹操曰："势有不得已也。"王晳曰："脱死难者，唯斗而已。"

⑳过则从：曹操曰："陷之甚过，则从计也。"张预曰："深陷于危难之地，则无不从计，若班超在鄯善，欲与麾下数十人杀虏使，乃谕谕之，其士卒曰'今在危亡之地，死生从司马'是也。"郭化若说："深

陷于十分危险的境地,就会容易指挥。"过,指陷入危亡之境。

【译文】

在九种地形条件下应敌策略的变化,关乎进退攻防的利弊得失,关乎官兵心理的掌握,这些都不可不考察。凡是进入敌境,其作战规律是:深入敌境,军心就稳固;进入敌境浅近,军心就易涣散。离开本国越过别国国境作战的,就是绝地。四通八达的地区,就是衢地。进入敌境纵深地带的,就是重地。进入敌境浅近地带的,就是轻地。背有险要地势而前有狭隘道路的,就是围地。无处前往的,就是死地。所以在散地,我军要使全军上下统一意志;在轻地,我军要使部队的营垒紧密相连;在争地,我军要让后续部队迅速跟上;在交地,我军要小心谨慎地防守;在衢地,我军要巩固与诸侯的结盟;在重地,我军要从敌国掠取粮食,补充供给;在圮地,我军要快速通过;在围地,我军要堵住活路,以激励士兵决一死战;在死地,我军要显示拼死一搏的决心。士卒的心理状态是:被包围了就会顽强抵抗,形势危急、迫不得已时就会拼死战斗,陷入危亡之境时就会听从指挥。

是故不知诸侯之谋者,不能预交;不知山林、险阻、沮泽之形者,不能行军;不用乡导者,不能得地利①。四五者不知一,非霸王之兵也②。夫霸王之兵,伐大国,则其众不得聚③;威加于敌,则其交不得合④。是故不争天下之交,不养天下之权⑤,信己之私⑥,威加于敌,故其城可拔,其国可隳⑦。

【注释】

①"是故不知诸侯之谋者"六句:又见于《军争篇》。赵本学曰:"此一节与上文既不相蒙,与下文又有相戾,疑重出之误也。"

②四五者不知一,非霸王之兵也:曹操曰:"谓九地之利害。或曰:

上四五事也。"张预曰:"四五,谓九地之利害,有一不知,未能全胜。"霸王,指春秋时期号令诸侯的霸主。汉简本作"王霸"。

③夫霸王之兵,伐大国,则其众不得聚:一说,凡是霸、王的军队,进攻大国就能使敌方的民众来不及动员集中。一说,"其众不得聚"指的是霸王之国。陈皞曰:"虽有霸王之势,伐大国,则我众不得聚。"张预曰:"恃富强之势,而亟伐大国,则己之民众将怨苦而不得聚也。"可供参考。霸王,汉简本作"王霸"。聚,聚集,集中。

④威加于敌,则其交不得合:意谓兵威加于敌国,会使其原来的盟国不敢与它联合。李筌曰:"夫并兵震威,则诸侯自顾,不敢预交。"郭化若说:"以最大威力压服敌人,就能使各国不敢和它建交。"交,结交,这里指盟国。

⑤不争天下之交,不养天下之权:意谓不争着与邻国结交,不培植号令天下的权力。杜牧曰:"言不结邻援,不蓄养机权之计。"养,培植,培养。

⑥信己之私:李筌曰:"惟得伸己之私志。"郭化若说:"只要施展自己的意图。"信,同"伸",伸展,施展。

⑦其城可拔,其国可隳:意谓敌城可被攻克,敌人都城可被摧毁。隳,破坏,摧毁。

【译文】

所以不了解一个诸侯国的战略谋划,便不能与其结交;不了解山林、险阻、沼泽的地形,便不能行军;不用向导带路,便不能利用地形。九种地形有一种不了解的,就不能成为霸主的军队。霸主的军队,进攻一个大国,能使这个大国的民众来不及聚集;兵威加于敌国,会使其原来的盟国不敢与它联合。所以不争着与邻国结交,不培植号令天下的权力,伸展自己的意愿,就可以攻克敌人的城邑,摧毁敌人的国都。

施无法之赏，悬无政之令①，犯三军之众，若使一人②。犯之以事，勿告以言③；犯之以利，勿告以害④。投之亡地然后存，陷之死地然后生⑤。夫众陷于害，然后能为胜败⑥。

【注释】

①施无法之赏，悬无政之令：意谓施行不合常法的奖赏，颁布不合常规的法令。贾林曰："欲拔城、隳国之时，故悬法外之赏罚，行政外之威令，故不守常法、常政，故曰'无法'、'无政'。"张预曰："法不先施，政不预告，皆临事立制，以励士心。《司马法》曰：'见敌作誓，瞻功行赏。'"陈启天曰："军在危地，宜施非常之赏，悬非常之令，以激励士卒，奋力死战也。凡作战本有常令常赏，然当危急存亡之际，当令常赏或尚不足以劝士卒之勇于犯难效死，故悬特令施特赏以鼓动之。特令特赏，与常政常令之例不同，故称为无政之令，无法之赏，非真无政无法也。"无法，指不合常法。悬，颁发，颁布。无政，指不合常规。

②犯三军之众，若使一人：曹操曰："犯，用也。言明赏罚，虽用众，若使一人也。"犯，一说动也，调动，指挥；一说同"范"，约束的意思。

③犯之以事，勿告以言：梅尧臣曰："但用以战，不告以谋。"张预曰："任用之于战斗，勿谕之以权谋；人知谋则疑也。若裴行俭不告士卒以徙营之由是也。"

④犯之以利，勿告以害：曹操曰："勿使知害。"张预曰："人情见利则进，知害则避，故勿告以害也。"

⑤投之亡地然后存，陷之死地然后生：曹操曰："必殊死战。在亡地无败者，孙膑曰：'兵恐不投之死地也。'"张预曰："置之死亡之地，则人自为战，乃可存活也。项羽救赵，破釜焚庐，示以必死；诸侯从壁上观，楚战士无不一当十，遂虏秦将是也。"

⑥夫众陷于害,然后能为胜败:意谓把兵众陷入危险的境地,士卒
　就会专心作战,这样我军才能获胜。梅尧臣曰:"未陷难地,则士
　卒心不专;既陷危难,然后胜败在人为之尔。"害,指危险境地。
　胜败,偏义词,意即胜利。

【译文】

　　施行不合常法的奖赏,颁布不合常规的法令,指挥三军官兵的行
动,就像指挥一个人一样。指挥士卒作战,但不要说明作战意图;使用
士卒只让他们知道有利的情况,不告诉他们有害的情况。把士卒置于
危亡之地,这样之后他们才能存活,让他们深陷死地,这样之后他们才
能活命。把兵众陷入危险的境地,士卒就会专心作战,这样我军才能
获胜。

　　故为兵之事,在于顺详敌之意①,并敌一向,千里杀将②,
此谓巧能成事者也③。是故政举之日,夷关折符,无通其
使④,厉于廊庙之上,以诛其事⑤,敌人开阖,必亟入之⑥,先
其所爱⑦,微与之期⑧,践墨随敌,以决战事⑨。是故始如处
女,敌人开户;后如脱兔,敌不及拒⑩。

【注释】

①故为兵之事,在于顺详敌之意:陈启天曰:"'顺详'二字,古今注
　家多释顺为顺从,读详为佯,均大误。……按:此'顺'字,当读
　为慎。古文'顺'字作'愼',与'慎'字形近,因而'慎'、'顺'二
　字混同,可互借用。《荀子·君子篇》云:忠者,敦慎此者也。杨注
　云:'慎读为顺。'刘师培《荀子补释》云:顺墨之顺,亦'慎'字所
　改。古籍'顺'字,凡唐人所书者皆作'慎'。此书之中,亦慎顺互
　用。……慎,谨慎也。详,当读如字,审也,察也。顺详敌之意,

谓作战之事,首须谨慎审察敌人之意向如何也。今战术上所谓明了敌人企图,与此文意相近。"郭化若说:"顺,就是谨慎;《易》:'履霜坚冰至,盖言顺也。'《释文》:'顺,本作慎。'详,即审查;《易·大壮》:'不详也。'《释文》:'详,审也。'《诗·鄘风·墙有茨》:'中冓之言,不可详也。'《传》:'详,审也。'意思是从事作战指挥,在于谨慎地检查研究敌人的意图。"

② 并敌一向,千里杀将:曹操曰:"并兵向敌,虽千里能擒其将也。"杨丙安说:"'并敌一向',乃'并一向敌'之倒装句式,即合力向敌之意。"

③ 此谓巧能成事者也:曹操曰:"是成事巧者也。"

④ 是故政举之日,夷关折符,无通其使:曹操曰:"谋定,则闭关以绝其符信,勿通其使。"政举,指战争谋划已定。夷关,指封锁关口。折符,指销毁通行证件。折,折断,这里是销毁的意思。符,古代传达命令、调兵遣将的凭证,这里指通行关界的凭证。

⑤ 厉于廊庙之上,以诛其事:曹操曰:"诛,治也。"吴九龙说:"厉,砥砺,意为反复推敲。按:'厉'古通'砺',是磨刀石。《荀子·性恶》:'钝金必将待袭厉然后利。'杨倞注:'厉与砺同。''诛',曹操训为'治',意为研究决定。言在庙堂上反复推敲,以决定战争大事。"

⑥ 敌人开阖,必亟入之:曹操曰:"敌有间隙,当急入之也。"开阖,开门,这里喻指敌军露出破绽。阖,门扇。亟,急,快速。

⑦ 先其所爱:杜牧曰:"凡是敌人所爱惜倚恃以为军者,则先夺之也。"

⑧ 微与之期:《孙子兵法新注》曰:"即不与敌人约期交战。微,这里作'无'字讲;期,指约期交战。"微,或解释为"微露",或解释为"暗地里"。

⑨ 践墨随敌,以决战事:郭化若说:"践,践履,实践。墨,木工的墨

线、绳墨,有规矩和原则的意思。在战时,践履绳墨也可以作实施作战计划解释。……实施作战计划时,要灵活地随着敌情的变化(作相应的修改),来决定军事行动。"吴如嵩说:"'践墨'之'墨',指的是木工用以求准的墨线,孙子以践墨喻指作战要遵循一定的规律,一定的原则。'随敌'就是'因敌制胜',根据当面之敌的情势而灵活指挥。这四个字,既讲了原则性又讲了灵活性,颇堪玩味。"

⑩"是故始如处女"四句:曹操曰:"处女示弱,脱兔往疾也。"杜牧曰:"言敌人初时谓我无所能为,如处女之弱,我因急去攻之,险迅疾速,如兔之脱走,不可捍拒也。或曰:我避敌走如脱兔。曰:非也。"张预曰:"守则如处女之弱,令敌懈怠,是以启隙;攻则犹脱兔之疾,乘敌仓卒,是以莫御。太史公谓田单守即墨攻骑劫,正如此语,不其然乎?"拒,阻挡,抵御。

【译文】

用兵打仗这种事,在于谨慎地审察敌人的意图,集中兵力攻击敌人的一点,出征千里,杀死敌将,这可称之为巧妙完成作战任务的将领。所以战争谋划已经制订出来的时候,就要封锁关口,销毁通行证件,不许敌国使者往来,君臣在庙堂上反复推敲研究,做出战略部署,敌军露出破绽,就要迅速地乘机而入,首先夺取敌人最重视的要地,不与敌人约期作战,既要严格遵循作战计划,又要因敌变化,灵活机动,以此原则来决定军事行动。所以军事行动开始阶段好像未嫁的女子一样沉静柔弱,敌人就会打开门户,放松警惕;然后就像逃脱的兔子一样,迅速出击,敌人就会来不及抵御。

火攻篇

【题解】

　　水火无情,两者均可成为战争利器。本篇强调火攻与水攻均为战争进攻的重要辅助手段,所谓"以火佐攻者明,以水佐攻者强",但由标题可知,火攻是本篇论述的中心题旨。张预曰:"以火攻敌,当使奸细潜行;地里之远近,途径之险易,先熟知之,乃可往。故次《九地》。"陈启天曰:"本篇主旨,乃论战斗进行中实行火攻之方法。战斗以能击败敌人为目的,然有时仅恃兵力,尚感不足以击败敌人,不得不用火攻以补助之,庶易于取胜。此在实行决战前及实行决战时,最有斟酌使用之必要,故次于《九地篇》而论之。"上引分析,均有助于人们理解本篇何以编次于《九地篇》之后。

　　本篇前三段集中论述了火攻的类型、条件、实施方法、重要性等。孙子将火攻分为五类,即火人、火积、火辎、火库、火队。实施火攻必须具备两大条件,一是"烟火必素具",需提前准备好火攻的器具;二是选择气候适宜的时日。在《孙子兵法》的《计篇》中,"天"乃"五事"之一,"天者,阴阳、寒暑、时制也","天地孰得"则为"七计"之一;《地形篇》则有"知彼知己,胜乃不殆;知天知地,胜乃不穷"的精譬表述,将"知天"列为"四知"之一,但两篇却仅此而已,均未展开论述。本篇谈火攻条件的相关文字,能够稍稍弥补此憾,分析了合适的天文气候条件是火攻的

前提,说明用兵者必须"知天"方能实施火攻。在谈到火攻方法时,孙子
提出了一条原则,即"凡火攻,必因五火之变而应之"。"因""变"二字,
凸显了这一原则的思想基础实即"因利制权",在进行火攻时,要根据五
种火攻所引起的变化,机动灵活地采取相应的办法对付敌人。孙子还通
过比较火攻与水攻,来凸显火攻的重要性,认为"水可以绝,不可以夺",
火攻具有更为强大的威力。在孙子所生活的春秋后期,火攻战例并不
很多,但他却看到了火攻的重要,并设置专文加以研究,足见其见识超
前,眼光独到。

　　在最后一段,作者集中阐释了他的慎战思想。战车一旦发动,便很
难适时停止。孙子提醒统治者在取得作战胜利后,要适可而止,不要沉
迷武力,更不要受一时恼怒情绪的支配而悍然兴兵。"非利不动,非得
不用,非危不战",或有利于国,或稳操胜券,或陷入危境,在类似情境下
方可出兵作战。战争不是儿戏,一旦失败便有亡国丧家的可能。"亡国
不可以复存,死者不可以复生。故明君慎之,良将警之",这几句犹如
"兵者,国之大事,死生之地,存亡之道,不可不察也"的主题变奏,充分
展示了孙子"安国全军"的慎战思想。作者为什么在《火攻篇》的篇末郑
重论述其慎战思想? 赵本学解释得好:"愚谓水火之害,酷烈惨毒,固仁
人所不忍为者。然水火无情之物,其机难制,攻人而一不中,焚溺之祸
反在于我,要亦不可恃之以为利也。故孙子于上篇,虽深入死地而其机
变活转绝无危词,独于《火攻篇》深以用兵为戒。如医者之用毒,切切
为病者丁宁,岂非恶其惨、畏其危而言之慎欤!"

　　孙子曰:凡火攻有五:一曰火人[1],二曰火积[2],三曰火
辎,四曰火库[3],五曰火队[4]。行火必有因[5],烟火必素具[6]。
发火有时,起火有日[7]。时者,天之燥也[8];日者,月在箕、壁、
翼、轸也,凡此四宿者,风起之日也[9]。

【注释】

① 一曰火人：李筌曰："焚其营，杀其士卒也。"杜牧曰："焚其营栅，因烧兵士。吴起曰：'凡军居荒泽，草木幽秽，可焚而灭。'蜀先主伐吴，吴将陆逊拒之于夷陵。先攻一营不利，诸将曰：'空杀兵耳。'逊曰：'吾已晓破敌之术矣。'乃敕各持一把茅，以火攻拔之。一尔势成，通率诸军，同时俱攻。斩张南、冯习及胡王沙摩柯等，破四十余营，死者万数。备因夜遁，军资器械略尽，遂呕血而殂。"火人，指焚烧敌寨，烧杀人马。火，烧。

② 二曰火积：李筌曰："焚积聚也。"杜牧曰："积者，积蓄也，粮食薪刍是也。高祖与项羽相持成皋，为羽所败，北渡河，得张耳、韩信军，军修武，深沟高垒。使刘贾将二万人、骑数百，渡白马津，入楚地，烧其积聚，以破其业。楚军乏食。隋文帝时，高颎献取陈之策曰：'江南土薄，舍多茅竹，所有储积，皆非地窖。可密遣行人，因风纵火；待彼修葺，复更烧之。不出数年，自可财力俱尽。'帝行其策，由是陈人益弊。"火积，指焚烧敌人的粮草。

③ 三曰火辎，四曰火库：李筌曰："烧其辎重，焚其库室。"杜牧曰："器械、财货及军士衣装，在车中上道未止曰辎，在城营垒已有止舍曰库，其所藏二者皆同。后汉末，袁绍相许攸降曹公曰：'今袁氏辎重有万余两车，屯军不严；今以轻兵袭之，不意而至，焚其积聚，不过三日，袁氏自败。'公大喜，选精骑五千，皆用袁氏旗帜，衔枚缚马口，从间道出入，抱束薪。所历道有问者，语之曰：'袁公恐曹操抄略后军，遣兵以益备。'闻者信以为然，皆自若。既至围屯，大放火，营中惊乱，因大破之，辎重悉焚之矣。"火辎，指焚烧敌军的辎重。火库，指焚烧敌军的物资仓库。

④ 五曰火队：吴九龙说："《左传·文公十六年》：'楚子会师于临品，分为二队以伐鄘。'《广雅疏证·释宫》云：'队，与隧同。谓分为二道以伐庸也。'《穆天子传》：'于是得绝铏山之队。'郭璞注：'队

为谷中险阻道也。'施子美《讲义》引张昭曰:'候敌军行在蓊秽草地,可以发火而焚之。'意皆近。贾林、何延锡注曰:'隧,道也。烧绝粮道及转运也。'其说是。当为焚烧敌军事交通和转运设施,意在切断敌军事交通运输线。"火队,指焚烧敌军的粮道与运输设施。队,或解释为队仗兵器,或解释为舟船,或解释为攻城的冲锋队或地道。可备参考。

⑤行火必有因:张预曰:"凡火攻,皆因天时燥旱,营舍茅竹,积刍聚粮,居近草莽,因风而焚之。"因,依靠,凭借,这里指火攻依据的条件。

⑥烟火必素具:曹操曰:"烟火,烧具也。"杜牧曰:"艾蒿、荻苇、薪刍、膏油之属,先须修事以备用。兵法有火箭、火帘、火杏、火兵、火兽、火禽、火盗、火弩,凡此者皆可用也。"素,平时,平常。具,准备好。

⑦发火有时,起火有日:梅尧臣曰:"不妄发也。"张预曰:"不可偶然,当伺时日。"

⑧时者,天之燥也:意谓天时是指天气的干燥。曹操曰:"燥者,旱也。"梅尧臣曰:"旱燠易燎。"

⑨月在箕、壁、翼、轸也,凡此四宿者,风起之日也:李筌曰:"《天文志》:月宿此者多风。"郭化若说:"据天文学家们的考证,二十八宿的名称是到汉代才逐渐完备的。但在孙子时代有些星宿早已被人们注意和利用了。二十八宿都在赤道附近,被天文学家们用作天空的标志。它们的名称是:角、亢、氐、房、心、尾、箕、斗、牛、女、虚、危、室、壁、奎、娄、胃、昴、毕、觜、参、井、鬼、柳、星、张、翼、轸。古人间接参酌月亮在空中的位置(所以叫'宿'),来推测太阳的位置。由太阳在二十八宿的位置来推知一年的季节。其实这只是在历法方面的事,同气象(风雨)是没有关系或没有直接关系的。不过当时的天文学家都认为月亮行经箕、壁、翼、轸

四个星宿时多风。他们说四星好风，月宿在此时必多风。《洪范》载有'星有好风，星有好雨'。西方也有类似的传说，如巴比伦就以'轸'星为风星。"箕、壁、翼、轸，二十八宿中的四个。

【译文】

孙子说：一般说来火攻的方式有五种：一是烧杀敌军人马，二是焚烧敌军粮草，三是焚烧敌军的辎重，四是焚烧敌军的物资仓库，五是焚烧敌军的粮道与运输设施。运用火攻必须条件具备，火攻器材平常必须准备好。放火要选好天时和日子。有利于火攻的天时指的是天气干燥；有利于火攻的日子指的是月亮运行经过箕、壁、翼、轸四星位置的时候，凡是月亮运行到这四个星的位置时，就是起风的日子。

凡火攻，必因五火之变而应之[①]。火发于内，则早应之于外[②]。火发兵静者，待而勿攻[③]；极其火力，可从而从之，不可从而止[④]。火可发于外，无待于内，以时发之[⑤]。火发上风，无攻下风[⑥]。昼风久，夜风止[⑦]。凡军必知有五火之变，以数守之[⑧]。

【注释】

①凡火攻，必因五火之变而应之：梅尧臣曰："因火为变，以兵应之。"张预曰："因其火变，以兵应之。五火，即人、积、辎、库、队也。"因，根据，利用。五火，指上文提到的五种火攻方式。应，对付，应付。

②火发于内，则早应之于外：曹操曰："以兵应之也。"杜牧曰："凡火，乃使敌人惊乱，因而击之，非谓空以火败敌人也。闻火初作即攻之；若火阑众定而攻之，当无益，故曰早也。"梅尧臣曰："内若惊乱，外以兵击。"张预曰："火才发于内，则兵急击于外，表里

齐攻,敌易惊乱。"

③火发兵静者,待而勿攻:李筌曰:"夫火发兵不乱,不可攻。"杜牧曰:"火作不惊,敌素有备,不可遽攻,须待其变者也。"梅尧臣曰:"不惊挠者,必有备也。"何氏曰:"火作而敌不惊呼者,有备也。我往攻,则反或受害。"

④极其火力,可从而从之,不可从而止:曹操曰:"见可而进,知难而退。"杜牧曰:"俟火尽已来,若敌人扰乱,则攻之;若敌终静不扰,则收兵而退也。"杜佑曰:"见利则进,知难则退。极,尽也。尽火力,可则应,不可则止,无使敌知其所为。"何氏曰:"如魏满庞征吴,敕诸将曰:'今夕风甚猛,贼必来烧我营,宜为之备。'诸军皆警。夜半,果来烧营,庞掩击,破之者是也。"极其火力,意即大火烧尽。一说加强火势。

⑤火可发于外,无待于内,以时发之:李筌曰:"魏武破袁绍于官渡,用许攸计,烧辎重万余,则其义也。"杜牧曰:"上文云五火变须发于内,若敌居荒泽草秽,或营栅可焚之地,即须及时发火,不必更待内发作然后应之,恐敌人自烧野草,我起火无益。汉时李陵征匈奴,战败,为单于所逐,及于大泽。匈奴于上风纵火,陵亦先放火烧断蒹葭,用绝火势。"张预曰:"火亦可发于外,不必须待作于内,但有便则应时而发。黄巾贼张角围汉将皇甫嵩于长社,贼依草结营,嵩使锐士间出围外,纵火大呼,城上举燎应之,嵩因鼓而奔其陈,贼惊乱,遂败走。"以时发之,指在合适的天时、日子里放火。

⑥火发上风,无攻下风:曹操曰:"不便也。"李筌曰:"隋江东贼刘元进攻王世充于延陵,令把草东方,因风纵火。俄而回风,悉烧元进营,军人多死者。"杜牧曰:"若是东,则焚敌之东,我亦随以攻其东;若火发东面,攻其西,则与敌人同受也。故无攻下风,则顺风也。若举东,可知其他也。"

⑦昼风久,夜风止:曹操曰:"数当然也。"杜牧曰:"老子曰:'飘风不
　　终朝。'"梅尧臣曰:"凡昼风必夜止,夜风必昼止,数当然也。"

⑧凡军必知有五火之变,以数守之:杜牧曰:"须算星躔之数,守风
　　起日,乃可发火,不可偶然而为之。"张预曰:"不可止知以火攻
　　人,亦当防人攻己。推四星之度数,知风起之日,则严备守之。"
　　数,指箕、壁、翼、轸四星运行的度数,引申为适合火攻的天时或
　　日子。

【译文】

　　凡是火攻,必须根据五种火攻所引起的变化而采取机动灵活的办
法对付敌人。火在敌营里面烧起来,就要预先在外面接应。火烧起来
敌兵安静不乱,我方就要等待而不要进攻;等大火烧尽,可以进攻就进
攻,不可进攻就停止。火可以在敌营外面燃放,不必等待内应,只要在
合适的时候放火就行。要在上风口放火,不要在下风口进攻。白天风
刮得久了,夜晚风就会停止。军队必须懂得五种火攻的变化,在适合火
攻的时候要严加防守。

　　故以火佐攻者明①,以水佐攻者强②;水可以绝,不可
以夺③。

【注释】

①故以火佐攻者明:梅尧臣:"明白易胜。"张预曰:"用火助攻,灼然
　　可以取胜。"明,明显。杨丙安《〈孙子〉会笺》则认为"明"与"强"
　　互文,云:"《左》哀十六年传'与不仁人争明'王引之《经义述闻》
　　引王念孙云'明,犹强也',并谓《国语·周语》'滑夫二川之神使
　　至于争明,以妨王官'之'明',亦'强'义。故'明'在此与'强'
　　异文同义。"可供参考。

②以水佐攻者强:张预曰:"水能分敌之军;彼势分,则我势强。"

③水可以绝,不可以夺:曹操曰:"火佐者,取胜明也。水佐者,但可以绝敌道,分敌军,不可以夺敌积聚。"张预曰:"水止能隔绝敌军,使前后不相及,取其一时之胜,然不若火能焚夺敌之蓄积,使之灭亡。若韩信决水斩楚将龙且,是一时之胜也。曹公焚袁绍辎重,绍因以败,是使之灭亡也。水不若火,故详于火而略于水。"绝,隔绝,分隔。夺,夺取。

【译文】

用火来辅佐进攻的效果是明显的,用水来辅佐进攻的势头是强劲的;水可以分隔敌军,却不能夺取敌军的物资。

夫战胜攻取,而不修其功者,凶①,命曰"费留"②。故曰:明主虑之,良将修之③,非利不动④,非得不用⑤,非危不战⑥。主不可以怒而兴师⑦,将不可以愠而致战⑧;合于利而动,不合于利而止⑨。怒可以复喜,愠可以复悦⑩,亡国不可以复存,死者不可以复生⑪。故明君慎之,良将警之,此安国全军之道也⑫。

【注释】

①夫战胜攻取,而不修其功者,凶:意谓作战取胜、攻下城邑,却不能适可而止,停止战争,这是危险的。不修其功,有四种解释。第一,指不能及时论功行赏;第二,指不能巩固胜利果实;第三,指不能建立"战胜攻取"的功业;第四,指建立"战胜攻取"的功业之后不能适可而止。杜牧、张预等取第一种解释。杜牧曰:"夫战胜攻取,若不藉有功举而赏之,则三军之士必不用命也。"张预曰:"战攻所以能必胜必取者,水火之助也;水火所以能破军败敌者,士卒之用命也。不修举有功而赏之,凶咎之道也。"赵本学取

第四种解释，他说："修，戢也，止而不极之义。《左传》曰：'兵犹火，不戢将自焚也。'……言战既胜，攻既取，则当自戢其功，不然者凶之道也。"本书认同此论。凶，危险。

② 命曰"费留"：杜牧曰："有凶咎，徒留滞费耗，终不成事也。"张预曰："财竭师老而不得归，费留之谓也。"李零说："'费'指耗费资财，即《谋攻》、《用间》所说'日费千金'等等；'留'指淹留不归，即《用间》所说'相守数年'等等。"命，称呼，命名。费留，意即军队消耗资财，长期作战，滞留不归。又，关于"费留"，还有多种解释，如：吴九龙说："《公羊传·襄公十六年》：'曷为遍刺天下之大夫，君若赘旒然。'徐彦疏云：'赘'又作'缀'。'旒'音'留'，本又作'流'，旌旗之旒，为装饰、摆设。意谓君失其权，形如虚设。'赘旒'与'费留'音近，义似可同。此句当谓战胜而不修事功，则胜利如同装饰，无实利，久将为害。"郭化若注引《〈孙子〉字义探微八则》谓："'费留'乃费财留工、烦人留日等古语的简称或缩写……孙子所谓'费留'者，乃'费旷'之谓也。"

③ 明主虑之，良将修之：杜牧曰："黄石公曰：'夫霸者，制士以权，结士以信，使士以赏；信衰则士疏，赏亏则士不为用。'"张预曰："君当谋虑攻战之事，将当修举克捷之功。"修，研究。

④ 非利不动：李筌曰："明主贤将，非见利不起兵。"杜牧曰："先见起兵之利，然后兵起。"又，梅尧臣曰："凡兵非利于民，不兴也。"梅氏的解释是将《孙子》理论儒学化了，所注入的爱民思想，应非《孙子》原义。

⑤ 非得不用：杜牧曰："先见敌人可得，然后用兵。"

⑥ 非危不战：曹操曰："不得已而用兵。"梅尧臣曰："凡用兵，非危急不战也，所以重凶器也。"张预曰："兵，凶器；战，危事。须防祸败，不可轻举，不得已而后用。"

⑦ 主不可以怒而兴师：王晳曰："不可但以怒也，若息侯伐郑。"张预

曰："因怒兴师，不亡者鲜。若息侯与郑伯有违言而伐郑，君子是以知息之将亡。"

⑧将不可以愠而致战：王皙曰："不可但以愠也，若晋赵穿。"张预曰："因忿而战，罕有不败。若姚襄怒符黄眉压垒而陈，因出战，为黄眉所败是也。怒大于愠，故以主言之；愠小于怒，故以将言之。君则可以兴兵，将则止可言战。"愠，恼怒，愤懑。

⑨合于利而动，不合于利而止：曹操曰："不得以己之喜怒而用兵也。"杜佑曰："人主聚众兴军，以道理胜负之计，不可以己之私怒。将举兵，则以策，不可以愠恚之故而合战也。"张预曰："不可因己之喜怒而用兵，当顾利害所在。尉缭子曰：'兵起非可以忿也。见胜则兴，不见胜则止。'"刘邦骥曰："必合于利而始动火攻，不合于利则不用火攻，恐其反有害也。此二语曾见于《九地篇》，然彼乃论九地之利，此乃言火攻之利，说者以为重出，非也。"陈启天曰："决定战争之最重要原则，非个人之喜怒，而为国家之利害。国家有利则战，无利则不战。"

⑩怒可以复喜，愠可以复悦：张预曰："见于色者，谓之喜；得于心者，谓之悦。"

⑪亡国不可以复存，死者不可以复生：杜佑曰："凡主怒兴军伐人，无素谋明计，则破亡矣。将愠怒而斗，仓卒而合战，所伤杀必多。怒愠复可以悦喜，言亡国不可复存，死者不可复生者，言当慎之。"张预曰："君因怒而兴兵，则国必亡；将因愠而轻战，则士必死。"又，《战国策》录有吴起之语，曰："国破不可复完，卒死不可复生。"赵本学曰："此申言人心怨怒之气，有时而复平，亡国丧师之悔，将无时而可追。所以明良君将畏慎警戒，凡见利而后动，有得而后用，临危而后战也。"刘邦骥曰："故曰：明主因火攻而加慎，良将因火攻而致警，然后可谓安国全师之道也。孙子于《九地篇》虽深入死地，而其机变活转，绝无危词，独于火攻则深以为

戒，岂非恶其惨、畏其危，而言之慎欤？吾故曰此仁将之言也。"

⑫故明君慎之，良将警之，此安国全军之道也：梅尧臣曰："主当慎重，将当警惧。"张预曰："君常慎于用兵，则可以安国；将常戒于轻战，则可以全军。"刘寅曰："故曰：明哲之主慎于用兵，此安国之道也；良能之将戒于轻战，此全军之道也。愚按：水火之用，古人多出于不得已焉耳。三代之前，圣帝明王安肯用此以漂流焚荡，使生民糜烂，靡有孑遗哉。论者谓火攻为孙子之下策，然自战国以来，诡诈相尚，而用之者多矣。但水火之害，酷烈惨毒，贤将之所深慎也。孙子曰：不战而屈人之兵，善之善者也。以此言之，火攻但示人不可不知，非专恃此以为胜也。"吴如嵩说："孙子为什么在论述'火攻'这样一个技术战术问题时会讲到'安国全军'的大战略呢？是不是错简所致？……我认为在《火攻》篇论慎战不是错简问题，而是古人的一种观念使然。《左传·隐公四年》：鲁大夫众仲说：'兵，犹火也。弗戢将自焚。'古人认为，兵像火一样，兵不可玩，火不可玩，水火无情，玩火必自焚，所以，孙子把慎战思想放在这里讲。"

【译文】

作战取胜、攻下城邑以后，却不能适可而止，停止战争，这是危险的，这种情况可称之为"费留"。所以说：明智的君主对此要慎重考虑，贤良的将帅对此要认真研究，没有好处不要行动，不能取胜不要用兵，没到危急关头不要作战。君主不可因一时愤怒而起兵，将帅不可因一时恼怒而出战；符合国家利益就行动，不符合国家利益就停止。愤怒可以重新转为欢喜，恼怒可以重新转为喜悦，但是国家灭亡了就不能再建立，人死了就不能复活。所以明智的君主要慎重，贤良的将帅要警惕，这是关乎安定国家、保全军队的重要原则。

用间篇

【题解】

　　作为《孙子兵法》全书的最后一篇,它在内容上与第一篇《计篇》遥相呼应。如果说《计篇》强调先计后战,要求从"五事"、"七计"的角度,一一比较敌我双方的优劣强弱,做到"知彼知己"。《用间篇》的论述重心在于"知彼",从探知敌情最重要的手段之———使用间谍的角度,说明"知彼"对于军事斗争的重大意义。《用间篇》堪称是一篇"知彼"论的专文,对此,陈启天有精辟的阐释:"本书以《计篇》开宗明义者,乃首示知己之必要。而以《用间篇》殿全书者,乃专示知彼之必要也。战争之事,计与间均贯彻始终,而复互为关联。非有计,则不能用间,非有间,则不能定计。计始于战争之前,间亦用于战争之前。计用于战争之中,间亦用于战争之中。其所以先计而后间者,诚以不先求知己,虽知彼亦无益耳。先求知己,复求知彼,作战之能事,得其太半矣。关于知彼之事,《计篇》以下各篇虽曾偶涉及之,然非专论,故终之以《用间篇》云。"

　　本篇第一段的开篇八句,内容表述与《作战篇》第一段相近,均显示战争将极大消耗国家的人力物力财力,严重影响民众的社会经济生活。而与战争的巨额开支相比,用在间谍身上的钱财其实是微不足道的。如果决策者因为吝惜钱财而不愿使用间谍,导致"不知敌之情"而最终战败,那么这种人就是"不仁之至"。在作者看来,明君贤将之所以战无不胜,功业超群,就在于"先知"。"知"的对象,不仅有"己",更要有"彼",要掌握敌人的军事信息。孙子以冷峻的笔调,写出了闪烁着思想光芒的语句:"先知者,不可取于鬼神,不可象于事,不可验于度,必取于人,知敌之情者也。"在两千多年前,孙子便能排除鬼神迷信的干扰,睿智地提出"必取于人"的思想,极大地凸显了人的理性,凸显了掌握敌情对于战争结果的决定性作用,这标志着《孙子兵法》在唯物观与认识论方面所达到的高度。

其后四段,孙子论证了间谍的分类、功用,以及使用间谍的原则和条件。他把间谍分成五类,即因间、内间、反间、生间、死间,一一揭示了每类间谍的特点,强调了"五间"之中"反间"的重要,并将"三军之事,莫亲于间,赏莫厚于间,事莫密于间",也就是"关系最亲近"、"待遇最丰厚"、"事务最机密",作为使用间谍的三大原则。只有这样,间谍才有可能甘冒风险,传递出有价值的情报。理想的间谍,应有伊挚、吕尚一样的"上智",因此对于用间者而言,他们自然需要具备极高的素质,要集"圣智"、"仁义"、"微妙"三方面的才德要素于一体,否则便无资格使用间谍,所谓"非圣智不能用间,非仁义不能使间,非微妙不能得间之实"。篇末指出:"故惟明君贤将,能以上智为间者,必成大功。此兵之要,三军之所恃而动也。"揭示了用间对于谋划军事行动,决定斗争胜利,具有巨大价值和重要作用。

孙子曰:凡兴师十万,出征千里①,百姓之费,公家之奉②,日费千金;内外骚动③,怠于道路④,不得操事者七十万家⑤。相守数年,以争一日之胜,而爱爵禄百金,不知敌之情者,不仁之至也⑥,非人之将也⑦,非主之佐也⑧,非胜之主也⑨。故明君贤将,所以动而胜人,成功出于众者,先知也⑩。

先知者,不可取于鬼神⑪,不可象于事⑫,不可验于度⑬,必取于人,知敌之情者也⑭。

【注释】

①兴师十万,出征千里:《作战篇》作:"带甲十万,千里馈粮。"

②公家之奉:指国家的军费开支。公家,指国家。奉,供应,指军费开支。

③内外骚动:指前方后方动荡不安。

④怠于道路:杜牧曰:"言七十万家奉十万之师,转输疲于道路也。"

⑤不得操事者七十万家:曹操曰:"古者,八家为邻,一家从军,七家奉之。言十万之师举,不事耕稼者七十万家。"张预曰:"井田之法,八家为邻,一家从军,七家奉之。兴兵十万,则辍耕作者七十万家也。或问曰:重地则掠,疲于道路而转输何也?曰:非止运粮,亦供器用也。且兵贵掠敌者,谓深践敌境,则当备其乏,故须掠以继食,非专馆谷于敌也。亦有碛卤之地,无粮可因,得不饷乎?"不得操事,指民众无法从事正常的农耕生产。

⑥"相守数年"五句:李筌曰:"惜爵赏,不与间谍,令窥敌之动静,是为不仁之至也。"梅尧臣曰:"相守数年,则七十万家所费多矣;而乃惜爵禄百金之微,不以遣间钩情取胜,是不仁之极也。"朱军说:"从'爱爵禄百金'来看,孙武情报工作的思想并不是只限于战场上敌情的获取,也包举着战略情报的获取。因为越是高级机密越是高级官员才能掌握,要想获取战略机密,所派的情报人员必须有官职,有声望,有社会地位,才有可能同对方的高级官员接触,古代如此,现代也不例外。如1985年国际上曾有5起间谍案:挪威外交部高级外交官阿尔内·特雷霍尔被控为苏联进行间谍活动,被判徒刑20年;在美国联邦调查局工作20年的雇员理查德·米勒因与苏联女间谍有关受到审讯;德意志联邦共

和国高级反间谍人员汉斯·蒂德格叛逃,还有一些政府官员,其中有总理办公室秘书叛逃;苏联高级军事情报官谢尔盖·博汉叛逃后,披露苏联在希腊的情报活动;苏联克格勃官员尤尔琴科叛苏逃美,在美国泄密后,又叛美逃苏。同一年,印度有人向苏联、法国、波兰和德意志民主共和国出卖情报,说明友好国家之间也在进行谍报战。其实,这早就是另一种国际惯例了。那种认为友好就是友好,因而放松了间谍斗争,只是一种思想麻痹和看问题片面性的表现。孙武重视情报工作,指出舍得爵禄百金以求情报人员的思想,实在是很有远见的。如果战场上不知敌情,便会遭受失败。例如1942年8月21日,日本陆军百武中将在拉包尔研究瓜达卡纳尔岛形势时,估计该岛美军只有2000人(实有17000人),他只用了916人的加强营去执行夺取瓜岛的任务,以致该营全部被歼,营长一木上校自杀。这就是不仁之至。孙子的用间目的,不只是获取情报,实际上也是争取分化瓦解敌军所进行的特殊任务。"相守,相持,对峙。而,如果,倘若。爱,吝啬,吝惜。爵,爵位。禄,俸禄。百金,指巨额钱财。至,极,极点。

⑦非人之将也:梅尧臣曰:"非将人成功者也。"

⑧非主之佐也:梅尧臣曰:"非以仁佐国者也。"

⑨非胜之主也:梅尧臣曰:"非致胜主利者也。"张预曰:"不可以将人,不可以佐主,不可以主胜。勤勤而言者,叹惜之也。"刘邦骥曰:"此间之所以为用兵之要,而为将者、为佐者、为主者,决不可爱惜爵禄百金,以节省侦探之经费也。盖爵禄百金,与公家之奉,日费千金,百姓之费,七十万家,两相比较,其细已甚。而知敌情,则能成大功,不知敌情,则国破家亡,苟爱惜此爵禄百金而甘于国破家亡,岂非不仁之甚哉。况乎侦察费用,不可以预算,不可以决策,不可以付审计,不可以索证据。假令为将者,既欲

用间谍，而又欲综核名实，疑其不实不尽，则为间者方救过之不暇，安得侦察敌人之真情哉？如此者无以名之，名之曰不仁则已矣。将而不仁，则非人之将也。佐而不仁，则非主之佐也。主而不仁，则非制胜之主也。"主，主宰。

⑩"故明君贤将"四句：李筌曰："为间也。"杜牧曰："知敌情也。"何氏曰："《周官》：'士师掌邦谍。'盖异国间伺之谓也。故兵家之有四机、二权，曰事机，曰智权，皆善用间谍者也。故能敌人动静，我预知矣。韦孝宽为骠骑大将军，镇玉壁。孝宽善于抚御，能得人心。所遣间谍入齐者，皆为尽力；亦有齐人得孝宽金货，遥通书疏。故齐之动静，朝廷皆先知之。时有主帅许盆，孝宽委以心膂，令守一戍。盆乃以城东入。孝宽怒，遣谍取之。俄而斩首而还。其能致物情如此。又，李达为都督义州、弘农等二十一防诸军事，每厚抚境外之人，使为间谍，敌中动静，必先知之。至有事泄被诛戮者，亦不以为悔，其得人心也如此。"张预曰："先知敌情，故动则胜人，功业卓然，超绝群众。"动，行动，特指军事行动。出于，超过，胜于。先知，预先探知敌情。

⑪先知者，不可取于鬼神：张预曰："视之不见，听之不闻，不可以祷祀而取。"鬼神，这里指祭祀鬼神、占卜、祈祷等迷信手段。

⑫不可象于事：意谓不可用类比于其他事物的方法探知敌情。曹操曰："不可以祷祀而求，亦不可以事类而求也。"张预曰："不可以事之相类者，拟象而求。"

⑬不可验于度：度，度数，指日月星辰运行的位置。一说，"度"是经过的事。梅尧臣曰："不可以度数验也，言先知之难也。"张预曰："不可以度数推验而知。"

⑭必取于人，知敌之情者也：曹操曰："因人也。"梅尧臣曰："鬼神之情，可以卜筮知；形气之物，可以象类求；天地之理，可以度数验。唯敌之情，必由间者而后知也。"张预曰："鬼神、象类、度数，皆不

可以求,先知必因人而后知敌情也。"冯友兰说:"既不可靠鬼神,也不可靠事物的表面现象,也不可靠主观的臆测。在这里,孙武既不相信天命,又不相信鬼神。在他看来,天不过是'阴阳、寒暑、时制'(《计篇》),与地一样,都是物质性的自然物。它只是决定胜负的客观条件之一。这一唯物主义的真理在两千多年前就能明确地提出来,确是难能可贵的。"李泽厚说:"只有在战争中,只有在谋划战争、制定战略、判断战局、选择战机、采用战术中,才能把人的这种高度清醒、冷静的理智态度发挥到充分的程度,才能把它的巨大价值最鲜明地表现出来。因为任何情感(喜怒)的干预,任何迷信的观念,任何非理性东西的主宰,都可以立竿见影,顷刻覆灭,造成不可挽回的生死存亡的严重后果。必须'先计而后战',如果凭感情办事,听神灵指挥,可以导致亡国灭族,这是极端危险的。所以,《孙子兵法》一开头就说:'兵者,国之大事,死生之地,存亡之道,不可不察也。'这一特点在一般日常生活和任何其他领域中是没有或比较少见的。"朱军说:"孙子的'先知'敌情和'必取于人'的思想,是合于真理的认识论和方法论。即使在现代,新的侦察器材被广泛运用,确实为侦察敌情提供了极大方便的情况下,侦察器材也只能起到助长人类视听器官的作用,并不能完全代替人们的思维器官。现代侦察器材,是利用声、光、电、磁等原理进行工作,不仅是可反的,而且它们只能观察、侦察到客观事物的表象,而对于人们的思维活动,密藏的内部计划文书,是无能为力的。对于这些,还必须靠人去侦察。1986年,美国陆海航空兵袭击利比亚,对袭击目标的选择是比较准确的,说明美国在平时已注意到侦察和积累这方面的资料,即使如此,美军也并不能掌握利比亚领导人的行止。"

【译文】

孙子说:凡是发动十万人的军队,出征千里之外,百姓的花费,国家的开支,加起来每天都要耗费千金;前方后方动荡不安,一路上疲于运送物资,无法从事正常农耕生产的民众多达七十万家。敌我双方对峙数年,目的是为了争得最终的胜利,如果吝惜爵禄和金钱,不愿重用间谍,最后因不了解敌情而打败仗,这种将领是极其不仁的,他们不配当军队的将领,也不配成为君主的辅佐者,更不可能成为胜利的主宰者。所以贤明的君主和将领,之所以一发兵就战胜敌人,成就的功业超过一般人,就在于他们事先已探明敌情。若要事先探明敌情,就不可使用求神问卜的迷信手段来获取;不可用类比于其他事物的方法来获取;不可用推验日月星辰运行位置的方法来获取。一定要取之于人,取之于了解敌情的人。

故用间有五:有因间、有内间、有反间、有死间、有生间①。五间俱起,莫知其道,是谓神纪,人君之宝也②。因间者,因其乡人而用之③;内间者,因其官人而用之④;反间者,因其敌间而用之⑤;死间者,为诳事于外,令吾闻知之而传于敌间也⑥;生间者,反报也⑦。

【注释】

①有因间、有内间、有反间、有死间、有生间:张预曰:"此五间之名。'因间'当为'乡间',故下文云'乡间可得而使'。"

②"五间俱起"四句:曹操曰:"同时任用五间也。"杜牧曰:"五间俱起者,敌人不知其情泄形露之道,乃神鬼之纲纪,人君之重宝也。"道,规律,途经。神纪,神秘莫测的方法。纪,纲纪,方法。人君,国君。宝,法宝。

③因间者,因其乡人而用之:杜牧曰:"因敌乡国之人而厚抚之,使为间也。晋豫州刺史祖逖之镇雍丘,爱人下士,虽疏交贱隶,皆

恩礼而遇之。河上堡固先有任子在胡者,皆听两属;时遣游军伪
抄之,明其未附。诸坞主感戴,胡有异图,辄密以闻,前后克获,
盖由于此。西魏韦孝宽使齐人斩许盆而来,犹其义也。"乡人,指
敌国的乡野之人。

④内间者,因其官人而用之:杜牧曰:"敌之官人,有贤而失职者,有
过而被刑者,亦有宠嬖而贪财者,有屈在下位者,有不得任使者,
有欲因败丧以求展己之材能者,有翻覆变诈、常持两端之心者,
如此之官,皆可以潜通问遗,厚贶金帛而结之,因求其国中之情,
察其谋我之事,复间其君臣,使不和同也。"何氏曰:"如益州牧罗
尚遣将隗伯攻蜀贼李雄于郫城,互有胜负。雄乃募武都人朴泰,
鞭之见血,使谲罗尚,欲为内应,以火为期。尚信之,悉出精兵,
遣隗伯等率兵从泰击雄。雄将李骧于道设伏,泰以长梯倚城而
举火。伯军见火起,而争缘梯,泰又以绳汲上尚军百余人,皆斩
之。雄因放兵,内外击之,大破尚军。此用内间之势也。又,隋
阴寿为幽州总管,高宝宁举兵反,寿讨之。宝宁奔于碛北。寿班
师,留开府成道昂镇之。宝宁遣其子僧伽率轻骑掠城下而去,寻
引契丹靺鞨之众来攻。道昂苦战连月,乃退。寿患之,于是重购
宝宁,又遣人阴间其所亲任者赵世模、王威等。月余,世模率其
众降。宝宁复走契丹,为其麾下赵修罗所杀,北边遂安。又,唐
太宗讨窦建德,入武牢,进薄其营,多所伤杀。凌敬进说曰:'宜
悉兵济河,攻取怀州河阳,使重将居守;更率众鸣鼓建旗,逾太
行,入上党,先声后实,传檄而定;渐趋壶口,稍骇蒲津,收河东之
地,此策之上也。行必有三利:一则入无人之境,师有万全;二则
拓土得兵;三则郑围自解。'建德将从之,王世充之使长孙安世阴
赍金玉,啗其诸将,以乱其谋。众咸进谏曰:'凌敬书生耳,岂可
与言战乎?'建德从之,退而谢敬曰:'今众心甚锐,此天赞我矣!
因此决战,必然大捷,已依众议,不得从公言也。'敬固争,建德

怒,扶出焉。于是悉众进逼武牢。太宗按甲,挫其锐。建德中枪,窜于牛口渚,车骑将军白士让、杨武威生获之。又,王翦为秦将,攻赵,赵使李牧、司马尚御之。李牧数破走秦军,杀秦将桓齮。翦恶之,乃多与赵王宠臣郭开等金,使为反间,曰:'李牧、司马尚欲与秦反赵,以多取封于秦。'赵王疑之,使赵葱及颜聚代将,斩李牧,废司马尚。后三月,翦因急击赵,大破,杀赵葱,虏赵王迁及其将颜聚也。"官人,指敌国的官吏。

⑤反间者,因其敌间而用之:杜牧曰:"敌有间来窥我,我必先知之,或厚赂诱之,反为我用,或佯为不觉,示以伪情而纵之,则敌人之间反为我用也。陈平初为汉王护军尉,项羽围于荥阳城,汉王患之。请割荥阳以西和,项王弗听。平曰:'顾楚有可乱者,彼项王骨鲠之臣亚父、钟离眛、龙且、周殷之属,不过数人耳。大王能出捐数万斤金,行反间间其君臣,以疑其心;项王为人意忌信谗,必内相诛,汉因举兵而攻之,破楚必矣。'汉王以为然,乃出黄金四万斤与平,恣所为,不问出入。平既多以金纵反间于楚军,宣言:诸将钟离眛等为项王将,功多矣,然终不得列地而王,欲与汉为一,以灭项氏,分王其地。项王果疑之,使使至汉。汉为太牢之具,举进,见楚使,即阳惊曰:'吾以为亚父使,乃项王使也!'复持去,以恶草具进楚使。使归,具以报项王。果大疑亚夫。亚夫欲急击下荥阳城,项王不信,不肯听亚父。亚父闻项王疑之,乃大怒,疽发而死。卒用陈平之计灭楚也。"李零说:"'五间','反间'最重要,花钱最多,保密层次最高,它是什么意思? 一定要搞清。古人所谓'反间',有两种不同用法:(1)策反敌人,让他们的人当自己的间谍。(2)离间敌人,让敌人互相猜忌,自己杀自己,自己整自己。《用间》属于前一种,《三十六计》的'反间计'(第33计)属于后一种。后一种用法的'反间',战国秦汉很流行,史书上的例子,多半属于这一种。朱逢甲讲'反间',分为四种,第一种是

'以书反间之法',第二种是'即以敌间反间之法',第三种是'反间其人者',第四种是'反间其事者'。'以书反间之法',是用伪造书信的办法,挑拨离间,借刀杀人。例如'蒋干盗书'(《三国演义》第四十五回),蒋干、曹操中的计,就属于这种'反间计'。'即以敌间反间之法',是利用敌间,传假情报回去。'反间其人',是用离间计,让敌人互相猜忌,自相残杀。'反间其事',是制造假象、制造假情报。这些间例和《孙子》使用的'反间'都不一样,大家要注意。"按,李零所言第一种"间谍",忽略了杜牧所论第二种类型,即除了收买策反敌人的间谍之外,还要迷惑欺骗敌人的间谍,使其为我所用。此外,李零所言第二种"反间",或为使用第一种"反间"所达到的效果,故而两种"反间"似不宜泾渭分明,均应纳入《孙子》"反间"范畴;朱逢甲所论四种"反间",亦当作如是观。敌间,指敌人的间谍。

⑥死间者,为诳事于外,令吾间知之而传于敌间也:杜牧曰:"诳者,诈也。言吾间在敌,未知事情,我则诈立事迹,令吾间凭其诈迹,以输诚于敌,而得敌信也。若我进取,与诈迹不同,间者不能脱,则为敌所杀,故曰死间也。汉王使郦生说齐,下之;齐罢守备,韩信因而袭之;田横怒烹郦生,此事相近。"诳事,假情报。诳,欺骗,瞒骗。

⑦生间者,反报也:杜牧曰:"往来相通报也。生间者,必取内明外愚、形劣心壮、趫捷劲勇、闲于鄙事、能忍饥寒垢耻者为之。"李零说:"'生间',是我方派出,传真情报回国的间谍。他要把情报安全送回来,一定要活着,所以叫'生间'。"反,同"返",返回。

【译文】

间谍的使用方式有五种类型:有因间、内间、反间、死间、生间。以上五种间谍均被使用,没有人知道其中的规律,这就是使用间谍的神秘莫测的方法,是国君的法宝。所谓因间,是利用敌国的乡野之人充当间

谍;所谓内间,是利用敌国的官吏充当间谍;所谓反间,是利用敌方的间
谍而使其为我方所用;所谓死间,是向外传递假情报,让我方间谍知道
后传给敌方的间谍;所谓生间,是能够安全返回国内报告敌情。

　　故三军之事,莫亲于间①,赏莫厚于间②,事莫密于间③。
非圣智不能用间④,非仁义不能使间⑤,非微妙不能得间之
实⑥。微哉微哉,无所不用间也⑦!

【注释】

①故三军之事,莫亲于间:梅尧臣曰:"入幄受词,最为亲近。"王晳
　曰:"以腹心亲结之。"张预曰:"三军之士,然皆亲抚,独于间者
　以腹心相委,是最为亲密也。"

②赏莫厚于间:王晳曰:"军功之赏,莫厚于此。"张预曰:"非高爵厚
　利,不能使间。陈平曰:'愿出黄金四十万斤,间楚君臣。'"

③事莫密于间:杜佑曰:"间事不密,则为己害。"梅尧臣曰:"几事不
　密,则害成。"陈启天曰:"间谍在全军之中,论其关系,则须最亲
　近;论其待遇,则须最优厚;论其事务,则须最秘密。关系不亲
　近,无由得其款诚。待遇不优厚,无由驱其冒险。事务不秘密,
　无由收其效用。……亲、厚、秘三字,乃为将者用间之基本方法,
　不可或忽者。然徒亲、厚、密,亦未必能得间之用。"

④非圣智不能用间:张预曰:"圣,则事无不通;智,则洞照几先,然
　后能为间事。或曰:圣智则能知人。"圣智,指才智卓越的人。

⑤非仁义不能使间:陈皞曰:"仁者有恩以及人,义者得宜而制事。
　主将者,既能仁结而义使,则间者尽心而觇察,乐为我用也。"张
　预曰:"仁则不爱爵禄,义则果决无疑。既啖以厚利,又待以至
　诚,则间者竭力。"

⑥非微妙不能得间之实:意谓不是心思神妙的人便不能察知间谍

的真伪。张预曰:"间以利害来告,须用心渊微精妙,乃能察其真伪。"赵本学曰:"通乎几微为圣,盖凡间术,其张情布形,驾词构事皆用心。极于深巧,出人意料之所不及,故谓圣智者。能之所遣为间之人,必主将素结其心,得其死命乃可委托,故谓仁义者能之。所得间谍之息,不惟敌人有真伪之形,而间者亦有真伪之辞。必精思缔审,参伍酌量,然后不为之误,故谓微妙者能之。是则行间贵乎有术,使间贵乎有道,而听间亦贵乎有裁断也。愚谓仁义之道,王者之所以怀诸侯,而服万国者也,何用于间?《孙子》十三篇不言仁义,而独以用间之事归之,则其不知仁义亦明矣。大抵霸之所谓仁义,特假借之号,诡谲之辞耳。"微妙,指心思神妙的人。

⑦微哉微哉,无所不用间也:杜牧曰:"言每事皆须先知也。"张预曰:"密之又密,则事无巨细,皆先知也。"

【译文】

在处理三军之事时,没有什么人会比间谍更亲密,没有什么赏赐会比赏给间谍的更优厚,没有什么事情会比使用间谍更机密。不是才智卓越的人不能使用间谍,不是仁义之人不能使用间谍,不是心思神妙的人不能察知间谍的真伪。微妙啊微妙,没有什么地方是不需要使用间谍的!

间事未发而先闻者,间与所告者皆死①。凡军之所欲击,城之所欲攻,人之所欲杀,必先知其守将、左右、谒者、门者、舍人之姓名,令吾间必索知之②。必索敌人之间来间我者,因而利之,导而舍之,故反间可得而用也③。因是而知之,故乡间、内间可得而使也④。因是而知之,故死间为诳事,可使告敌⑤。因是而知之,故生间可使如期⑥。五间之事,主必知之⑦,知之必在于反间,故反间不可不厚也⑧。

【注释】

①间事未发而先闻者,间与所告者皆死:杜牧曰:"告者非诱间者,
则不得知间者之情,杀之可也。"梅尧臣曰:"杀间者,恶其泄;杀
告者,灭其言。"发,施行,实施,开展。先闻,事先知道。

②"凡军之所欲击"五句:李零说:"这是讲所有需要刺探的事项。
'军之所欲击'是野战,'城之所欲攻'是攻城,这是正规的军事手
段。'人之所欲杀'是刺杀要害人物。刺杀是恐怖手段。'守将'
等词,可以参看《墨子》城守各篇。'守将'是守城的总指挥,也
简称'守'或'将',他有他的指挥部。军队也一样,也有指挥部。
野战攻城,首先要刺探其指挥者是谁,叫什么名字;其次,是他的
'左右',即他身边的人,贴身保镖和伺候他的人。'谒者',是管
通报或把门的警卫,现在的传达室和警卫室,是干这种工作。'门
者',是看守城门的人。'舍人',是看守官署的人。"

③"必索敌人之间来间我者"四句:必须将刺探我方军情的敌方间
谍探查出来,乘机对其加以收买利用,诱导之后释放,这样反间
就能为我所用了。杜牧曰:"敌间之来,必诱以厚利而止舍之,使
为我反间也。"梅尧臣曰:"必探索知敌之来间者,因而利诱之,引
而舍止之,然后可为我反间也。"张预曰:"求敌间之来窥我者,因
以厚利,诱导而馆舍之,使反为我间也。言舍之者,谓稽留其使
也。淹延既久,论事必多,我因得察敌之情。下文言四间皆因反
间而知,非久留其人,极论其事,则何以悉知?"赵本学曰:"厚利
以诱其心,导之以伪言伪事,而纵遣之。彼归告其主,则犹为我
之间也。"利,指重金收买。导,引导,诱导。舍,住宿,稽留;或谓
离去,释放。

④因是而知之,故乡间、内间可得而使也:杜佑曰:"因反敌间而知

敌情,乡间、内间者皆可得使。"梅尧臣曰:"其国人之可使者,其官人之可用者,皆因反间而知之。"张预曰:"因是反间,知彼乡人之贪利者,官人之有隙者,诱而使之。"

⑤因是而知之,故死间为诳事,可使告敌:张预曰:"因是反间,知彼可诳之事,使死间往告之。"

⑥因是而知之,故生间可使如期:杜牧曰:"可使往来如期。"陈皞曰:"言五间皆循环相因,惟生间可使如期。"

⑦五间之事,主必知之:李筌曰:"孙子殷勤于五间,主切知之。"

⑧知之必在于反间,故反间不可不厚也:杜牧曰:"乡间、内间、死间、生间,四间者,皆因反间知敌情而能用之,故反间最切,不可不厚。"杜佑曰:"人主当知五间之用,厚其禄,丰其财。而反间者,又五间之本,事之要也,故当在厚待。"

【译文】

用间的方案尚未实施便有人事先知道了,这种情况下间谍与他所告诉的人都要处死。凡是打算攻击某支军队,进攻某座城池,杀死某个人物,必须事先了解守将、守将身边的人、警卫、看守城门的人以及看守官署的人的名字,命令我方间谍务必刺探了解。必须将刺探我方军情的敌方间谍探查出来,乘机对其加以收买利用,诱导之后释放,这样反间就能为我所用了。根据反间的情报才能判断,乡间、内间是否可以使用了。根据反间的情报才能判断,死间是否可以制造假情报,并将此报告给敌人。根据反间的情报才能判断,生间是否可以按期往返。五种间谍的运用情况,国君都必须了解,了解这些内容必须立足于反间,所以对反间不可不厚待。

昔殷之兴也,伊挚在夏;周之兴也,吕牙在殷①。故惟明君贤将,能以上智为间者,必成大功②。此兵之要,三军之所恃而动也③。

【注释】

① "昔殷之兴也"四句：梅尧臣曰："伊尹、吕牙，非叛于国也，夏不能任而殷任之，殷不能用而周用之，其成大功者，为民也。"张预曰："伊尹，夏臣也，后归于殷；吕望，殷臣也，后归于周。伊、吕相汤、武，以兵定天下者，顺乎天而应乎人也，非同伯州犁之奔楚，苗贲皇之适晋，狐庸之在吴，士会之居秦也。"伊挚在夏，意即伊挚曾在夏国做过间谍。吕牙在殷，意即吕牙曾在商国做过间谍。然而先秦文献并无伊尹、吕牙当过间谍的明确记载，仅有他们曾分别游历于夏、殷的说法。如《孟子·告子下》："五就汤五就桀者，伊尹也。"《鬼谷子·午合》："吕望三就文王，三入殷，然后合于文王。"李零说："伊挚、吕牙当间谍，这类故事，估计是保存在古代的道家'阴谋书'里。《汉书·艺文志·诸子略》道家类开头有《伊尹》、《太公》、《辛甲》、《鬻子》、《筦（管）子》五书，就是这类书。其中头两部就是《伊尹》、《太公》。它们都是借古代名臣贤相辅佐明君圣主取天下治天下的故事，讲治国用兵之术。这些故事，其实是古代的《三国演义》，当时的阴谋诡计大全。"伊挚，即伊尹。原为商汤妃有莘氏之媵臣，受汤赏识，任以国政，佐汤灭夏，建立商朝。吕牙，即姜子牙，俗称姜太公。相传他年老时隐居渭水之阳垂钓，周文王出猎相遇，与语大悦，立为太师。武王即位后，尊为师尚父，辅佐武王灭商，建立周朝。

② 故惟明君贤将，能以上智为间者，必成大功：李靖曰："夫战之取胜，此岂求于天地？在乎因人以成之。历观古人之用间，其妙非一，即有间其君者，有间其亲者，有间其贤者，有间其能者，有间其助者，有间其邻好者，有间其左右者，有间其纵横者，故子贡、史廖、陈轸、苏秦、张仪、范睢等，皆凭此而成功也。且间之道有五焉：有因其邑人，使潜伺察而致辞焉；有因其仕子，故泄虚假令告示焉；有因敌之使，矫其事而返之焉；有审择贤能，使觇彼向背

虚实而归说之焉；有佯缓罪戾，微漏我伪情浮计使亡报之焉。凡此五间，皆须隐秘，重之以赏，密之又密，始可行焉。若敌有宠嬖，任以腹心者，我当使间遗其珍玩，恣其所欲，顺而旁诱之。敌有重臣失势，不满其志者，我则啖以厚利，诡相亲附，采其情实而致之。敌有亲贵左右，多辞夸诞、好论利害者，我则使间曲情尊奉，厚遗珍宝，揣其所间而反间之。敌若使聘于我，我则稽留其使，令人与之共处，矫致殷勤，伪相亲暱，朝夕慰谕，倍供珍味，观其辞色而查之；仍朝夕令使独与己伴居，我遣聪耳者，潜于复壁中听之；使既迟违，恐彼怪责，必是窃论心事。我知事计，遣使用之。且夫用间间人，人亦用间以间己；己以密往，人以密来。理须独察于心，参会于事，则不失矣。若敌人来，欲候我虚实，察我动静，觇知事计而行其间者，我当佯为不觉，舍止而善饭之，微以我伪言诳事，示以前却期会，则我之所须为彼之所失者，因其有间而反间之。彼若将我虚以为实，我即乘之而得志矣。夫水所以能济舟，亦有因水而覆没者。间所以能成功，亦有凭间而倾败者。若束发事主，当朝正色，忠以尽节，信以竭诚，不诡伏以自容，不权宜以为利，虽有善间，其可用乎？"陈皥曰："晋伯州犁奔楚，楚苗贲皇奔晋，及晋、楚合战于鄢陵，苗贲皇在晋侯之侧，伯州犁侍于楚王，二人各言旧国长短之情。然则晋所以胜楚者，楚所以败者，其故何也？二子则有优劣也。是知用间之道，间敌之情，得不慎择其人，深究其说也？故上文云'非圣智莫能用间'者。夫圣智知人，人即附之；贤者受知，则勠力为效。非圣非智，必猜必忌。公道不启，仁义不施，则义士贤人因而衔愤，此将上天不佑，幽有鬼神，设无人事之变，恐有阴诛之祸，岂上智之士为其用哉？故上文云'非仁义莫能使间'。然则，汤、武之圣，伊、吕宜用；伊、吕获用，事宜必济。圣贤一会，交泰时乘，道合乾坤，功格寰宇，当其耕夫于畎亩，钓叟于渭滨，知我者，谁能无念也？"

上智，指智慧超群的人。

③此兵之要，三军之所恃而动也：李筌曰："孙子论兵，始于计而终于间者，盖不以攻为主，为将者可不慎之哉?"杜牧曰："不知敌情，军不可动；知敌之情，非间不可。故曰'三军所恃而动'。"刘寅曰："故明哲之君，贤德之将，能以上智之士为间于敌者，必成大功。此用兵之要，三军之所以倚恃而动也。用师在知敌情，故间为兵之要。未知敌情则军不可动，故间为三军所恃而动者也。愚谓孙子首以《始计》，而终以《用间》，盖计者将以校彼我之情，而间者又欲探彼之情也。计定于我，间用于彼；计料其显而易见者，间察其隐而难知者；计所以定胜负于其始，间所以取胜于其终，计易定而间难用。故曰：非圣智莫能用间，非仁义莫能使间，非微妙不能得间之实，皆难之之意也。孙子于篇终言之，其有旨哉!"郭化若说："用间的战例见于春秋之前者似不多（秦师袭郑，被郑商人偶然遇见，致秦师三帅被俘，这事实不能为典型用间之例）。赵奢率军御秦，出师三十里，停止不进，待秦'间'来，宴而送之。'间'既往，赵奢率军急进，秦军误信'间'之言无备，被赵奢打得大败。这是最早最明显的用间的例子。用间在孙武之前既不多，所以《孙子》书中讲得就少了。孙子对当时才出现的新生事物是很敏感的，书中指出间的作用提出五间俱起，五间的相互作用，并提出无所不用间的预言，对春秋战国以后推动用间于战争是起了先导作用的。现代各国间谍之多，正像孙子预言的'无所不用间'了，而窃取情报的工具方法则多到数不清，而有些人对此不甚了解，孙子对不了解敌情的人的批评，对一些人是个最好的忠告。"李零说："用间的重要性有二：第一，《孙子》贵谋，强调'知彼知己，百战不殆'。用间不光是刺探敌人，也包括内情的监控。'知彼'和'知己'都离不开用间。今本《孙子》，始于《计》，终于《用间》，是个巧妙的安排。'多算胜少算'，前提是'知

彼知己'。'知彼知己'怎么知？关键是用间。《用间》是个圆满的结尾。第二，《孙子》尚诈，强调'兵者，诡道也'（《计》），强调'兵以诈立'（《军争》）。'诈'这个字，不好听，千百年来，谁都羞于启齿，不敢公开谈论，只有军人最坦荡，'兵以诈立'就是'兵以诈立'，敢说敢做，从不躲躲闪闪。什么是最大的'诈'？莫过于用间。用间，技术性很强，不光组织手段有技术，通讯手段有技术，行动手段也有技术。古人强调'攻心'，现代强调'信息'，两者都离不开用间。黑虎掏心，'掏心'最重要。它是兵法的精髓，最能体现兵家的智慧。"

【译文】

从前商国的兴起，是因为伊尹曾在夏国做过间谍；周国的兴起，是因为吕尚曾在商国做过间谍。所以明智的君主和贤能的将领，能任用智慧超群的人当间谍，必定可以成就伟大的功业。这是用兵的关键，三军都要依靠他们提供的情报来部署军事行动。

中华经典名著
全本全注全译丛书
（已出书目）